线 装 经 典

尚书

云南出版集团

《线装经典》编委会 ◎ 编

云南人民出版社

图书在版编目（CIP）数据

尚书/《线装经典》编委会编. —— 昆明：云南人民出版社，2017.1
（线装经典）
ISBN 978-7-222-14384-5

Ⅰ.①尚… Ⅱ.①线… Ⅲ.①中国历史—商周时代 Ⅳ.①K221.04

中国版本图书馆CIP数据核字（2016）第325603号

出 版 人：胡平　高晓玲
项目策划：
责任编辑：刘焰　胡元青　董高凌
装帧设计：刘畅
责任校对：徐霞
责任印制：洪中丽

SHANG SHU

尚书

《线装经典》编委会　编

出版	云南出版集团　云南人民出版社
发行	云南出版集团北京南天竹图书有限责任公司
社址	昆明市环城西路609号
邮编	650034
网址	www.ynpph.com.cn
E-mail	ynrms@sina.com
开本	787mm×1092mm　1/16
印张	20
字数	300千
版次	2017年1月第1版第1次印刷
印刷	北京海纳百川旭彩印务有限公司
书号	ISBN 978-7-222-14384-5
定价	26.80元

如有图书质量及相关问题请与我社联系
审校部电话：0871-64164626　印制科电话：0871-64191534

前　言

　　中华民族的历史典籍浩如烟海,然而有一部不得不提,它就是《尚书》,是我国现存最早的史书。《尚书》战国时期称《书》,汉代改称《尚书》。"尚"即"上",为"上古"之义;"书"即历史简册,所以"尚书"就是"上古之书"的意思。

　　《尚书》相传由孔子编撰而成,但有些篇目是后来儒家学者补充进去的。《尚书》的内容涉及虞、夏、商、周四代,其中虞、夏及商代的部分文献是据传闻而写成,不尽可靠。《尚书》的体例可分为六种,称为六体,即典、谟、训、诰、誓、命。典就是常法、常典,是指先王的政绩可以作为常法尊奉,大致相当于现代的成文宪法。如《尧典》《舜典》就是记载尧、舜的嘉言善政。谟就是谋略、计划,君有典,臣有谋,就是施政的方针计划。如《皋陶谟》就是大禹、皋陶、伯益向舜所进的嘉言善策。训指的是说教、训诫的言辞,一般是贤良之臣训诫君主的,大致相当于现代的意见、建议书。如《伊训》《太甲》等篇。诰就是告知,使人晓喻,有告诫、慰勉之义。诰可以对民众、神祇、君王,也可以同官相诰。如《汤诰》《大诰》。誓就是条约、誓文,用以告诫民众、将士或约束敌人。如《甘誓》《汤誓》。命指命令,指君王对属下口发命令。如《微子之命》《王侯之命》《顾命》。

　　自汉以来,《尚书》一直被视为中国封建社会的政治哲学经典,既是帝王的教科书,又是贵族子弟及士大夫必修的"大经大法",在历史上很有影响。《尚书》中记载的唐尧、虞舜、夏禹及皋陶、益稷等圣贤君臣的嘉言懿行,成为中华民族品德文明的重要来源,为后世力求上进的人们修身、行事提供了理论基础和言行典范。《尚书》中记载的上古历史资料,涉及周公摄政、成王即位、穆王改制等重要的历史事件、古代典制，还有上溯大禹治水、分述九州的古代地理，所以《尚书》成为解上古历史的必读经典。根据《舜典》的追述，将中华文明社会的起源和华夏国家政治体制的初创上推到尧舜时代。《禹贡》篇，将中华本土划分为"九州"，一向被视为最早的历史地理著作。《尚书》中还记载了古代的政教合一，神权政权合一及民间风俗的情况。《洪范》有箕子告诫无望"天锡禹洪范、九畴之事"，《酒诰》记载殷商酗酒，周代严刑的情况。尤为可贵的是提出的轻刑思想。《尚书》中贯穿了最早的德治思想、民本思想、任人唯贤的思想和中道的思想。《尚书·大禹谟》中有"人心惟危，道心惟微，惟精惟一，允执厥中"的十六字富有哲理的箴言，成为宋代理学的重要思想基础。《尚书》中大量关于社会生活、人情事理、心性修养等方面的格言警语，意蕴极为丰富，为后人立下了典则。

　　本书囊括了《尚书》的全部篇目，除原文外，还有主旨讲解、注解和译文三部分，并配有精彩插图，以方便读者阅读与理解。另外，本书还设置了附录，选取了《尚书》所记述年代——虞、夏、商、周的精彩故事传说，以期在理解《尚书》内涵方面对读者有所助益。

目录

虞书 .... 九
尧典 .... 一〇
舜典 .... 一五
汩作 九共九篇 槀饫 .... 二三
大禹谟 .... 二三
皋陶谟 .... 三一
益稷 .... 三四

夏书 .... 四一
禹贡 .... 四二
甘誓 .... 五四
五子之歌 .... 五五
胤征 .... 五八
帝告 厘沃 .... 六一
汤征 .... 六一
汝鸠 汝方 .... 六二

商书 .... 六三
汤誓 .... 六四
夏社 疑至 臣扈 .... 六五
典宝 .... 六五
仲虺之诰 .... 六六
汤诰 .... 七〇
明居 .... 七二

伊训	七二
肆命 徂后	七五
太甲上	七六
太甲中	七八
太甲下	八〇
咸有一德	八二
沃丁	八四
咸乂四篇	八四
伊陟 原命	八五
仲丁	八五
河亶甲	八五
祖乙	八五
盘庚上	八六
盘庚中	九一
盘庚下	九四
说命上	九六
说命中	九九
说命下	一〇一
高宗肜日	一〇三
高宗之训	一〇五
西伯戡黎	一〇五
微子	一〇七

周书　　　　　　　　　　　一〇九

泰誓上	一一〇
泰誓中	一一三
泰誓下	一一五
牧誓	一一七
武成	一二〇

洪范	一二四
分器	一三一
旅獒	一三二
旅巢命	一三四
金縢	一三五
大诰	一三八
微子之命	一四四
归禾	一四五
嘉禾	一四六
康诰	一四六
酒诰	一五四
梓材	一五九
召诰	一六一
洛诰	一六七
多士	一七三
无逸	一七七
君奭	一八一
蔡仲之命	一八七
成王政	一八九
将蒲姑	一八九
多方	一九〇
立政	一九六
周官	二〇一
贿肃慎之命	二〇六
亳姑	二〇六
君陈	二〇七
顾命	二一〇
康王之诰	二一六

毕命	二一九
君牙	二二二
冏命	二二四
吕刑	二二七
文侯之命	二三五
费誓	二三七
秦誓	二三九

附录：《尚书》故事传说　　二四一

上古先贤	二四二
夏家天下	二五七
殷商王朝	二七四
西周帝国	二九〇

虞书

尧 典

【原文】

昔在帝尧，聪明文思[1]，光宅天下[2]。将逊于位，让于虞舜[3]，作《尧典》。

曰若稽古[4]，帝尧曰放勋，钦明文思安安[5]，允恭克让[6]，光被四表[7]，格于上下[8]。克明俊德[9]，以亲九族[10]。九族既睦，平章百姓[11]。百姓昭明，协和万邦。黎民于变时雍[12]。

尧帝命令羲氏与和氏，恭谨制定历法。

乃命羲和[13]，钦若昊天[14]，历象日月星辰[15]，敬授人时。分命羲仲，宅嵎夷[16]，曰旸谷[17]。寅宾出日[18]，平秩东作[19]。日中[20]，星鸟[21]，以殷仲春[22]。厥民析[23]，鸟兽孳尾[24]。申命羲叔，宅南交[25]。平秩南讹[26]，敬致[27]。日永[28]，星火[29]，以正仲夏。厥民因[30]，鸟兽希革[31]。分命和仲，宅西，曰昧谷，寅饯纳日[32]，平秩西成[33]。宵中[34]，星虚[35]，以殷仲秋。厥民夷[36]，鸟兽毛毨[37]。申命和叔，宅朔方[38]，曰幽都，平在朔易[39]。日短[40]，星昴[41]，以正仲冬。厥民隩[42]，鸟兽氄毛[43]。帝曰："咨[44]！汝羲暨和[45]，期三百有六旬有六日[46]，以闰月定四时，成岁。允厘百工[47]，庶绩咸熙[48]。"

帝曰："畴咨若时登庸[49]？"

放齐曰："胤子朱启明[50]。"

帝曰："吁！嚚讼可乎[51]？"

帝曰："畴咨若予采[52]？"

欢兜曰："都！共工方鸠僝功[53]。"

帝曰："吁！静言庸违，象恭滔天[54]。"

帝曰："咨！四岳，汤汤洪水方割，荡荡怀山襄陵，浩浩滔天。

下民其咨，有能俾乂[55]？"

　　佥曰："於！鲧哉[56]。"

　　帝曰："吁！咈哉，方命圮族[57]。"

　　岳曰："异哉！试可乃已[58]。"

　　帝曰，"往，钦哉[59]！"九载，绩用弗成。

　　帝曰："咨！四岳。朕在位七十载，汝能庸命，巽朕位[60]？"

　　岳曰："否德忝帝位[61]。"

　　曰："明明扬侧陋[62]。"

　　师锡帝曰："有鳏在下[63]，曰虞舜。"

　　帝曰："俞[64]！予闻，如何？"

　　岳曰："瞽子，父顽，母嚚，象傲，克谐。以孝烝烝，乂不格奸[65]。"

　　帝曰："我其试哉！女于时[66]，观厥刑于二女[67]。"厘降二女于妫汭，嫔于虞[68]。

　　帝曰："钦哉！"

【主旨讲解】

　　《尧典》记载了唐尧的功德、言行，是研究上古帝王唐尧的重要资料。

【注解】

　　[1] 文：治理天下。思：考虑事情很果断，有计谋。[2] 宅：充满。[3] 逊：退避。让：禅让。[4] 曰若：发语辞，常用于追述往事的开端。稽：考察。[5] 钦：恭敬。明：明察四方。安安：温和，宽容。钦、明、文、思、安安，概指尧的五德。[6] 允：诚实。恭：恭谨。克：能够。让：推贤尚善。[7] 被：覆盖。四表：四海之外。[8] 格：到达。上下：指天地。[9] 俊：才智超人。[10] 九族：君主的至亲，指高祖、曾祖、祖、父、自己、子、孙、曾孙、玄孙九代。[11] 平：分辨。章：彰明。百姓：百官族姓。[12] 黎：众。于变：相递变化。时：善。雍：和睦。[13] 羲和：羲氏与和氏，相传都是重黎的后代，世世掌管天地和四时。[14] 若：顺从。昊：广大。[15] 历：推算。象：取法。[16] 宅：居住。嵎夷：地名，相传在东海之滨。[17] 旸（yáng）谷：传说中日出的地方。[18] 寅：恭敬。宾：迎。[19] 平秩：辨别测定。作：始。[20] 日中：指春分，这一天昼夜长短相等。[21] 星鸟：星名，南方朱雀七宿。[22] 殷：确定。仲：每

季中间的那一个月。[23] 厥：其。析：分散。[24] 孳尾：生育繁衍。[25] 申：重，又。交：地名，指交趾。[26] 讹：运行。[27] 致：归来。[28] 日永：指夏至，这一天白昼最长。永：长。[29] 星火：火星名，东方青龙七宿之一。[30] 因：就高地而居。[31] 希革：羽毛稀疏。[32] 饯：送行。纳日：落日。[33] 西成：太阳西落的时刻。成：终。[34] 宵中：指秋分，这一天昼夜长短相等。[35] 星虚：星名，北方玄武七宿之一。[36] 夷：平，指回到平地居住。[37] 毨（xiǎn）：羽毛更生。[38] 朔方：北方。[39] 平：辨别。在：观察。易：改易，这里指运行。[40] 日短：指冬至，这一天白昼最短。[41] 星昴（mǎo）：星名，西方白虎七宿之一。[42] 隩（yù）：室，这里指入室避寒。[43] 氄（rǒng）毛：柔软的细毛。[44] 咨：叹词。[45] 暨：与。[46] 期：指一周年。有：通"又"。旬：十日。[47] 允：用。厘：治。百工：百官。[48] 庶：众。咸：都。熙：兴。[49] 畴：谁。若：顺应。登庸：升用。[50] 放齐：人名，尧帝之臣。胤（yìn）：后代。朱：指尧的儿子丹朱。启明：开明，指明白政事。[51] 吁：惊异之词。嚚（yín）：不说忠信的话。讼：争辩。[52] 采：政事。[53] "欢兜"两句：欢兜：人名，尧帝之臣，四凶之一。都：语气词，表赞美。共工：人名，尧帝之臣，四凶之一。方：通"防"，防止。鸠：通"救"，救护。僝（zhuàn）：具有。[54] "静言"两句：静言：巧言。庸：常。违：邪僻。象恭：貌似恭敬。滔：轻慢。[55] 四岳：四方诸侯之长。汤汤（shāng）：水大的样子。方：普遍。割：危害。荡荡：广大的样子。怀：包围。襄：漫过。滔天：指巨浪冲天的样子。俾：使。乂（yì）：治理。[56] "佥曰"句：佥：都。於：叹词，表赞美。鲧：尧帝之臣，夏禹的父亲。[57] "咈哉"两句：咈（fú）：违背。方命：放弃教命。圮（pǐ）：毁坏。族：族类。[58] "异哉"两句：异：举，起用。已：用。[59] 钦：敬。[60] "汝能"两句：庸：用。巽（xùn）：践：履行，升任。[61] 否（pǐ）：鄙陋。忝（tiǎn）：辱，不配。[62] 明明：明察贤明的人。扬：推举。侧陋：疏远隐匿，指地位卑微的人。[63] "师锡"句：师：众人。锡：提议。鳏：疾苦的人。[64] 俞：对，表示肯定意义的应对副词。[65] 瞽（gǔ）：瞎子，这里指舜的父亲乐官瞽瞍。顽：不依德义。象：指舜的异母弟弟。克：能够。烝烝：厚美。格：至。奸：邪恶。[66] 女：嫁女。时：通

"是",指舜。[67]刑:法则。二女:指尧的两个女儿娥皇、女英。[68]厘:命令。妫(guī):水名。汭(ruì):河流弯曲之处,这里指舜居住的地方。嫔:嫁人为妇。

【译文】

帝尧在位时,睿智而果断,光辉普照天下。后来,帝尧想把帝位禅让给虞舜。史官据此写成《尧典》。

查考古代的旧事,可知尧帝的名字叫作放勋,他恭敬节俭,明察四方,智虑通达,待人宽厚,性格温

尧帝命令和叔确定仲冬时节。

和。他推贤让善,光辉普照四方,泽及天地。尧帝发挥大德,使亲族关系和睦。亲族之间和睦相处,他又辨明百官族姓的善恶。百官族姓的善恶辨明以后,又协调诸侯之间的关系。这样,天下百姓在相递变化之中和睦相处。

于是,尧帝命令羲氏、和氏恭谨地奉行天道,让他们推算日月星辰的运行规律,制定历法,以教导人民按照时令节气从事农业生产。尧帝又命令羲仲居住在东方的旸谷,让他恭敬地迎接日出,测定日出的时刻。昼夜长短相等,黄鸟在黄昏时出现于正南方,依照这种情况可以确定仲春时节。在这个时节,百姓开始分散于田间进行耕作,鸟兽开始生育繁殖。又命令羲叔住在南方的交趾,辨明测定太阳向南的运行规律,恭敬地迎接太阳南归。白天时间最长,火星在黄昏时出现于正南方,依照这种情况可以确定仲夏时节。在这个时节,百姓都迁居到高处,鸟兽的羽毛都稀疏了。尧帝又命令和仲住在西方一个名叫昧谷的地方,让他辨明测定日落的时刻。昼夜长短相等,虚星在黄昏时出现于正南方,依据这种情况可以确定仲秋时节。在这个时节,百姓又迁居到平地上,鸟兽长出新的羽毛。

又命令和叔居住在北方一个名叫幽都的地方，让他谨慎观察太阳北行的规律。白天时间最短，昴星在黄昏时出现于天的正南，依据这种情况可以确定仲冬时节。在这个时节，百姓都躲在室内生火取暖（以躲避寒冷），鸟兽都长出了柔软细密的毛。尧帝说："啊！羲氏与和氏啊，你们以三百六十六天为一周年，要用加闰月的办法来确定四季而构成一年。在这个基础上，明确地划分百官的职责，这样各种事情就都兴起了。"

尧帝问："谁能顺应天命，可以提升任用呢？"

放齐说："您的儿子丹朱明白政事，可以担当重任。"

尧帝说："唉！丹朱为人浮夸，又喜好辩论，怎么能担此重任呢？"

尧帝问："谁能遵循我的法度处理政务呢？"

欢兜说："哦！共工防治水灾取得了很大的成绩，可以担当重任。"

尧帝说："唉！共工虚情假意，为人邪僻，看似恭敬谨慎，实则连上天都敢轻慢。"

尧帝说："啊！四方诸侯的君长啊，滔滔洪水为害人间，水势汹涌包围了大山，漫过了丘陵，浩浩荡荡，波浪滔天，百姓都在忧愁叹息，谁能治理洪水呢？"

诸侯们都说："啊！鲧可以担此重任。"

尧帝说："唉！不行啊，这个人违逆乖戾，常常不服从命令，危害同族。"

诸侯们说："起用他吧，让他试一试，如果不行，就罢免他的职务。"

尧帝说："那么你就去吧！鲧啊，你一定要谨慎行事啊！"鲧治水九年，未见成效。

尧帝说："啊！

尧与诸臣议定和考察舜为帝位继承人。

四方诸侯的君长啊，我在位已经七十年了，你们谁能承受天命，替代我而成为天子呢？"

诸侯们说："我们的德行鄙陋，恐难担当重任。"

尧帝说："可以考察贵族中的贤明之人，也可以举用身份卑微的贤良之士。"

诸侯们说："民间有一个贫苦的人，名字叫作虞舜。"

尧帝说："啊！这人我也听说过，他的为人到底怎么样呢？"

众人回答说："他是乐官瞽瞍的儿子，其父瞽瞍心术不正，继母爱说谎话，他的异母弟傲慢骄狂，但舜能够与他们和睦相处。因为他的品德厚美，既能很好处地理与家人的关系，又不使自己沦于邪恶。"

尧帝说："我考验考验他吧。我要把两个女儿嫁给舜，以便从女儿那里考察舜的行事准则和道德修养。"于是，尧帝命令自己的两个女儿到妫水的拐弯处，嫁给虞舜为妻。

尧帝勉励道："要恭敬地处理政事啊！"

舜　典

【原文】

虞舜侧微[1]，尧闻之聪明，将使嗣位[2]，历试诸难，作《舜典》。

曰若稽古，帝舜曰重华，协于帝。浚哲文明[3]，温恭允塞[4]。玄德升闻[5]，乃命以位。慎徽五典[6]，五典克从[7]。纳于百揆，百揆时叙[8]。宾于四门，四门穆穆[9]。纳于大麓，烈风雷雨弗迷[10]。

帝曰："格[11]！汝舜。询事考言[12]，乃言底可绩[13]，三载。汝陟帝位[14]。"舜让于德，弗嗣。

正月上日，受终于文祖[15]。在璇玑玉衡，以齐七政[16]。肆类于上帝[17]，禋于六宗[18]，望于山川，遍于群神[19]。辑五瑞[20]，既月乃日[21]，觐四岳群牧，班瑞于群后[22]。

岁二月，东巡守，至于岱宗，柴[23]。望秩于山川[24]，肆觐东后，协时月正日[25]，同律度量衡[26]。修五礼、五玉、三帛、二生、一死贽[27]。如五器，卒乃复[28]。五月，南巡守，至于南岳，如岱礼。八月，西巡守，至于西岳，如初。十有一月，朔巡守，至于北岳，如西礼。归，格于艺祖，用特[29]。

五载一巡守，群后四朝。敷奏以言[30]，明试以功，车服以庸[31]。肇十有二州[32]，封十有二山[33]，浚川。

象以典刑[34]，流宥五刑[35]，鞭作官刑，扑作教刑[36]，金作赎刑。眚灾肆赦[37]，怙终贼刑[38]。钦哉！钦哉！惟刑之恤哉[39]！

流共工于幽州，放欢兜于崇山，窜三苗于三危[40]，殛鲧于羽山[41]，四罪而天下咸服。

二十有八载，帝乃殂落[42]，百姓如丧考妣[43]。三载，四海遏密八音[44]。月正元日，舜格于文祖，询于四岳，辟四门，明四目，达四聪。

"咨，十有二牧[45]！"曰："食哉惟时！柔远能迩[46]，惇德允元[47]，而难任人[48]，蛮夷率服。"

舜曰："咨，四岳！有能奋庸熙帝之载[49]，使宅百揆亮采[50]，惠畴？"

佥曰："伯禹作司空[51]。"

帝曰："俞！咨[52]！禹，汝平水土，惟时懋哉[53]！"禹拜稽首[54]，让于稷契暨皋陶。

帝曰："俞！汝往哉！"

帝曰："弃，黎民阻饥[55]，汝后稷[56]，播时百谷[57]。"

帝曰："契，百姓不亲，五品不逊[58]，汝作司徒，敬敷五教[59]，在宽。"

帝曰："皋陶，蛮夷猾夏[60]，寇贼奸宄[61]。汝作士，五刑有服[62]，五服三就[63]，五流有宅[64]，五宅三居[65]。惟明克允[66]！"

帝曰："畴若予工[67]？"

佥曰："垂哉[68]！"

帝曰："俞，咨！垂，汝共工[69]。"垂拜稽首，让于殳斨暨伯与[70]。

帝曰："俞！往哉！汝谐[71]。"

帝曰："畴若予上下草木鸟兽[72]？"

佥曰："益哉[73]！"

帝曰："俞，咨！益，汝作朕虞[74]。"益拜稽首，让于朱虎、熊罴[75]。

帝曰："俞，往哉！汝谐。"

帝曰："咨！四岳，有能典朕三礼[76]？"

佥曰："伯夷。"

帝曰："俞，咨！伯，汝作秩宗[77]。夙夜惟寅[78]，直哉惟清。"伯拜稽首，让于夔龙[79]。

帝曰："俞，往，钦哉！"

帝曰："夔！命汝典乐，教胄子[80]，直而温，宽而栗[81]，刚而无虐，简而无傲。诗言志，歌永言，声依永，律和声。八音克谐，无相夺伦[82]，神人以和。"

夔曰："於[83]！予击石拊石[84]，百兽率舞。"

帝曰："龙，朕堲谗说殄行[85]，震惊朕师[86]。命汝作纳言[87]，夙夜出纳朕命，惟允！"

帝曰："咨！汝二十有二人，钦哉！惟时亮天功[88]。"

三载考绩，三考，黜陟幽明[89]，庶绩咸熙[90]，分北三苗[91]。

舜生三十征，庸二十[92]，在位五十载，陟方乃死[93]。

【主旨讲解】

《舜典》记载了虞舜的言行，表达对舜帝的赞颂，具有很高的历史研究价值。

【注解】

[1] 侧：隐居民间。微：出身微贱。[2] 嗣：继承。[3] 浚（jùn）：深远。哲：智慧。[4] 允：确实。塞：充满。[5] 玄：潜行，潜修。升闻：上闻于朝廷。[6] 徽：美，善。五典：五常，即父义、母慈、兄友、弟恭、子孝五种常教。[7] 克：能够。从：顺从。[8] "纳于"两句：纳：入。百揆（kuí）：百事。时叙：承顺。[9] "宾于"两句：宾：迎接宾客。穆穆：容仪敬谨。[10] "纳于"两句：大麓：官名，主管山林。迷：迷误。[11] 格：呼唤之词，来。[12] 询：谋划。[13] 厎（zhǐ）：一定。绩：成功。[14] 陟（zhì）：升，登。[15] "正月"两句：上日：吉日。受终：接受尧帝终结的帝位。文祖：尧的太庙。[16] "在璇玑"两句：在：观察。璇玑玉衡：指北斗七星。齐：排列。七政：七项政事，即祭祀、班瑞、东巡、南巡、西巡、北巡、归格艺祖。[17] 肆：于是。类：祭名，是向天帝报告继承帝位之事的祭礼。[18] 禋（yīn）：祭名，指洁祀。六宗：指天地与四

时。[19]"望于"两句：望：祭祀山川之礼。遍：按群神的尊卑次序祭祀。[20]辑：收集。五瑞：诸侯作为信符的五种玉器。[21]既月乃日：择定吉月吉日。日和月都用作动词。[22]"觐四岳"两句：觐：朝见天子。牧：官长。班：同"颁"，分发。后：君长。[23]"至于"两句：岱宗：东岳泰山。柴：祭名，祭祀时把牺牲放在积柴上面燔烧。[24]秩：次序。[25]协：合。时：春夏秋冬四时。正：确定。[26]同：统一。律：古乐音律。度：丈尺。量：斗斛。衡：斤两。[27]五礼：公侯伯子男五等朝聘之礼。五玉：即五瑞，拿着称瑞，陈列称玉。三帛：供垫玉用的赤、黑、白三种颜色的丝织品。二生：活羊羔和雁。一死：一只死去的野鸡。贽：初次拜见时所带的礼物。[28]"如玉器"两句：如：而。五器：即上文所说的五玉。卒乃复：礼毕就归还。[29]"格于"两句：格：到。艺祖：即文祖。特：一只公牛。[30]敷：普遍。[31]庸：功劳。[32]肇（zhào）：正，指划定州界。[33]封：封土为坛而祭祀。[34]象：刻画。典：常。[35]流：流放。宥（yòu）：宽恕。五刑：指墨、劓、剕、宫、大辟五种刑罚。[36]扑：古时学校用来打人的木棍。[37]眚（shěng）：过错。肆：就。[38]怙：依仗。贼：通"则"，就。[39]恤：谨慎。[40]三苗：古国名。三危：古地名，在西部边远地区。[41]殛（jí）：流放。羽山：古地名，在东部边远之处。[42]殂（cú）落：死亡。[43]考：死去的父亲。妣：死去的母亲。[44]遏（è）：停止。密：静止。八音：金、石、丝、竹、匏、土、革、木八种音乐，这里泛指一切音乐演奏。[45]牧：州的行政长官。[46]柔：安抚。能：善。迩：近。[47]惇：厚。允：信。元：善。[48]难：拒绝。任人：奸邪的人。[49]熙：光大。载：事业。[50]宅：居。百揆：官名。亮：辅导。采：事。[51]司空：三公之一，掌管土地。[52]俞：副词，表肯定意义。咨：叹词。[53]时：通"是"，指百揆之职。懋（mào）：勉励。[54]稽首：叩头。[55]阻饥：困厄于饥。[56]后：主持。稷：官名，主管农业。[57]时：通"莳"，耕种。[58]五品：指父、母、兄、弟、子。逊：和顺。[59]"汝作"两句：司徒：官名，主管教化，三公之一。敷：施行。五教：五品之教，即父义、母慈、兄友、弟恭、子孝。[60]猾：扰乱。夏：指华夏大地。[61]寇：抢劫。贼：杀人。奸宄（guǐ）：犯法作乱的事情。[62]"汝作士"两句：士：狱官之长。服：用。[63] 三就：三个处所，即野、朝、市。[64] 五流：五种流刑。宅：处所。[65] 三居：远近不同的三个地方。[66] 明：明察。克：能够。允：信服。[67] 若：善。工：官名，掌管百工之官。[68] 垂：人名。[69] 共工：官名。[70] 殳（shū）斨（qiāng）：人名。伯与：人名。[71] 谐：同"偕"，一同。[72] 上：指山陵。下：指草泽。[73] 益：人名。[74] 虞：掌管山林的官。[75] 朱虎：人名。熊罴：人名。[76] 典：主持。三礼：天神、人鬼、地示之礼。[77] 秩宗：官名，掌管祭礼的礼仪。[78] 夙：早晨。寅：敬。[79] 夔：人名。龙：人名。[80] 胄子：未成年的人。[81] 栗：谨慎。[82] 夺：失去。伦：理，次序。[83] 於（wū）：叹词。[84] 拊（fǔ）：轻轻叩击。石：石磬，乐器。[85] 堲（jí）：厌恶。殄（tiǎn）：贪婪。[86] 师：民众。[87] 纳言：官名，帝王的代言人。[88] 时：善。亮：领导。天功：天下大事。[89] 黜（chù）：罢免。陟（zhì）：提升。幽：昏庸。明：贤明。[90] 庶：众。熙：兴盛。[91] 北：通"背"，分别。[92] "舜生"两句：征：被征召。庸：任用。[93] 陟方：巡狩南方。

【译文】

虞舜隐居民间，出身微贱，尧帝听说他聪明睿智，就想让他继承帝位，多次拿棘手的事情考验他。史官根据这些情况，写成了《舜典》。

查考古代的旧事，可知舜帝的名字叫作重华，他的

史官根据舜帝的言行事迹，写作了《舜典》。

睿智圣明与尧帝相合。他深远的智慧，温顺谦恭的美德，溢满天地之间。他潜修品德的事迹上闻于朝廷，于是被授予官职。舜谨慎地赞美父义、母慈、兄友、弟恭、子孝五种美德，臣民都能顺从这五常之教。他又受命管理百官，百官也都能服从。他在明堂四门迎接前来朝见的四方宾客，四方宾客全都仪容整肃。舜担任守护山林的

官职,即使在狂风暴雨之中也不迷失方向。

尧帝说:"来吧,舜啊!我和你谋划政事,考察你的言论,按照你的意见办事,一定会取得成功。我已经考察你三年了,你现在可以登上帝位了。"舜要把帝位让给更有德行的人,不愿就位。舜以德行不够为由推辞,不愿就位。但是尧帝还是把帝位禅让给了虞舜。

在正月的一个吉日,舜在尧的太祖宗庙接受了禅让的帝位。他观察了北斗星的运行情况,列出了七项政务。接着向上天报告继承帝位的事情,祭祀天地四时以及山川和群神。舜又聚敛诸侯的圭玉,挑选良辰吉日,接受四方诸侯君长的朝见,把圭玉颁发给他们。

这一年二月,舜到东方巡视,到了泰山,举行了柴祭,并依照地位尊卑依次祭祀了其他山川诸神,然后接受了东方诸侯国君的朝见。舜协和春夏秋冬的月份,确定了天数;统一了音律和度量衡;制定了公侯伯子男朝见的礼节,规定了各种献礼的制度。朝见结束后,舜帝便把五种瑞玉归还给诸侯。五月,舜帝到南方巡视,到达南岳,像祭祀泰山那样行礼仪。八月,舜帝到西方巡视,到了西岳,祭祀礼仪和在泰山、南岳时一样。十一月,舜帝到北方巡视,到达北岳,祭祀礼仪和在西岳时相同。舜帝回来后,到太庙祭祖,所用的祭品是一头公牛。

此后,舜每隔五年就巡视一次。各方诸侯都在四岳朝见,普遍地报告自己的政务。然后舜帝根据诸侯的政绩进行评定,论功行赏,赐给他们车马衣服。

舜帝开始划定十二个州的疆界,在十二州的名山上封土为坛,举行祭礼,并疏通了河道。

舜把五种常用刑罚的

舜受命管理百官,百官也都能服从。

图样刻画在器物上，以警示民众，用流放的办法代替五刑以示宽大，以鞭打作为官府的刑罚，把用木条责打定为学校的刑罚，还规定可以用金来赎罪。因为过失犯罪，可以赦免；要是有所依仗而不知悔改，就要施加刑罚。慎重啊，慎重啊，使用刑罚时一定要慎重！

舜帝把共工流放到北方的幽州，把欢兜流放到南方的崇山，把三苗驱逐到西方的三危，把鲧流放到东方的羽山。这四个罪人受到了应有的惩罚，天下人都心悦诚服。

舜帝继位二十八年后，尧帝去世了，群臣和百姓像失去父母一样悲痛。三年内，全国上下停止演奏音乐，一片沉寂。三年后的正月初一，舜帝到太庙告祭，召集四方诸侯谋划政务，打开明堂的四方之门宣布政教，使四方民众看得明、听得清。

"啊，十二州的君长！"舜帝说，"农业生产不要违背农时！要安抚远方的民众，要善待近处的臣民。要厚待有德之人，信任善良之人，远离奸佞小人。这样，四方的外族都会臣服于你。"

舜帝说："啊，四方诸侯！谁能奋发图强，光大先帝的事业，管理百官，辅佐朝廷理顺政事呢？"

众人都说："让伯禹做司空吧。"

舜说："好啊！"告诫禹说："你来治理水土，希望你更要努力做好百揆的事情啊！"禹行叩拜之礼，想推让给稷、契和皋陶。

舜说："就这样了，还是你来担当吧！"

舜说："弃，现在民众都在忍饥挨饿，你去掌管农事，教导民众播种谷物吧。"

舜说："契，百官之间关系不和谐，父母兄弟子女之间关系不和顺，你去担任司徒，谨慎恭敬地施行五常之教，着重教导他们做人要宽厚仁慈。"

舜说："皋陶，外族侵扰中原，抢劫杀人，给我们制造祸端。你去处理刑狱，用五刑处置那些罪人。五刑各有使用的方法，执行五刑要在郊野、市、朝三个不同的地方。五种流放各有处所，分别流放到远近不同的三个地方。明察案情，公正处罚，就能使人信服。"

舜说："谁能担任百工之长呢？"

都说："垂可以。"

舜说:"好啊!"告诫垂说:"你去担任共工之职吧。"垂行了叩拜之礼,想推让给殳斨和伯与。

舜说:"就这样了,去吧!你们一起去吧。"

舜说:"谁能管理山林草泽中的草木鸟兽呢?"

都说:"益可以。"

舜说:"好吧。"告诫益说:"你做我的虞官,管理山林吧。"益行叩拜礼,想推让给朱虎、熊罴。

舜说:"好吧,去吧!你们一起去吧。"

舜说:"四方诸侯啊,谁能替我主持祭祀天神、地祇、人鬼的三礼呢?"

都说:"伯夷可以。"

舜说:"好吧,伯夷,我任命你做掌管祭祀的礼官吧,从早到晚你都要恭敬行事,内心要正直清明。"

伯夷行叩拜礼,想推让给夔、龙。

舜说:"行了,你去吧,你要谨慎行事啊!"

舜说:"夔,任命你担任乐官,负责教导那些年轻人,要让他们正直而温和,宽厚而谨慎,刚毅而不妄为,简朴而不高傲。诗是用来表达情志的,歌所咏唱的就是表达情志的言辞,声调要根据咏唱的感情而确定,音律要合于声调。金、石、丝、竹、匏、土、革、木这八音能够和谐一致,不互相干扰。这样,人听了以后才能欢快愉悦。"

夔说:"啊!让我敲击石磬,奏起乐曲,让扮演百兽的舞队依着音乐跳舞吧!"

舜说:"龙,我厌恶谗言和暴行,因为它使我的臣民惊恐害怕。我现在任命你为纳言官,早晚传达我的旨意,上报臣民的意见,一定要真实啊!"

舜说:"好啦,你们这二十二个人,要恭谨地履行自己的职责,要好好地辅佐我完成大业啊!"

舜帝每过三年考察一次政绩,考察三次之后,就确定官员的升降。这样,远近各项事业都兴盛起来了。同时,又分别处理了流放在北部边境的三苗氏部族。

舜帝三十岁被举用,在官位二十年,在帝位五十年,巡狩南方时在途中去世。

汩作 九共九篇 槀饫

【原文】

帝厘下土[1]，方设居方[2]，别生分类[3]。作《汩作》《九共》九篇、《槀饫》[4]。

【主旨讲解】

本篇载于《舜典》之后，只有序，无正文。

【注解】

[1]厘：治理。下土：指各诸侯国。[2]居方：官名。[3]生：通"姓"。[4]汩（gǔ）：治民的功绩。共：通"供"，供给，贡献。槀（kào）：犒劳。饫（yù）：宴饮。

【译文】

舜帝治理诸侯国，在四方诸侯国设置了各种官职，并且分别以姓氏种族分开治理。史官根据这些情况，写作了《汩作》《九共》九篇和《槀饫》。

大禹谟

【原文】

皋陶矢厥谟[1]，禹成厥功[2]，帝舜申之[3]。作《大禹》《皋陶谟》《益稷》。

曰若稽古，大禹曰文命[4]，敷于四海[5]，祗承于帝[6]。曰："后克艰厥后[7]，臣克艰厥臣，政乃乂[8]，黎民敏德[9]。"

帝曰："俞！允若兹[10]，嘉言罔攸伏[11]，野无遗贤，万邦咸宁。稽于众，舍己从人，不虐无告[12]，不废困穷，惟帝时克。"

舜帝与大禹、伯益讨论政事。

益曰："都[13]，帝德广运[14]，乃圣乃神[15]，乃武乃文。皇天眷命[16]，奄有四海为天下君[17]。"

禹曰："惠迪吉[18]，从逆凶，惟影响[19]。"

益曰："吁！戒哉！儆戒无虞[20]，罔失法度，罔游于逸，罔淫于乐[21]。任贤勿贰，去邪勿疑。疑谋勿成，百志惟熙[22]。罔违道以干百姓之誉[23]，罔咈百姓以从己之欲[24]。无怠无荒，四夷来王。"

禹曰："於！帝念哉！德惟善政，政在养民。水、火、金、木、土、谷惟修[25]，正德、利用、厚生惟和[26]，九功惟叙[27]，九叙惟歌。戒之用休[28]，董之用威[29]，劝之以九歌，俾勿坏[30]。"

帝曰："俞！地平天成[31]，六府三事允治，万世永赖[32]，时乃功。"

帝曰："格[33]，汝禹！朕宅帝位三十有三载，耄期倦于勤[34]。汝惟不怠，总朕师[35]。"

禹曰："朕德罔克，民不依。皋陶迈种德[36]，德乃降，黎民怀之[37]。帝念哉！念兹在兹，释兹在兹，名言兹在兹，允出兹在兹[38]，惟帝念功。"

帝曰："皋陶，惟兹臣庶，罔或干予正[39]。汝作士，明于五刑，以弼五教[40]，期于予治[41]。刑期于无刑，民协于中[42]，时乃功，懋哉[43]。"

皋陶曰："帝德罔愆[44]，临下以简，御众以宽。罚弗及嗣，赏延于世。宥过无大[45]，刑故无小。罪疑惟轻，功疑惟重。与其杀不辜，宁失不经[46]。好生之德[47]，洽于民心，兹用不犯于有司[48]。"

帝曰："俾予从欲以治，四方风动[49]，惟乃之休[50]。"

帝曰："来，禹！降水儆予[51]，成允成功，惟汝贤。克勤于邦，克俭于家，不自满假[52]，惟汝贤。汝惟不矜[53]，天下莫与汝争能。汝惟不伐[54]，天下莫与汝争功。予懋乃德，嘉乃丕绩[55]，天之历数在汝躬[56]，汝终陟元后[57]。人心惟危，道心惟微[58]，惟精惟一[59]，允执厥中。无稽之言勿听，弗询之谋勿庸。可爱非君？可畏非民？众非元后，何戴[60]？后非众，罔与守邦？钦哉！慎乃有位，敬修其可愿，四海困穷，天禄永终。惟口出好，兴戎[61]，朕言不再。"

禹曰："枚卜功臣[62]，惟吉之从。"

帝曰："禹！官占惟先蔽志[63]，昆命于元龟[64]。朕志先定，询谋佥同[65]，鬼神其依，龟筮协从[66]，卜不习吉[67]。"

禹拜稽首固辞[68]。

帝曰："毋！惟汝谐[69]。"

正月朔旦[70]，受命于神宗[71]，率百官若帝之初。

帝曰："咨，禹！惟时有苗弗率[72]，汝徂征[73]。"

禹乃会群后，誓于师曰："济济有众[74]，咸听朕命。蠢兹有苗[75]，昏迷不恭[76]，侮慢自贤，反道败德，君子在野，小人在位。民弃不保，天降之咎[77]，肆予以尔众士，奉辞罚罪。尔尚一乃心力，其克有勋。"

三旬，苗民逆命。益赞于禹曰[78]："惟德动天，无远弗届[79]。满招损，谦受益，时乃天道。帝初于历山[80]，往于田，日号泣于旻天[81]，于父母，负罪引慝[82]。祗载见瞽瞍[83]，夔夔斋栗[84]，瞽亦允若。至诚感神[85]，矧兹有苗[86]。"

禹拜昌言曰[87]："俞！"班师振旅。帝乃诞敷文德[88]，舞干羽于两阶[89]，七旬有苗格[90]。

【主旨讲解】

大禹，姒（sì）姓，史称夏禹、戎禹，相传他是上古夏后氏族部落的首领。禹继承父亲鲧未竟的治水事业，历经十三年，胼手胝足，三过家门而不入，终于治平水患。谟，是"谋"的意思。本文是舜帝与大臣禹、益、皋陶谋划政务的记录，所以称《大禹谟》。

《大禹谟》的内容可分四部分：第一部分是

大禹治水，功劳泽被千秋。

序，介绍写作《大禹谟》《皋陶谟》《益稷》的缘由。第二部分，舜帝与大禹、伯益讨论政事，赞美帝尧的美德，阐述了各自的治国见解。第三部分记叙舜禅位于禹的经过。第四部分叙述大禹征伐苗民，最终以德感化苗民。

虞书中，为了补充《尧典》《舜典》所缺少的君臣之间的嘉言善政，而成《大禹谟》《皋陶谟》《益稷》三篇。其中，因为禹治水的功劳最高，所以《大禹谟》列于三篇之首。

《大禹谟》是伪古文。后世儒学整理编撰《大禹谟》，是为了上联《尧典》《舜典》，下接《商书》《周书》各篇，构建"二帝三王"的古史体系，宣扬古帝一脉相承的道统。宋代儒学又从舜对禹的训示中撷取"人心惟危，道心惟微，惟精惟一，允执厥中"，称为"虞廷十六字"，作为舜受自尧并传于禹的"三圣传授心法"。这十六字成为维系古帝道统的精神核心，而《大禹谟》正是研究中国古代思想史，特别是宋代理学的重要史料。

【注解】

[1] 皋（gāo）陶（yáo）：偃姓，舜帝之臣，掌管刑狱。矢：陈述。厥（jué）：其。谟（mó）：计谋。[2] 成：陈述。[3] 申：重视。[4] 文命：大禹的名字。[5] 敷：治理。[6] 祇（zhī）：恭敬。[7] 后：君主。克：能够。艰：看得很艰难。[8] 乂（yì）：治理。[9] 敏：勤勉。[10] 俞：副词，表肯定。允：的确。兹：这。[11] 罔（wǎng）：无，不要。攸（yōu）：所。[12] 无告：无处求告的人，指鳏寡孤独者。[13] 都：叹词，表赞美。[14] 广：大。运：远。[15] 乃：语助词。[16] 眷：顾念。[17] 奄：尽。[18] 惠：顺。迪：道。[19] 影响：影随形，响应声。[20] 儆（jǐng）：戒备。虞：预料。[21] "罔游"两句：逸：放纵。淫：过分。[22] 志：念虑。熙：广。[23] 干：求。[24] 咈（fú）：违反。[25] 修：治理。[26] 和：宣扬。[27] 九功：水、火、金、木、土、谷，叫六府；正德、利用、厚生，叫三事。六府三事合称九功。叙：次序。[28] 休：美德。[29] 董：监督。[30] 俾：使。[31] 天：万物。[32] 赖：利。[33] 格：来，呼唤之语。[34] 耄（mào）期：八九十岁称耄，百岁称期颐。这里指年迈。勤：辛苦。[35] 总：总领。师：众人。[36] 迈：勤勉。种：树立。[37] 怀：归附。[38] "念兹"四句：兹：这。前一个"兹"指德，后一个"兹"指皋陶。释：通"怿"，喜悦。名言：称颂。出：推行。[39] 干：冒犯。[40] "明于"两句：五刑：指墨、劓、剕、宫、大辟五种刑罚。五教：五常之教，即父义、母慈、兄友、弟恭、子孝。[41] 期：当，合。[42] 中：中正，公平。[43] 懋（mào）：鼓励。[44] 愆（qiān）：过失。[45] 宥（yòu）：宽恕。无大：不论多大。[46] "与其"两句：不辜：无罪。不经：不守正道。[47] 好（hào）：爱惜。

[48] 有司：官吏。古代每个官位都各司专职，因此称有司。[49] 风动：风吹草动，比喻各方响应。[50] 休：美德。[51] 降水：洪水。[52] 满：盈满。假：虚假，夸大。[53] 矜（jīn）：夸耀，自以为贤。[54] 伐：夸耀，自夸有功。[55] 嘉：赞美。丕：大。[56] 历数：历运之数，指帝王相承的次序。躬：自身。[57] 陟（zhì）：升登。元：大。后：君王。[58] 道心：合于道义的思想。微：不显露。[59] 精：专诚。[60] 戴：拥戴。[61]"惟口"两句：出好：说出善言。兴戎：引起战争。[62][62] 枚卜：逐次占卜。古代用占卜的方法选官，对被选的人逐一占卜，吉者入选。[63] 蔽：断定。[64] 昆：后。元龟：大龟。[65] 佥（qiān）：都。[66] §龟筮（shì）：龟甲和蓍草，二者都是古代占卜的工具。[67] 习：重复。[68] 固辞：坚决推辞。[69] 谐：适合。[70] 朔：阴历的每月初一。[71] 神宗：尧帝的宗庙。"神"在此表尊敬。[72] 有苗：指三苗，古代的一个部族。"有"是名词词头，无意义。率：遵循。[73] 徂（cú）：往。[74] 济济：众多的样子。[75] 蠢：骚动。[76] 昏迷：昏暗迷惑。[77] 咎（jiù）：灾祸。[78] 赞：见。[79] 届：到。[80] 历山：指舜帝当初种田之处。[81] 旻（mín）天：天空。[82] 慝（tè）：邪恶。[83] 祗（zhī）：恭敬。载：侍奉。瞽瞍：舜的父亲。[84] 夔夔（kuí）：恐惧的样子。斋：庄敬。栗：战栗。[85] 諴（xián）：诚信。[86] 矧（shěn）：何况。[87] 昌：美。[88] 诞：大、广。敷：施行。[89] 干：盾牌。羽：用羽毛做的舞具。[90] 格：到，这里指归顺。

【译文】

　　皋陶陈述他的谋略，大禹陈述他的功绩，舜帝对他们的言论很重视。史官记录下他们之间的谈话，写作了《大禹谟》《皋陶谟》和《益稷》。

　　查考往古旧事，可知大禹名叫文命，他治理四海，恭敬地秉承尧舜二帝的教导。大禹说："君王把当好君王看成难事，臣子把当好臣子看得也不容易，政事就能得到很好的治理了，众人也会勤勉地执行德教了。"

　　舜帝说："是啊！真像这样的话，那些好的言论就不会被埋没，贤德的人也不会被遗弃在民间，万国之民就都安宁了。参考众人的言论，舍弃私见而依从众人的好言论，不虐待孤苦无依的人，不嫌弃困窘贫穷的人，只有尧帝能够这样。"

益说:"啊!尧帝的德行广大而影响深远,他圣明、神妙、英武、俊美。皇天顾念授命,使他尽有四海而成为天下的君王。"

禹说:"顺从天道就吉利,依从恶道就会凶险,就像影子与形体、回声与音响的关系一样。"

伯益说:"啊!要多加戒备啊!要警戒没有预料到的事情,不要违背法则制度,不能纵情游玩,不能过分享乐。任用贤人不能有二心,除去奸邪不能迟疑。拿不准的主意不要实行,考虑各种问题应思路开阔。不要违背正道去谋求百官的赞誉,不要违背百官的意愿而满足自己的私欲。对这些不要懈怠、不要荒废,四方的异族就会归附于你,尊你为王。"

大禹说:"啊!舜帝,你好好想想伯益的这番话吧。所谓德就是能够妥善处理政务,而政务的根本在于教养民众。水、火、金、木、土、谷这六件事应该治理,使人们德行端正、物用便利、生活丰厚多彩这三件大事也应当宣扬,这九件事都应理顺次序,九件事做好后,人们就会歌颂君王的德政。要用美好的德政劝诫臣民,用严峻的刑罚督察臣民,以人们对君王的颂扬作为号召力,勉励人们,使德政不被损害。"

舜帝说:"对!水土治平,万物生长,六府三事真能办好了,对千秋万代有利,这是你的功劳。"

舜帝说:"来吧,禹!我居帝位三十三年了,年事已高,被这些辛苦的政务搞得疲惫不堪。你从不懈怠,来统领我的民众吧。"

大禹说:"我的德行还不能胜任,民众也不会依从我。皋陶勤勉树立德政,德惠下施于民,民众归从他。舜帝你要考虑啊!整天顾念德政的是皋陶,喜欢德政的是皋陶,称颂宣传德政的也是皋陶,真正能够推行德政的更是皋陶,舜帝你要想想皋陶的功劳啊。"

舜帝说:"皋陶,这些群臣众庶,没有人敢冒犯我的政事。你身为士官,精通五种刑罚,以它来辅助五常之教,合于我的治理之道。施行刑罚是希望达到没有刑罚的境地,使人民都能合于正道,这是你的功劳,你应受到鼓励啊。"

皋陶说:"舜帝你德行完美,没有过失,对臣民简约不烦,统御民众宽厚不苛刻。刑罚不株连子孙,赏赐却延及后代。宽恕过失不论罪多大,处罚故意犯罪不论罪多小。判罪时遇到可轻可重的疑难,就从轻处罚，论功时遇到可轻可重的疑难，就从重赏赐。与其杀掉无罪之人，不如失去不守正道的人。这种爱惜生灵的美德，合于人们的意愿，因此人们不冒犯官吏。"

舜帝说："你使我如愿地治理国家，并得到四方的响应，这是你的美德。"

舜帝说："来吧，禹！洪水昭告我们，你言行一致，完成了治水大业，这是你的贤德。你为国家能够不辞辛苦，居家生活又能节俭，不自我满足，不自我浮夸，这是你的贤德。你不自以为贤，天下没有谁与你争能。你不自夸有功，天下没有谁与你争功。我称道你的功德，赞美你的业绩，帝王承统的次序已经显应到你自己的身上，你终当升为大君王。现在人心动荡不安，合于道义的思想幽昧难明，只有精诚专一，实实在在地保持中正之道才是。没有根据的话不轻易听信，没有征询过众人的意见不轻易采纳。臣民所爱戴的不是君王吗？君王所畏惧的不是臣民吗？除了君王，民众还拥戴谁呢？除了民众，君王还与谁保卫国家？你们要谨慎啊！慎重地对待你们的职守，恭敬地从事民众愿意的事，如果四海的民众困苦贫穷，你们的禄位就要长久地终止了。人们的嘴能说出善言，也能引起战争，我不再多说了。"

大禹说："请逐次地占卜有功的大臣，听从占卜的吉兆，让吉者继承帝位吧。"

舜帝说："禹！用官占的方法占卜，须先断定意向，然后告诉大龟才能显示吉凶。我的志向已定，征询别人的意见也都相同。鬼神依顺，如果进行龟卜和筮占，结果

舜帝禅位于大禹。

大禹最终以德感化苗民。

也会和人意一致,况且卜筮的办法不能重复出现吉兆。"

禹跪拜叩头,坚决推辞。

舜帝说:"不必推辞了,只有你最适合继承帝位。"

正月初一的早晨,禹在尧的宗庙受命继承帝位,率领百官举行禅让大典,就像当初舜继承尧帝的帝位那样。

舜帝说:"啊,禹!三苗不遵循教命,你去征讨他们吧。"

禹就会集各路诸侯君主,告诫众人说:"众位军士,都听我的命令。蠢蠢欲动的三苗,昏暗迷惑,侮慢常法,妄自尊大,违背正道,败坏德义,贤人被排斥,小人受重用。民众抛弃他们不予保护,上天也降祸于他,所以我率领你们众人,奉行舜帝的命令去惩罚苗民这些罪人。你们应该同心协力,这样就一定能够建立功勋。"

三十天以后,苗民仍然抗拒舜帝的命令。伯益见到了大禹,说:"只有施德才可以感动上天,有了德行,无论多远的人都会来归服,自满会招致损害,谦虚会得到益处,这是天道自然规律。舜帝当初往历山耕田的时候,天天向上天号哭。对于不义的父亲和不慈的母亲,他毫无怨言,宁肯自己背负罪名,招来邪恶的名声。舜仍然恭敬地去见父亲,一副诚惶诚恐庄敬战栗的样子,父亲也的确和顺了些。至诚能感动神灵,何况这些苗民呢!"

大禹拜谢伯益的美言,说:"对!"于是撤回军队,整顿队伍。舜帝就广泛地施行文明德治,让士兵放下武器,在两阶之间拿着盾和翳跳舞。七十天以后,三苗就来归服了。

皋陶谟

【原文】

曰若稽古。皋陶曰："允迪厥德[1]，谟明弼谐[2]。"

禹曰："俞，如何？"

皋陶曰："都！慎厥身，修思永[3]。惇叙九族[4]，庶明励翼[5]，迩可远[6]，在兹。"

禹拜昌言曰[7]："俞！"

皋陶曰："都！在知人，在安民[8]。"

禹曰："吁！咸若时，惟帝其难之。知人则哲，能官人[9]。安民则惠，黎民怀之。能哲而惠，何忧乎欢兜？何迁乎有苗？何畏乎巧言令色孔壬[10]？"

皋陶曰："都！亦行有九德[11]。亦言，其人有德，乃言曰：'载采采[12]。'"

禹曰："何？"

皋陶曰："宽而栗[13]，柔而立[14]，愿而恭[15]，乱而敬[16]，扰而毅[17]，直而温，简而廉[18]，刚而塞[19]，强而义[20]。彰厥有常吉哉[21]！

"日宣三德[22]，夙夜浚明有家[23]；日严祗敬六德[24]，亮采有邦[25]。翕受敷施[26]，九德咸事，俊乂在官[27]。百僚师师[28]，百工惟时[29]，抚于五辰[30]，庶绩其凝[31]。

"无教逸欲，有邦兢兢业业[32]，一日二日万几[33]。无旷庶官，天工[34]，人其代之？天叙有典，敕我五典五惇哉[35]！天秩有礼，自我五礼有庸哉[36]！同寅协恭和衷哉！天命有德，五服五章哉[37]！天讨有罪，五刑五用哉！政事懋哉懋哉[38]！

"天聪明，自我民聪明；天明畏[39]，自我民明威。达于上下，敬哉有土[40]！"

皋陶曰："朕言惠可厎行[41]？"

禹曰："俞！乃言厎可绩[42]。"

皋陶曰："予未有知，思曰赞赞襄哉[43]！"

【主旨讲解】

《皋陶谟》记载了皋陶与舜帝及禹讨论国家大计的情况。

【注解】

[1] 迪：施行。[2] 弼：辅助，这里指辅佐君王的大臣。谐：和谐。[3] 永：永久，坚持不懈。[4] 惇：敦厚。叙：顺从。[5] 庶：众。励：勉励。翼：辅助。[6] 迩：近。[7] 昌：美。[8] "在知人"两句：人：指官吏。民：黎民。[9] "知人"两句：哲：明智。官：任用。[10] 巧言：花言巧语。令色：讨好谄媚的神色。孔：大。壬：奸佞。[11] 亦：同"迹"，检验。九德：九种美德，即下文的"宽而栗"等。[12] 载：开始。采采：从事其事。[13] 栗：谨慎。[14] 立：特立独行。[15] 愿：老实厚道。[16] 乱：治，此指治理的才能。[17] 扰：和顺。[18] 简：简易。廉：不拘小节。[19] 塞：实。[20] 义：道义。[21] 常吉：祥善，指九德。常，祥。[22] 宣：显示。[23] 浚：恭敬。明：努力。[24] 严：通"俨"，矜持、庄重的样子。[25] 亮：辅助。采：事务。邦：诸侯的封地。[26] 翕（xī）：合。[27] 俊乂：有才德的官员。才德过千人为俊，才德过百人为乂。[28] 师师：互相效法。[29] 百工：百官。惟：思。时：善。[30] 抚：顺从。五辰：指北辰。北辰有五个星，所以称五辰。五辰位于天的中央，因此借喻国君。[31] 凝：成功。[32] "无教"两句：无：通"毋"，不要。逸欲：安逸贪欲。兢兢：小心谨慎。业业：畏惧。[33] 一日二日：指一天一天。万几：变化万端。[34] "无旷"两句：旷：虚设。天工：天命之事。[35] 敕：告诫。[36] 自：遵循。五礼：指天子、诸侯、卿大夫、士、庶民的五等礼仪。庸：经常。[37] 五服：五等礼服。章：表彰。[38] "五刑"两句：五刑：墨（在脸上刻字）、劓（yì，割掉鼻子）、剕（fèi，砍断脚）、宫（阉割男性生殖器）、大辟（死刑）。懋：勤勉、努力。[39] 明：表彰。畏：惩治。[40] 有土：有国土的君王。[41] 惠：语助词。厎（zhǐ）：得到。[42] 绩：成功。[43] 曰：语助词。赞赞：努力辅助的样子。襄：辅佐。

【译文】

考察往古的旧事，可知皋陶和大禹曾在舜帝面前就如何实施德政的问题有过讨论。皋陶说："切实遵循先帝的道德规范，提出英明的决策，群臣才会齐心协力地辅佐天子。"

大禹问道："对啊！那么又该怎么做呢？"

皋陶答道："啊！要谨慎地加强自身修养，多从长远考虑，用宽厚的道德使近亲九族顺从，推举众多贤人作辅弼之臣，（做这些事情时,）要由近及远，先从自身做起。"

禹对这一见解表示赞同，说道："很对！"

皋陶又说："啊！治政的根本在于知人善任，安定民心。"

禹说："哦！如果都像这样，只怕就是先帝也勉为其难了啊！理解下属就显得明智，这样才能知人善任。安民要使人民得到实惠，这样才能受人拥戴，民众也会感谢并怀念他。能够知人善任，又能施惠于民，还怎么会担忧欢兜的造反叛乱呢？还怎么会迁徙流放三苗呢？还怎么会畏惧巧言令色、惑乱政纲的共工等人呢？"

皋陶说："是啊！考察人的行为，人本该有九种德行。检验一个人的言论，如果他有美德，你就该对他说：'你应该开始做点工作了。'"

禹问道："那么什么是九德呢？"

皋陶告诉他："宽仁而谨慎，温顺而有个性，诚实自持而又严肃庄重，才能出众而又恭敬踏实，和顺可亲而又果断刚毅，正直无私而又温和近人，行事简易而又不拘小节，刚正不阿而又实事求是，坚强不屈而又一心向善。彰明光大这些德行，要表彰那些具有九德的人啊！

"一个人每天能遵从其中的三种德行，并且从早到晚都能恭敬努力地依照这些规范行事，那么就可以给他封地，让他做公卿了；一个人每天严格敬遵其中的六种德行，就能承担起辅助政事的责任而成为诸侯。如果能把三德六德合起来广泛地施行，符合九德的人都授予官职，那么在位的官员就都是才能出众、德行出众的人了。百官互相效法学习，都竭尽所能处理政事，而且顺从君王，那么各项事业就会遵循正道，走向成功了。

"不要使诸侯们安逸纵欲，而要让他们兢兢

皋陶和禹在舜帝面前讨论德政治国方略。

上天规定了遵循天子、诸侯、卿大夫、士、庶民五等礼仪。

业业,因为每天的情况都有所不同,充满了变化。不要闲置官位,因为官位是依照天命设置的,人们怎么可以代替上帝滥设虚职呢?上天规定了人与人之间的常法,以仁、义、礼、智、信等五种道德来诫示我们。上天规定了尊卑等级的不同礼仪,以天子、诸侯、卿大夫、士、庶民等五种礼数来让我们遵守依循。君臣之间要互敬互恭、团结协作、和睦相处啊!上天任命有德之人,根据德行大小赐予五种绣有不同纹饰的服装,以区别五种等级;上天惩罚那些犯了罪的人们,根据罪行轻重施加五种不同的刑罚。政务繁重,大家一定要勤勉啊!

"上天所听取的意见、观察的问题,都是从民众那里得来的。上天的赏罚,是以民众的好恶为依据的。因此天意和民意是相通的,一定要恭敬小心啊,有国土的君王!"

皋陶问禹:"我的话都是顺应天意和民心的,可以施行了吗?"

禹答道:"当然!按照您的话行事,一定能够做出成绩。"

皋陶说:"其实我又有什么智慧呢?不过每天想着要努力辅佐君王施行德政罢了!"

益 稷

【原文】

帝曰:"来,禹!汝亦昌言。"禹拜曰:"都!帝,予何言?予思日孜孜[1]。"皋陶曰:"吁!如何?"禹曰:"洪水滔天,浩浩怀山襄陵[2],下民昏垫[3]。予乘四载[4],随山刊木[5],暨益奏庶鲜食[6]。予决九川距四海[7],浚畎浍距川[8]。暨稷播,奏庶艰食鲜食[9]。懋迁有无[10],化居[11]。烝民乃粒[12],万邦作乂[13]。"皋陶曰:"俞!

师汝昌言[14]。"

禹曰："都！帝。慎乃在位[15]。"帝曰："俞！"禹曰："安汝止[16]，惟几惟康[17]，其弼直，惟动丕应。徯志以昭受上帝[18]，天其申命用休[19]。"

帝曰："吁！臣哉，邻哉[20]！邻哉，臣哉！"

禹曰："俞！"

帝曰："臣作朕股肱耳目[21]。予欲左右有民，汝翼[22]。予欲宣力四方，汝为[23]。予欲观古人之象[24]，日、月、星、辰、山、龙、华虫、作会[25]；宗彝、藻、火、粉米、黼黻、絺绣[26]。以五采彰施于五色[27]，作服，汝明。予欲闻六律五声八音[28]，在治忽[29]，以出纳五言[30]，汝听。予违，汝弼，汝无面从，退有后言[31]。钦四邻[32]！庶顽谗说，若不在时，侯以明之[33]，挞以记之[34]；书用识哉[35]，欲并生哉！工以纳言，时而飏之[36]；格则承之庸之[37]，否则威之[38]。"

禹曰："俞哉！帝，光天之下，至于海隅苍生[39]，万邦黎献[40]，共惟帝臣，惟帝时举。敷纳以言，明庶以功[41]，车服以庸[42]。谁敢不让，敢不敬应？帝不时敷[43]，同，日奏，罔功。"

帝曰："无若丹朱傲[44]，惟慢游是好，傲虐是作[45]。罔昼夜频频[46]，罔水行舟，朋淫于家[47]。用殄厥世[48]，予创若时[49]。"

禹曰："娶于涂山，辛壬癸甲[50]；启呱呱而泣[51]，予弗子[52]，惟荒度土功[53]。弼成五服[54]，至于五千。州十有二师[55]。外薄四海，咸建五长，各迪有功[56]。苗顽弗即工[57]，帝其念哉！"

帝曰："迪朕德，时乃功，惟叙。"

皋陶方祗厥叙，方施象刑，惟明[58]。

夔曰[59]："戛击鸣球，搏拊[60]，琴、瑟、以咏。"祖考来格，虞宾在位，群后德让[61]。下管鼗鼓[62]，合止柷敔[63]，笙镛以间[64]，鸟兽跄跄[65]，《箫韶》九成[66]，凤皇来仪[67]。

夔曰："於！予击石拊石，百兽率舞，庶尹允谐[68]。"

帝庸作歌[69]。曰："敕天之命[70]，惟时惟几。"乃歌曰："股肱喜哉！元首起哉！百工熙哉！"

皋陶拜手稽首飏言曰[71]："念哉！率作兴事，慎乃宪[72]，钦哉！屡省乃成，钦哉！"乃赓载歌曰[73]："元首明哉，股肱良哉，庶事康哉！"又歌曰："元首丛脞哉[74]，股肱惰哉，万事堕哉！"

帝拜曰："俞！往钦哉！"

【主旨讲解】

《益稷》主要记录禹和舜的功绩、君臣互勉、繁盛的舞乐和舜与皋陶的吟诗唱和情况。

【注解】

[1] 孜孜：勤敏，努力不懈。[2] 怀：包围。襄：漫上。[3] 昏垫：沉没陷落。[4] 四载：四种运载工具。陆行乘车，水行乘舟，泥行乘橇，山行乘轿。[5] 刊：砍，砍伐树木作为路标。[6] 暨：和。奏：进，送。鲜食：刚刚宰杀的鸟兽。[7] 决：疏通。距：到达。[8] 浚：深挖疏通。畎（quǎn）浍（kuài）：田间的水沟。[9] 艰食：百谷。[10] 懋迁：指贸易。[11] 化居：指迁移积居的货物。[12] 烝：众多。粒：通"立"，安定。[13] 作：开始。乂：治理。[14] 师：通"斯"，这。[15] 在位：当权之人，指大臣。[16] 止：举止。[17] 惟：思考。几：危险。康：安康。[18] 徯（xī）：等待。志：德，指有德的人。昭：明白。[19] 其：将。申：重复。休：美。[20] 邻：四邻，指最亲近的大臣。[21] 股肱：大腿和手臂。[22] "予欲"两句：左右：引导。有：名词词头。翼：辅助。[23] 宣：用。为：助。[24] 观：显示。象：衣服上的图像。[25] 华虫：野鸡。会：画。[26] 宗彝：宗庙祭祀的青铜礼器，它的上面刻有虎形，所以代指虎。藻：水草。粉米：白米。黼（fǔ）：礼服上黑白相间的斧形图案。黻（fú）：礼服上黑青相间的两个"己"字相背的图案。绣（chī）：缝。[27] 五采：五种颜料。[28] 六律：古代有十二乐律，即黄钟、大吕、太簇、夹钟、姑洗、仲吕、蕤宾、林钟、夷则、南吕、无射、应钟。它们分为阴阳两类，单数者为阳律，称六律；双数者为阴律，称六吕。五声：五种高低不同的音阶，即宫、商、角、徵、羽。八音：八种乐器，指金、石、丝、竹、匏、土、革、木。[29] 在：察。治忽：治乱。[30] 五言：东西南北中五方的言论。[31] "汝无"两句：无：不要。面从：当面听从。后言：背后议论。[32] 四邻：天子身边的亲近大臣，即左辅、右弼、前疑、后丞。[33] 侯：箭靶。古代以射侯之礼区分善恶，不贤之人不能参与射侯。[34] 挞（tà）：打。记：诫。[35] 识（zhì）：记录。[36] 时：善。飏：通"扬"，宣扬。[37] 格：正。承：进。庸：用。[38] 威：惩罚。[39] 隅：靠边沿的地方。苍生

黎民。[40] 献：贤，指贤人。[41] 庶：通"度"，考察。[42] 庸：功劳。[43] 敷：分辨。[44] 若：像。丹朱：尧的儿子。[45] 虐：同"谑"，戏谑，开玩笑。[46] 罔：无论。额额（è）：不休息。[47] 朋：群。[48] 用：因此。殄：灭绝。世：父子相承。[49] 创：悲伤。[50] "娶于"两句：涂山：指居住在涂山中的部落。辛壬癸甲：从辛日到甲日，指婚事的时间共四天。[51] 启：禹的儿子。[52] 子：爱抚。[53] 荒：忙。度：考虑。土功：治理水土的事。[54] 弼：重新。成：定。五服：五种服役地区，即甸服、侯服、绥服、要服、荒服。[55] 师：二千五百人为师。十二师共三万人。[56] "外薄"三句：薄：靠近。建五长：每五个诸侯国设一个长。迪：领导。[57] 即工：接受工作。[58] 明：清明。[59] 夔：人名，舜帝时的乐官。[60] "戛击"两句：戛（jiá）：敲击。鸣球：一种乐器，即玉磬。搏拊：一种皮革制成的打击乐器，像小鼓。[61] 群后：各诸侯的国君。德：升堂。让：揖让。[62] 下：庙堂之下。管：竹制乐器。鼗（táo）：一种小鼓。[63] 合止：合乐和止乐。柷（zhù）：一种打击乐器，用于乐曲开始。敔（yǔ）：一种打击乐器，用于乐曲结束。[64] 笙：一种管状乐器。镛：大钟。[65] 跄跄（qiàng）跳动的样子。[66] 九成：奏乐时要变更九次才结束。[67] 来仪：成双成对地舞动。[68] 尹：官长。[69] 庸：因此。[70] 敕：勤劳。[71] 稽（qǐ）首：古代的一种跪拜礼，双膝下跪，叩头至地。[72] 宪：法度。[73] 赓（gēng）：继续。[74] 丛脞（cuǒ）：细碎、烦琐。

【译文】

帝舜对禹说："来吧，禹！你也说说你的好意见。"禹拜谢道："啊！舜帝，让我说什么呢？我只是想每天孜孜不倦地为陛下工作罢了。"皋陶说："啊！你是怎么做的呢？"禹说："洪水弥漫连

舜帝与百官讨论君臣之道并相互勉励。

十二黼黻——日。

十二黼黻——月。

十二黼黻——星。

十二黼黻——山。

十二黼黻——火。

十二黼黻——龙。

天，浩浩荡荡地包围了山岳，淹没了丘陵，老百姓有溺水之患。我乘坐四种运载工具，沿着山路砍削树木作为标识，和益一起把刚宰杀的鸟兽送给百姓。我疏通九州的大河，把河水引进大海，还挖深疏通了田地里的大水沟，把水引入大河之中。我又和稷一起种植粮食，把百谷和鸟兽之肉赠予百姓。我发展贸易，让人们互通有无，各诸侯国才得以安定。"皋陶在旁说："对啊！你这番话说得真好啊！"

禹说："啊！舜帝，你要特别小心谨慎地对待在位的大臣啊！"舜帝说："是呀！"禹说："举止要稳重，（不要当止而不停止，）要考虑天下的安危，任用刚直不阿的良臣辅佐你，这样，君主一有行动，就会立即得到万民的响应。等待有德之人明确地接受上帝的旨意，上帝就会再次告诉你施行美好的德政。"

舜帝说："啊！大臣就是我的至亲啊！我的至亲就是大臣啊！"

禹说："是啊！"

舜帝接着说："臣子应该成为我的手足耳目。我要引导人民，你应当辅佐我完成这样的大业。我要努力治理四方，你应尽力帮助我。我想把古人服饰上的图案展示给大家看，把日、月、星、辰、山、龙、野鸡等图案，绘制到衣服上；把虎、水草、白米以及各种花纹绣到衣服上。用五彩颜料按五种色别做成礼服，你们要把这些事都做好。我要听六律、五声、八音等各种乐律，通过声音来考察治乱，以听取各方面的意见，你要仔细听清楚；我有过失之处，你要匡正扶助我，你不要当面唯唯诺诺，下去就在背地里议论。我敬重前后左右的大臣，至于那些进谗言邀宠信的邪恶之徒，如果不能懂得做臣子的道理，那就用射侯之礼明确地教训他们；用鞭打惩戒他们；用刑书记录他们为非作歹的行为，要用这三种办法让他们重获新生。根据进纳的言论选用官吏，有善则扬，正确的意见要遵照执行，否则就要用刑罚来威慑他。"

十二黼黻——华虫。

禹说："好啊！舜帝，普天之下以至于四海之内的所有百姓，天下万邦的众多贤士，都是你的臣民，你要根据时势举拔任用。周到地倾听和采纳他们的意见，公正明确地任用他们，使其建立功勋，论功行赏，赐予他们不同等级的车马礼服，这样谁敢不让贤呢？谁敢不恭敬地响应帝命呢？如果你不善于区分，而是让贤愚善恶的人同时在位，那么即使天天举用人，治国也不会取得成效。"

十二黼黻——米粉。

十二黼黻——藻。

帝舜说："不要像丹朱那样傲慢，不要只想着懒惰嬉戏，不要日夜不停地纵情享乐。当大水退去时，他还让人载着他在浅水里推来拖去，供他玩耍，甚至在家里也肆意淫乱。因为这些情况，最终使他失去了继承帝位的资格。我实在为他感到悲哀啊！"

十二黼黻——宗彝。

禹说："我娶了涂山氏的女儿为妻，在辛日那天成婚，只在家中度过壬日、癸日、甲日，就离家忙着去治理洪水了。儿子启出生以后在家呱呱地哭，我也顾不上爱抚他，只是忙着尽全力治理洪水。最终辅佐陛下完成了划天下为五服的大业，使四方疆域扩展到离王城五千里远的地方。每州征集三万人，从九州一直到四海边地，每五方诸侯各设一个诸侯长，让他按照正道领导治水事业。只有三苗不服管教，负隅抵抗。舜帝，你可要多加注意啊！"

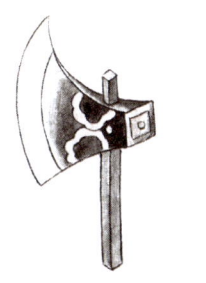

十二黼黻——黼。

舜帝说："还是用德教去引导他们吧，如果能够顺应时势行事，三苗应该会顺从我。"

十二黼黻——黻。

现在皋陶正恭谨地从事自己的事业，正把各种刑罚的图案刻到器物上，用以警示民众，以使他们畏服。

夔说："我们敲击石磬，打起搏拊，弹奏琴瑟，唱起歌来吧！"乐声感动了祖先，神灵全都降临。这时舜帝的宾客都就位了，各国诸侯登堂助祭，也都以德相互礼让。庙堂之下吹起管乐，小鼓和大鼓齐奏，用柷敔相配合，用匏笙和镛钟作为间奏，扮演飞禽走兽的舞队踏着节奏起舞。舜的大舞《箫韶》九曲演奏完毕以后，扮演凤凰的舞队也成双成对地翩翩起舞了。

夔又说："啊！我击打着石磬，扮演各种兽的舞队相继起舞，诸位官员也合着曲子一起跳舞吧。"

舜帝即兴唱了一首歌，他唱道："遵从上天的命令，像这样就差不多了。"接着唱道："大臣们欢欣鼓舞啊！君王们多么兴奋啊！百事待举啊！"

皋陶跪拜叩首，大声说道："要牢记君主的教导啊！要统率群臣勤于政事，慎行法令，要认真啊！还要不断地对自己的所作所为进行反思，使事业获得成功，更应该恭谨行事啊！"于是接着作歌唱道："君主英明啊！大臣都贤良啊！万事康达啊！"停了一会儿又唱道："君王不能忙着做细碎小事啊！大臣不能怠惰啊！各种事业不能荒废啊！"

舜帝行礼拜谢说："是啊！大家都去勤勉做事，来完成我们的事业吧！"

夏书

禹 贡

【原文】

　　禹别九州[1]，随山浚川，任土作贡[2]。

　　禹敷土，随山刊木，奠高山大川[3]。

　　冀州[4]：既载壶口，治梁及岐[5]。既修太原，至于岳阳[6]。覃怀厎绩，至于衡漳[7]。厥土惟白壤[8]，厥赋惟上上[9]，错[10]，厥田惟中中。恒、卫既从[11]，大陆既作[12]。岛夷皮服[13]，夹右碣石入于河[14]。

　　济、河惟兖州[15]：九河既道[16]，雷夏既泽，灉、沮会同[17]。桑土既蚕，是降丘宅土[18]。厥土黑坟，厥草惟繇，厥木惟条[19]。厥田惟中下，厥赋贞[20]，作十有三载乃同。厥贡漆丝，厥篚织文[21]。浮于济、漯[22]，达于河。

　　海、岱惟青州[23]：嵎夷既略，潍、淄其道[24]。厥土白坟，海滨广斥[25]。厥田惟上下。厥赋中上。厥贡盐絺，海物惟错[26]。岱畎丝、枲、铅、松、怪石[27]。莱夷作牧[28]。厥篚檿丝[29]。浮于汶[30]，达于济。

　　海、岱及淮惟徐州[31]：淮、沂其乂[32]，蒙、羽其艺[33]；大野既猪，东原厎平[34]。厥土赤埴坟，草木渐包[35]。厥田惟上中，厥赋中中。厥贡惟土五色[36]，羽畎夏翟，峄阳孤桐[37]，泗滨浮磬，淮夷蠙珠暨鱼[38]。厥篚玄纤缟[39]。浮于淮、泗，达于河[40]。

人们从山丘上搬到兖州平地上居住。

　　淮、海惟扬州[41]：彭蠡既猪，阳鸟攸居[42]。三江既入，震泽厎定[43]。筱簜既敷，厥草惟夭，厥木惟乔[44]。厥土惟涂泥[45]。厥田惟下下，厥赋下上，上错。厥贡惟金三品[46]，瑶、琨、筱、簜、齿、革、羽、毛惟木[47]。岛夷卉服[48]，厥筐织贝，厥包桔柚，锡贡[49]。沿于江、海，达于淮、泗。

荆及衡阳惟荆州[50]：江、汉朝宗于海[51]，九江孔殷[52]，沱、潜既道，云土梦作乂[53]。厥土惟涂泥，厥田惟下中，厥赋上下。厥贡羽、毛、齿、革惟金三品，杶、干、栝、柏[54]，砺、砥、砮、丹，惟菌、簵、楛[55]。三邦厎贡厥名[56]，包匦菁茅，厥筐玄纁玑组，九江纳锡大龟[57]。浮于江、沱、潜、汉，逾于洛，至于南河[58]。

荆、河惟豫州[59]：伊、洛、瀍、涧既入于河，荥波既猪[60]。导菏泽，被孟猪[61]。厥土惟壤，下土坟垆[62]。厥田惟中上，厥赋错上中。厥贡漆、枲、絺、纻，厥筐纤、纩，锡贡磬错[63]。浮于洛，达于河。

华阳、黑水惟梁州[64]：岷、嶓既艺[65]，沱、潜既道，蔡、蒙旅平，和夷厎绩[66]。厥土青黎，厥田惟下上，厥赋下中、三错[67]。厥贡璆、铁、银、镂、砮、磬，熊、罴、狐、狸。织皮、西倾因桓是来[68]。浮于潜，逾于沔，入于渭，乱于河[69]。

黑水、西河惟雍州[70]：弱水既西，泾属渭汭，漆沮既从，沣水攸同[71]。荆、岐既旅，终南、惇物，至于鸟鼠[72]，原隰厎绩[73]，至于猪野。三危既宅，三苗丕叙[74]。厥土惟黄壤，厥田惟上上，厥赋中下。厥贡惟球、琳、琅、玕[75]。浮于积石，至于龙门、西河[76]，会于渭汭。织皮昆仑、析支、渠搜，西戎即叙[77]。

导岍及岐[78]，至于荆山，逾于河。壶口、雷首至于太岳[79]。厎柱、析城至于王屋[80]。太行、恒山至于碣石[81]，入于海。

【主旨讲解】

《禹贡》是当时诸侯称雄的局面统一之后所提出的治理国家的方案。

【注解】

[1]别：划分。[2]任土：根据土地的贫瘠。贡：贡赋。[3]敷：分。奠：定。[4]冀州：禹所划分的九州之一，在今山西省、河北省南部一带。[5]"既载"两句：载：施工。壶口：山名，在今山西省吉县南。梁：山名，在今陕西省韩城县西。岐：通"歧"，山的支脉。[6]"既修"两句：太原：今山西省太原一带，位于汾水上游。岳阳：即太岳山，在今山西省霍县东，汾水流经这里。阳：山的南面。[7]"覃怀"两句：覃（tán）怀：地名，在今河南省武陟、沁阳一带。厎（zhǐ）：获得。衡：通"横"。漳：漳水，在覃怀的北边。

[8]厥：其，指冀州。壤：柔土。[9]赋：赋税，指地方的土特产。上上：第一等。《禹贡》将土质和赋税分为九等，即上上、上中、上下、中上、中中、中下、下上、下中、下下。[10]错：错杂，夹杂。[11]恒：水名。卫：水名，滹沱河。从：顺着河道流入大海。[12]大陆：泽名，在今河北省巨鹿县西北。作：开始。[13]岛夷：住在海岛上的东方民族。夷：古代东方边远地区的民族。皮服：岛夷的贡品。[14]夹：接近。碣石：山名，在今河北省昌黎县。河：黄河。[15]济：水名，源出河南济源县。兖州：禹划分的九州之一，在今河北东南、山东省一带。[16]九河：黄河的九条支流，即徒骇、太史、马颊、覆釜、胡苏、简、洁、钩盘、鬲津。道：疏通。[17]"雷夏"两句：雷夏：泽名，在今山东菏泽东北。澭（yōng）：黄河的支流。沮（jù）：澭水的支流。二水今已不存在。[18]"桑土"两句：桑土：适于种植桑树的土地。降：下。宅：居住。[19]"厥土"三句：坟：肥沃。繇（yáo）：茂盛。条：长。[20]贞：下下等，第九等。[21]篚（fěi）：圆形竹器。织文：有花纹的丝织品。[22]漯（tà）：水名，黄河的支流。[23]海：今渤海。岱：泰山。青州：禹划分的九州之一，今山东半岛一带。[24]"嵎夷"两句：嵎（yú）夷：地名。略：治理。潍：水名，淄：水名。二水都在今山东境内。[25]斥：碱地。[26]"厥贡"两句：缔（chì）：细葛布。错：杂，多种多样。[27]畎：山谷。枲（xǐ）：大麻的一种，不结子。铅：锡。[28]莱夷：地名。[29]厣（yǎn）：山桑，即柞树。[30]汶：水名，源出今山东莱芜市。[31]海：指黄海。淮：淮河。徐州：禹划分的九州之一，在今江苏、安徽北部、山东南部一带。[32]沂：水名，在山东境内。乂：治理。[33]蒙：山名，在今山东蒙阴县西南。羽：山名，在今江苏省赣榆县西南。艺：种植。[34]"大野"两句：大野：指巨野泽，在今山东省巨野县。猪：同"潴"，水停聚的地方。东原：地名，在今山东省东平县一带。厎：得到。平：治理。[35]"厥土"两句：埴：黏土。包：同"苞"，丛生。[36]土五色：五色土，指青黄赤白黑五种颜色的土，五色土是古代君王分封诸侯的用品。[37]"羽畎"两句：夏：大。翟：山雉，其羽毛可做装饰品。峄（yì）：山名，在今江苏省邳县境内。孤桐：特生的桐树。[38]"泗滨"两句：泗：水名，源出今山东省泗水县。浮磬：一种可以做磬的石

头。蠙珠：蚌所产的珍珠。[39]玄：黑色。纤：细绸。缟：白绢。[40]河：应为"菏"，指菏泽，菏泽水与济水相通。[41]海：指黄海。扬州：禹划分的九州之一，在今扬州一带。[42]阳鸟：南方的岛屿，古代"鸟""岛"通用。[43]"三江"两句：三江：指岷江、汉水、彭蠡。震泽：指江苏太湖。[44]"篠簜"三句：篠（xiǎo）：小竹。簜（dàng）：大竹。夭：茂盛。乔：高大。[45]涂泥：潮湿的泥土。[46]金三品：指金、银、铜三个等级。品：等级。[47]瑶：美玉。琨：美石。齿：象牙。革：犀牛皮。羽：鸟羽。毛：旄牛尾。惟：和。[48]岛夷：东南沿海各岛的人。卉服：指蓑衣、草笠之类。卉，草。[49]"厥篚"三句：织贝：把很小的贝用线串联起来，织成巾。包：包裹。锡：与"贡"同义。[50]荆：山名，在今湖北省南漳县。衡：即湖南境内的衡山。荆州：禹划分的九州之一，在今湖南、湖北一带。[51]江：指长江。汉：指汉水。朝宗：诸侯春天朝见天子叫朝，夏天朝见天子叫宗。[52]九江：即今洞庭湖。孔：大。殷：定。[53]"沱、潜"两句：沱：水名，长江的支流，在今湖北枝江市。潜：水名，长江支流，在今湖北省潜江县。云土梦：即云梦，二泽名，江南为云，江北为梦。[54]杶（chūn）：椿树。干：柘木，可做弓。栝（guā）：桧树。[55]砺：粗磨刀石。砥：细磨刀石。砮（nǔ）：石制的箭镞。丹：朱砂。箘（jùn）、簵（lù）：两种竹子。楛（hù）：木名，可做箭杆。[56]三邦：湖泽附近的三个诸侯国。名：名产。[57]"包匦"三句：匦（guǐ）：杨梅。菁茅：一种带刺的茅草，可以滤酒。玄纁（xūn）：指彩色丝绸。纁：黄赤色。玑组：用丝带串起的珍珠串。玑：不圆的珍珠。组：丝带。纳锡：进贡。[58]"浮于"三句：浮：水运。逾：离船上岸陆行。南河：指洛阳巩义市一段的黄河。[59]豫州：禹划分

禹顺着山势疏通河道。

的九州之一，在黄河与湖北的荆山之间的地区。[60]"伊、洛"两句：伊：水名，源出今河南卢氏县。洛：水名，源出今陕西洛南县。瀍（chén）：水名，源出今河南孟津县。涧：水名，源出今河南渑池县。荥波：泽名，在今河南荥阳市。[61]"导菏泽"两句：导：疏通。菏泽：在今山东定陶县。被：同"陂"，修筑堤防。孟猪：泽名，在河南商丘东北。[62]垆：黑色硬土。[63]"厥贡"三句：纻（zhù）：苎麻。纩（kuàng）：细棉。磬错：可以制磬的石头。错，石头，可以琢玉。[64]华：即华山，在陕西华阴市南。黑水：怒江。梁州：禹划分的九州之一。[65]岷：山名，在四川北部。艺：治理。[66]"蔡、蒙"两句：蔡：山名，即峨眉山。蒙：山名，在今四川雅安北。旅：治理。和：名，即大渡河。[67]"厥土"三句：青：黑。黎：疏散。三错：杂出第七、第八、第九三个等级。[68]"厥贡"两句：璆（qiú）：美玉。镂（lòu）：可以刻镂的坚硬金属。罴：一种熊，又叫马熊。狸：野猫、山猫。织皮：指西戎之国。西倾：山名，在今甘肃与青海交界处。桓：水名，即白龙江。[69]"逾于"三句：沔（miǎn）：汉水的上游。渭：水名，源出甘肃渭源县。乱：横渡。[70]西河：在冀州西边黄河南北走向的一段。雍州：禹划分的九州之一。[71]"弱水"四句：弱水：即张掖河。泾：水名。渭：水名。泾水注入渭水，渭水流入黄河。属：注入。汭（ruì）：河流会合的地方。漆沮：代指洛水。沣水：水名，源出陕西省户县东南，注入渭水。同：会合。[72]"荆、岐"三句：荆：山名，在今陕西富平县西南。岐：山名，在陕西岐山县东北。终南：指秦岭。惇物：山名，太白山，在今陕西省眉县。鸟鼠：山名，在今甘肃省渭源县西南。[73]原隰（xī）：指豳（bīn）地，在今陕西省旬邑县和邠县一带。[74]"三危"两句：三危：山名，在鸟鼠西边。丕：大。叙：顺。[75]球：美玉。琳：美石。琅玕：像珠子一样的美玉。[76]"浮于"两句：积石：山名，在今青海西宁西南。龙门：山名，在今陕西韩城东北。[77]"织皮"两句：析支：山名，在今青海省西宁市西南。渠搜：山名。西戎：古代我国西北少数民族的总称。即：就。[78]岍（qiān）：山名，在今陕西陇县南。[79]雷首：山名，在今山西永济市。太岳：即霍太山。[80]底柱：即三门山，在山西平陆县。析城：山名，在今山西阳城县西南。王屋：山名，在今山西垣曲县东。[81] 太行：山名，在今山西、河北、河南的交界处。恒山：在今河北曲阳县西北，古称北岳。

【译文】

禹划分九州的疆界，顺着山势疏通河道，依照土地的贫瘠情况制定出贡税的等级。

禹划分九州的疆界，顺着山势砍削树木作为路标，依据高山大河奠定疆域。

冀州：壶口的工程施工以后，接着便治理梁山和它的支脉。太原附近的河道也治理好了，工程

禹开通太行山的道路。

一直扩展到太岳山的南面。覃怀一带的水利工程也取得了很大的成绩，又治理了横流入河的漳水。冀州的土壤白细，土质松软，这里的臣民应献出一等赋税，也可夹杂二等赋税，这里的土地属第五等。恒水、卫水已经疏通好了，其水可以流入大海，大陆泽的治理工程也开始动工了。东方的岛夷人进贡皮服时，可以先接近右边的碣石山，然后再入黄河来贡。

济水与黄河一带的区域是兖州地区：黄河下游的九条河道疏通了，雷夏泽的治理工程也完成了，灉水、沮水会合流入雷夏泽。适合种植桑树的地方都可以养蚕了，于是人民便从小土山上搬下来，住在平地上。兖州的土地又黑又肥，这里的青草生长得茂盛，树木也长得修长。这里的土地属第六等，赋税是第九等，耕种十三年后，才和其他八州的赋税相同。这里的贡品主要是漆和丝，还有盛放在竹篮子里的带有各种花纹的丝织品。进贡时，可由济水、漯水乘船顺流入黄河。

渤海与泰山之间的区域是青州：嵎夷已经得到治理，潍水与淄水的河道都已经疏通了。这里的土壤呈白色，土地肥沃，沿海的

禹顺着山势砍削树木作为路标。

广大地区都是盐碱地。这片土地在九州中属第三等,赋税是第四等。这里的贡品是盐、细葛布和各种各样的海产品。泰山一带出产丝、大麻、锡、松和奇特美好的怪石。莱夷一带可以放牧,除了畜产品外,还要把桑丝放入筐内作为贡品运来。运送贡品的船只可以由汶水直接入济水。

黄海与泰山及淮河之间的区域是徐州:淮水和沂水都已经治理好了,蒙山和羽山一带的土地,也可以种植庄稼了。大野泽蓄水以后,东原一带的土地得以平治。这里的土壤呈红色,又黏又肥,草木也长得越来越茂盛。这里的土地属第二等,赋税是第五等。贡品有五色土、羽山山谷的大山鸡、峄山南面的桐木、泗水之滨的制磬石料、淮夷之地的蚌珠和鱼类,还有用筐盛着的纤细的黑色丝绸和白绢。进贡时船只由淮水入泗水,而后再入菏泽。

淮河与黄海之间的区域是扬州:彭蠡泽已经储蓄了大量的水,南方岛屿上的人们也可以在上面安居了。三江之水已经顺畅地流入大海,震泽也得以治理。小竹和大竹普遍地生长起来,原野的青草生长得很茂盛,树木也都长得很高大。这里多潮湿的泥土,土地属第九等,赋税是第七等,也夹杂着第六等。其贡品是金、银、铜三种金属,还有美玉、美石、小竹、大竹、象牙、犀牛皮、鸟羽和旄牛尾、木材。沿海一带进贡草制的衣服,还要把贝锦放在筐内,把橘子和柚子打成包裹作为贡品进献给朝廷。进贡时船只沿着长江进入黄海,再转入淮河和泗水。

荆山和衡山南面之间的区域是荆州:长江和汉水像诸侯朝见天子一样向东奔流入海,洞庭湖水系形成了。沱水、潜水都已经疏通了,云梦泽一带也得到了治理。这里的土壤潮湿,土地属第八等,赋税是第三等。贡品有雉羽、旄牛尾、象牙、犀牛皮和金银铜三种金属，还有椿树、柘树、桧树、柏树、粗磨刀石、细磨刀石、制箭头的石头、丹砂以及美竹、楛树等。州内各国都贡上当地的名产；杨梅、青茅要包裹好，要把彩色的丝织品和串起的珍珠等物品放在竹筐内，一并贡来。洞庭湖还要进贡大龟。进贡时船只由长江顺流入其支流沱水、潜水、汉水，然后登岸由陆路到洛水，再由洛水进入黄河。

荆山与黄河之间的区域是豫州：伊水、洛水、瀍水、涧水都已经疏通而流入黄河了。荥波泽已经治理好了，可以储蓄大量的河水。又疏通菏泽，在孟猪泽筑建堤防。这里的土壤松软，土的底层肥沃，而且又黑又硬。这里的田地属第四等，赋税是第二等，也夹杂着第一等。贡品有漆、大麻、细葛布、苎麻，细绢和细绵要用筐子包装起来，还要进贡制磬的石料。进贡时船只由洛水直入黄河。

华山南面至怒江之间的区域是梁州：岷山和蟠冢山都已经能够种庄稼了，沱江和潜水也都疏通了。峨眉山和蒙山的治理工程也已完工，大渡河一带的治理取得了成效。这里的土壤黑而疏松，土地属第七等，赋税属第八等，也夹杂着第七等和第九等。贡品有美玉、铁、银、镂、做箭头的石头、磬、熊、罴、狐、狸等。织皮和西倾山的贡品可以沿着恒水运来。运送贡品的船只经过潜水和沔水，然后舍舟登陆，陆行至沔水，再进入渭水，然后由渭水横渡进入黄河。

黑水到西河一带之间的区域是雍州：弱水在疏通之后，便向西流去；泾水在渭水的转弯处注入渭水；漆水和沮水在疏通之后，向北流入渭水；沣水也与渭水会合。荆山和岐山的治理工程已经完工，终南山、惇物山一直到鸟鼠山都得到了治理。原隰的治理取得成效，一直到猪野泽一带都取得了很大成绩。三危山这个地方已经能够居住了，三苗人民于是得到了很好的安置。这里的土壤黄而松软，土地属第一等，赋税是第六等。贡品有美玉、美石和宝珠等。进贡时船只由积石山附近进入黄河，顺流至龙门山、西河，然后在渭河弯曲处与其他船只会合。西戎的民众居住在昆仑、析支、渠搜等地，西戎各族的百姓就能安定和顺了。

疏通了岍山和岐山的道路，一直到达荆山，越过黄河。又开通了壶口山、雷首山的道路，一直到达太岳山。还开通了厎柱山、析城山的道路，一直到达王屋山。开通了太行山、恒山的道路，一直到达碣石山，从这里就可以进入渤海了。

【原文】

西倾、朱圉、鸟鼠至于太华[1]。熊耳、外方、桐柏至于陪尾[2]。

导嶓冢至于荆山[3]。内方至于大别[4]。岷山之阳至于衡山，过九江至于敷浅原[5]。

导弱水至于合黎，馀波入于流沙[6]。

导黑水至于三危，入于南海。

导河、积石，至于龙门；南至于华阴[7]，东至于厎柱；又东至于孟津[8]；东过洛汭，至于大伾[9]；北过降水[10]，至于大陆；又北，播为九河，同为逆河[11]，入于海。

嶓冢导漾[12]，东流为汉；又东，为沧浪之水[13]；过三澨[14]，至于大别，南入于江。东，汇泽为彭蠡；东，为北江，入于海。

岷山导江，东别为沱[15]，又东至于澧[16]；过九江，至于东陵[17]，东迆北，会于汇[18]；东为中江[19]，入于海。

导沇水[20]，东流为济，入于河，溢为荥[21]，东出于陶丘北[22]，又东至于菏；又东北，会于汶；又北东，入于海。

导淮自桐柏，东会于泗、沂，东入于海。

导渭自鸟鼠同穴[23]，东会于沣，又东会于泾；又东过漆沮，入于河。

导洛自熊耳，东北，会于涧、瀍；又东，会于伊；又东北，入于河。

九州攸同，四隩既宅[24]，九山刊旅[25]，九川涤源[26]，九泽既陂，四海会同[27]。六府孔修[28]，庶土交正[29]，厎慎财赋[30]，咸则三壤成赋[31]。中邦锡土、姓，祗台德先，不距朕行[32]。

五百里甸服[33]。百里赋纳总，二百里纳铚，三百里纳秸服[34]，四百里粟，五百里米。

五百里侯服[35]。百里采，二百里男邦，三百里诸侯[36]。

五百里绥服[37]。三百里揆文教，二百里奋武卫[38]。

五百里要服[39]。三百里夷，二百里蔡[40]。

五百里荒服[41]。三百里蛮，二百里流[42]。

东渐于海[43]，西被于流沙，朔南暨声教讫于四海[44]。禹锡玄圭[45]，告厥成功。

【注解】

[1] 朱圉（yǔ）：在今甘肃甘谷县。太华：即西岳华山。[2] 熊耳：山名，在今河南卢氏县东。外方：即中岳嵩山。桐柏：山名，在今河南桐柏县。陪尾：山名，在今湖北安陆市。[3] 嶓冢：山名，在今陕西宁强县西北。荆山：指湖北省南漳县的南条荆山。[4] 内方：山名，在今湖北省钟祥市西南。大别：指湖北与安徽交界处的大别山。[5] 敷浅原：指江西的庐山。[6] 馀波：指水的下游。流沙：指居延泽一带的沙漠。[7] 华阴：华山的北面。[8] 孟津：地名，今河南孟津县。[9] 大伾：山名，在今河南浚县西南。[10] 降水：指漳、洚合流的漳水。[11] "播为"两句：播：分布。九河：指兖州一带的黄河支流。逆河：黄河分出的支流在下游又合在一起。[12] 漾：水名，指汉水的上游。[13] 沧浪：即汉水。[14] 三澨（shì）：水名，源出湖北省京山县，东流入汉水。[15] 沱：水名，长江的支流。[16] 澧：水名，在今湖南省北部，流入洞庭湖。[17] 东陵：地名，在今湖北省黄梅县。[18] 汇：指淮河。[19] 中江：指岷江。[20] 沇（yǔn）：水名，济水的上游。[21] 溢：水动荡奔突而出。荥：荥泽，汉代已成平地。[22] 陶丘：地名，在今山东定陶县。[23] 鸟鼠同穴：指鸟鼠山。[24] 隩（ào）：可以定居的地方。[25] 刊：削。旅：治理。[26] 涤源：疏通水源。[27] 四海：指九夷、八狄、七戎、六蛮。[28] 六府：水火金木土谷。孔：很。修：治理。[29] 交：都。正：征收。[30] 厎：定。[31] 则：准则。三壤：

禹开通了西倾山的道路。

上中下三等土壤。成：定。[32]"中邦"两句：中邦：中央之邦，指九州。锡：赐。祗：敬。台（yí）：我。距：违背。[33]甸服：古代天子在领地外围，每五百里划分为一种服役地带，按远近分为甸服、侯服、绥服、要服、荒服。甸服就是为天子治田种谷。[34]"百里"三句：纳：交纳。总：把成熟庄稼完整交出。铚：一种短镰，这里指禾穗。秸服：带秆的谷粒。[35]侯服：服侍天子。[36]"百里采"三句：采：替天子服差役。男邦：担任国家的差事。男：任。诸侯：指侦察放哨。[37]绥服：替天子做安抚之事。[38]奋武卫：奋扬武威，保卫天子。[39]要服：接受王者约束而服侍。[40]"三百里夷"两句：夷：和平相处。蔡：相约遵守法令。[41]荒服：替天子守边。荒：远。[42]"三百里蛮"两句：蛮：尊重他们的风俗，维持隶属关系。流：流动不定居，有时纳贡，有时不纳贡。[43]渐：入。[44]"西被"两句：被：及。讫：到。[45]玄圭：天青色的瑞玉。

【译文】

　　开通西倾山、朱圉山、鸟鼠山，一直到达太华山。接着又开通熊耳山、嵩山、桐柏山，直到陪尾山。

　　开通嶓冢山，一直到达南条荆山。接着开通内方山，一直到达大别山。再开通岷山之南的道路，到达衡山。接着再过洞庭湖，直到庐山。

　　疏导弱水，让其向西流到合黎山下，它的下游流入沙漠。

　　疏导黑水，让其流到三危山下，最后流入南海。

　　疏导黄河，从积石山开始，直到龙门山；再向南到达华山之北；再向东到达厎柱山；又向东到达孟津，继续向东经过洛水弯曲处，就到

疏导洛水从熊耳山开始。

了大伾山；然后折而北流，经过降水，再向前流入大陆泽；继续向北，分布为九条河道，这九个支流再汇合后注入大海。

从嶓冢山开始疏导漾水，向东流则为汉水。再向东流，便成了沧浪之水，经过三澨水，到达大别山，再向南就流入了长江。又东流汇聚为大泽，叫作彭蠡泽；自彭蠡泽再东出称为北江，最后流入大海。

从岷山开始疏导长江，向东另外分出一条支流，称为沱水；再向东到达醴水，然后流过洞庭湖，到达东陵；再自东陵东去，逶迤北流，与淮水会合，再东出称为中江，最后流入大海。

疏导沇水，向东流去称为济水，注入黄河，接着越过黄河向南溢出为荥泽；再自荥泽东出到陶丘北，再东流至于菏泽；又向东北流，与汶水会合；然后向北转向东，流入大海。

疏导淮水从桐柏山开始，向东与泗水、沂水会合，然后向东流入大海。

疏导渭水从鸟鼠山开始，向东与沣水会合，再向东与泾水会合，又向东流经漆水、沮水，然后流入黄河。

疏导洛水从熊耳山开始，向东北流，与涧水、瀍水会合；又向东会合伊水；再向东北，流入黄河。

这时九州的治理工程都已经完成了：四方的土地都可以安居了，九条山脉都治理得可以通行了，九条大河都已疏通水源了，九个湖泽都已修筑起堤防了，四海之内的进贡之道都已经畅通无阻了。六府之事都已经治理得很好了，普天之下的土地都可以征收赋税了，但必须谨慎规定财物赋税的数量和品种，这是根据土地的上中下三个等级而确定的贡赋制度。九州之内的土地都分封给了各国诸侯，并赐予他们姓氏，还告诫他们说要把敬修我的德业放在第一位，不要违背我的德教原则。

国都以外五百里的地域称为甸服。离国都一百里远的要缴纳连秆的庄稼，二百里远的要缴纳禾穗，三百里远的要缴纳带秸的谷粒，四百里远的要缴纳粗米，五百里远的要缴纳精米。

甸服以外五百里的地域称为侯服。离甸服一百里远的应该替天子服差役，二百里远的应该替国家服差役，三百里远的应当承担侦察放哨的工作。

侯服以外五百里的地域称为绥服。离侯服三百里远的要推行天子的文教，二百里远的要奋勇威武地保卫天子。

　　绥服以外五百里的地域称为要服。离绥服三百里远的要遵约和平相处，二百里远的要遵守天子的法令制度。

　　要服以外五百里的地域称为荒服。离要服三百里远的可以有自己的风俗，二百里远的是否进贡没有定制。

　　我们的大地东边至于大海，西边至于沙漠，无论北方还是南方，都已推行了政教法令，华夏的声威达于四海。于是帝舜赏赐给禹天青色的瑞玉，用以表彰禹所建立的巨大功业。

甘　誓

【原文】

　　启与有扈战于甘之野[1]，作《甘誓》。

　　大战于甘，乃召六卿[2]。王曰："嗟！六事之人[3]，予誓告汝：有扈氏威侮五行[4]，怠弃三正[5]，天用剿绝其命[6]，今予惟共行天之罚。

　　"左不攻于左[7]，汝不恭命；右不攻于右，汝不恭命；御非其马之正[8]，汝不恭命。用命，赏于祖[9]；弗用命，戮于社[10]，予则孥戮汝[11]。"

【主旨讲解】

　　《甘誓》是夏王启与有扈氏在甘地作战的誓师词。

【注解】

　　[1] 有扈：诸侯国名，其旧城在今陕西省户县。[2] 六卿：六军的主将。[3] 六事之人：六军的全体将士。[4] 威：当为"威"，通"蔑"，轻视。五行：指金木水火土五种物质。[5] 怠：懈怠。三

启召集六军将领，进行甘地作战前的动员。

正：指正德、利用、厚生三大政事。[6] 用：因此。剿：消灭。[7] 左：车左。攻：善。[8] 御：驾车的人。非：违背。正：事。[9] 赏于祖：古代天子亲自出征，必以车载着祖庙的神主。行赏都在神主前进行，表示不敢专断。[10] 戮：杀。社：社主。[11] 孥（nú）：同"奴"，降为奴隶。

【译文】

启与有扈氏在甘的郊野开战，史官把启战前的誓词记录下来，写成《甘誓》。

启要在甘这个地方与有扈氏作战，于是把六军的将领召来。启说："啊，六军的将士们啊！我告诫你们：有扈氏轻慢五行，废弃正德、利用、厚生三大政事，上天因此要断绝他的国运，现在我将奉行上天的这种惩罚。

"所有在战车左侧的战士，如果不善于射箭，你们就是不奉行我的命令；在战车右侧的战士，如果不善于用戈矛刺杀敌人，你们也是不奉行我的命令；驾驭战车的战士，如果不胜任御车的任务，你们也是不奉行我的命令。努力奉行命令的，我就在祖庙里奖赏他；不努力奉行命令的，我就在社神的神位前惩罚他，或者把他降为奴隶，或者将其杀掉！"

五子之歌

【原文】

太康失邦，昆弟五人须于洛汭[1]，作《五子之歌》。

太康尸位[2]，以逸豫灭厥德[3]，黎民咸贰[4]。乃盘游无度[5]，畋于有洛之表[6]，十旬弗反。有穷后羿，因民弗忍，距于河[7]。厥弟五人御其母以从，候于洛之汭[8]。五子咸怨，述大禹之戒以作歌[9]。

其一曰："皇祖有训[10]：民可近，不可下[11]；民惟邦本，本固邦宁。予视天下愚夫愚妇一能胜予[12]，一人三失，怨岂在明，不见是图[13]。予临兆民[14]，懔乎若朽索之驭六马[15]。为人上者，奈何不敬[16]？"

其二曰:"训有之:内作色荒,外作禽荒[17];甘酒嗜音,峻宇雕墙[18]。有一于此,未或不亡。"

其三曰:"惟彼陶唐,有此冀方[19]。今失厥道,乱其纪纲,乃厎灭亡[20]。"

其四曰:"明明我祖[21],万邦之君。有典有则,贻厥子孙[22]。关石和钧[23],王府则有。荒坠厥绪,覆宗绝祀[24]!"

其五曰:"呜呼曷归[25]?予怀之悲。万姓仇予,予将畴依[26]?郁陶乎予心,颜厚有忸怩[27]。弗慎厥德,虽悔可追[28]?"

【主旨讲解】

夏启的儿子太康沉湎于游乐,荒废政事,人民不堪忍受。而太康不察民情,依然放纵游逸,他去洛水的南面狩猎,竟百日不归。有穷国国君羿率众在黄河北岸阻止太康返国,使他失去了帝位。太康的五个弟弟侍奉其母同去洛水,在洛水转弯处等他。太康被阻后,五个弟弟各作歌一首,追述大禹的训诫,表达对太康的指责和怨恨。史官据此写成《五子之歌》。

《五子之歌》可分三部分:第一部是序,记述本篇的写作缘由。第二部分说明五子作歌的原因。第三部分载录五子之歌。五子之歌的前两首陈述大禹的告诫,做人君要重视民意,不能纵情享乐;第三首指责太康失道亡国;第四首埋怨太康弃典法而灭宗祀;第五首怨恨太康不修养品德,终失帝位而追悔莫及。

《五子之歌》是伪古文。

【注解】

[1] 须:等待。汭:河流的转弯处。[2] 尸位:主位。古代祭祀祖先时,以尸代表祖先神灵,后来取消立尸制度,以木牌为神主。[3] 逸:安逸。豫:享乐。[4] 贰:有二心。[5] 盘:乐。游:游猎。[6] 畋(tián):田猎。有:名词词头。表:指洛水的南面。[7] "有穷"三句:有穷:国名。后:君主。距:同"拒",抵御。[8] 徯(xī):等待。[9] 述:遵循。戒:通"诫"。[10] 皇祖:指夏的开国君主禹。皇:大。[11] 下:贱视。[12] 一:全都。[13] 不见(xiàn):细微而不易察知。图:想办法。[14] 兆:十亿为兆,言其多。[15] 懔(lǐn):心中害怕。索:绳索。[16] 敬:谦恭谨慎。[17] "内作"两句:作:兴。色:女色。荒:迷乱。禽:鸟兽,指打猎。[18] "甘酒"两句:

甘：美味，这里指纵饮。嗜（shì）：爱好，迷恋。峻：高大。雕：彩饰。[19] 冀方：指冀州，代指全国。[20] 厎（zhǐ）：导致。[21] 明明：明而又明，指十分圣明。[22] "有典"两句：典：典章。则：法则。贻：留。[23] 关：门关的税收。石：计量单位。和：平。钧：均。[24] 覆：灭。绝：断。[25] 曷归：归向何方。[26] 畴：谁。[27] "郁陶"两句：郁陶：忧愁。颜厚：面带愧色。忸怩：内心惭愧。[28] "弗慎"两句：慎：注重。虽：即使。

【译文】

太康丧失了帝位，他的五个弟弟在洛水注入黄河的地方等他返回，作《五子之歌》。

太康身处主位，却贪恋安逸享乐，丧失了天子的品德，众人都对他不满。太

太康丧失帝位后，他的弟弟们等他返回。

康纵情游乐没有节制，他到洛水的南面打猎，竟然过了一百天还不回来。有穷国的国君羿，根据民众不能忍受的情况，就在黄河北岸阻止太康回国。太康的五个弟弟为侍奉母亲而随他一同出来，这时他们在洛水转弯注入黄河的地方等待太康。五个人都怨恨太康，因此他们遵循大禹的训诫而写作了歌辞。

其中的第一首写道："伟大的祖先曾有训示：对于民众只能亲近而不可轻视；民众是立国的根基，根基牢固，国家才会安定。我们应该看到，天下的民众，哪怕是愚夫愚妇，都胜过我们，一个人会有许多过失，难道非要等到民怨明朗化以后，才去自省不可吗？应该在事端尚未形成时就想办法弥补过失。我们面对亿万民众，畏惧的心情就像用糟朽的绳索驾驭群马一样，要时刻担心出现危险。作为君主，怎能不谦恭谨慎呢？"

其中的第二首写道："大禹的训诫有这样的话语：在内迷恋女

圣明的君主重视民众。

色,在外沉湎于游猎;饮酒没有节制,嗜好舞乐而不知满足,高建大殿还要雕饰墙壁。只要在这几项中占有一项,就没有什么人不亡国的。"

其中的第三首写道:"那位尧帝,拥有以冀州为中心的天下四方。现在太康丧失了尧的治道,搞乱了帝尧的法度,于是招致灭亡。"

其中第四首写道:"我们万分圣明的祖先大禹,是天下各诸侯国的君主。他有治国的典章和法则,传给后世子孙。征收的赋税和计量单位平均,王家府库就会富足。现在太康废弃了前人的功业,以至于宗族覆灭、祭祀断绝!"

其中第五首写道:"唉!哪里可以回归?我想起这事就感到悲伤。人们都怨恨我们,我们可依靠谁呢?我的心情忧愁郁闷,满面羞容而惭愧难当。平日不注重自己的品行,即使现在想改悔,难道还来得及吗?"

胤　征

【原文】

羲和湎淫,废时乱日,胤往征之[1],作《胤征》。

惟仲康肇位四海,胤侯命掌六师[2]。羲和废厥职,酒荒于厥邑[3],胤后承王命徂征。

告于众曰:"嗟予有众,圣有谟训,明征定保[4]。先王克谨天戒[5],臣人克有常宪[6],百官修辅[7],厥后惟明明。每岁孟春[8],遒人以木铎徇于路[9],官师相规[10],工执艺事以谏[11],其或不恭[12],

邦有常刑。

"惟时羲和颠覆厥德，沈乱于酒，畔官离次俶扰天纪[13]，遐弃厥司[14]。乃季秋月朔[15]，辰弗集于房[16]，瞽奏鼓，啬夫驰[17]，庶人走。羲和尸厥官罔闻知[18]，昏迷于天象，以干先王之诛[19]。政典曰：'先时者杀无赦，不及时者杀无赦[20]'。

"今予以尔有众，奉将天罚[21]。尔众士同力王室，尚弼予钦承天子威命[22]。火炎昆冈[23]，玉石俱焚。天吏逸德[24]，烈于猛火。歼厥渠魁[25]，胁从罔治，旧染污俗，咸与维新[26]。呜呼！威克厥爱，允济；爱克厥威，允罔功[27]。其尔众士，懋戒哉[28]！"

【主旨讲解】

胤（yìn），诸侯国名。征，征伐。据《史记·夏本记》记载，太康死后，他的弟弟仲康立为帝。这时，主管天地四时历数的羲氏、和氏纵酒享乐，废时乱日。于是仲康命令掌管六军的胤侯率领将士征讨羲和，胤侯出征前聚众誓师，本篇就是其誓词。

《胤征》的内容可分四部分：第一部分是序，介绍写作本篇的缘由。第二部分是史官追叙的话语，说明胤侯征讨羲和的原因。第三部分写胤侯宣布羲和的罪行。第四部分告诫军士要齐心协力，奉行天子的命令。

《胤征》是伪古文。

【注解】

[1]"羲和"四句：湎（miǎn）：沉迷于酒。淫：过分。征：征伐，上伐下。[2]"惟仲康"两句：肇（zhào）：开始。位（lì）：同"莅"，临视，治理。胤侯：夏帝仲康之臣，掌管军事。侯：君。[3]酒荒：迷乱于嗜酒。邑：封地。[4]征：应验。定保：定国安邦。[5]克：能够。天戒：上天的告诫，指日食、月食之类的天象变化。[6]常宪：常规法典。[7]修：忠于职守。辅：辅佐君主。[8]孟：农历一季的第一个月。[9]遒（qiú）人：宣布命令的官。木铎（duó）：有木舌的铃。徇（xùn）：巡行宣传教令。[10]官师：各位官员。师：众。规：规劝。[11]工：各种工匠艺人。执：用。艺事：技艺规程。[12]恭：奉行。[13]畔：同"叛"，违背。次：职位。俶（chù）：始。扰：乱。天纪：指日月星辰的运行历程。[14]遐（xiá）：远。司：职责。[15]乃：从前。季秋：秋季的最后一个月。朔：阴历每月的初一。[16]辰：

指日月相会。集：会合。房：房宿，指日月相会之处。[17] 啬夫：掌管布帛的小官。[18] 尸：主管。[19] 干：触犯。诛：杀。[20]"政典"句：政典：指导行政的书。先时：比时令节气早。不及时：指时令节气晚。[21] 奉将：奉行。[22] 尚：副词，表祈请、命令。弼：辅佐。[23] 炎：烧。昆冈：昆山，古代著名的产玉的地方。[24] 逸：错误。[25] 歼：全部杀尽。渠：大。魁：首领。[26] 与：允许。[27] 克：战胜。爱：对亲爱者当杀不杀的私心。允：确实。济：成功。[28] 懋：努力。戒：谨慎。

【译文】

羲氏、和氏过分地沉迷于饮酒，搞乱了天时节令，胤侯去征伐他们，史官记述了这件事，写出《胤征》。

仲康开始治理四海的时候，胤侯受命掌管六军。羲氏、和氏玩忽职守，在他们的封地内饮酒作乐。胤国的国君奉仲康之命前去征伐。

出征之前，胤侯向众人宣誓："啊！我的各位将士，圣人有谋略、有训示，事实明白地证实这些谋略、训示可以安邦定国。先王能够谨慎地对待上天的警诫，臣民能够奉行常规法典，百官能够谨守职责辅佐天子，这些都显示了天子十分圣明。每年初春，宣令官在道路上以木铎宣传教令，各位官员相互规劝对方，各种工匠艺人也根据技艺规程向上进谏，如果有谁不奉行王命，不克尽职守，国家将会按常规法典处罚他们。

"这羲和二氏败坏了他们原有的德行，沉迷于饮酒，违背职责，离开职位，开始搞乱了天时历法，远远地抛弃了他们所主管的事务。前些时候九月初一这天，日月会合的地方不在房宿，出现了日食，于是乐官击鼓救日，啬夫忙于取币祀神，众人跑着供役。而羲和二氏主

羲氏、和氏玩忽职守，在他们的封地内饮酒作乐。

管天地四时却不知道这件事,不明白这种天象,因而触犯了先王定下的诛杀的法令。先王的政典规定:'如果历法所定的时令比天时出现得早,应当杀头而不赦免;如果历法规定的时令比天时晚,也该杀头而不赦免。'

胤侯率领将士,惩罚羲和二氏。

"现在我率领你们所有将士,奉行天命惩罚他们。你们众将士要齐心协力效忠王室,辅助我认真秉承天子的庄严命令。当大火在昆山烧起的时候,美玉和顽石就会一同被焚毁。而天子官吏的错误行为,其危害比大火还要惨烈。我们只杀掉首恶分子,被迫跟从的那些人则不予惩治,那些原先就沾染污秽旧俗的人都允许弃恶从新。啊!如果威严战胜私心,那就一定能够成功;如果私心胜过威明,那么就会失败。众位将士,要努力啊,要谨慎啊!"

帝告 厘沃

【原文】

自契至于成汤,八迁[1],汤始居亳[2],从先王居。作《帝告》《厘沃》[3]。

汤 征

【原文】

汤征诸侯,葛伯不祀[4],汤始征之,作《汤征》。

汝鸠　汝方

【原文】

　　伊尹去亳适夏[5]，既丑有夏[6]，复归于亳。入自北门，乃遇汝鸠、汝方[7]。作《汝鸠》《汝方》。

【主旨讲解】

　　《帝告》至《汝方》五篇只有序，无正文。这五篇属于商书，但因其无正文，不宜放在卷首，所以依《十三经注疏》而把它们放在夏书之后。

【注解】

　　[1] 八迁：从契至汤，共十四世，八次迁移国都。[2] 亳（bó）：地名，南亳。[3] 帝告：告诉先王，汤迁居先王之地。厘沃：治理沃土。[4] 葛：国名，故址在今河南省宁陵县北。[5] 伊尹：名挚，是汤妻陪嫁的奴隶。他曾离开商汤跑到了夏桀那里，后来，他厌恶夏桀的暴虐，又回到了亳，辅助成汤伐桀。[6] 丑：厌恶。[7] 汝鸠、汝方：汤的两位贤臣。

【译文】

　　从契到成汤，八次迁移国都，成汤又把国都迁到亳，在先王住过的地方居住。史官据此写作《帝告》《厘沃》。

　　成汤征伐诸侯，葛伯不奉行祭祀，成汤就从葛伯开始征伐。史官根据这些写作《汤征》。

　　伊尹离开亳跑到夏，后来厌恶夏，又重新回到亳。从北门进入时，遇到了汝鸠、汝方。史官据此写作《汝鸠》《汝方》。

商书

汤　誓

【原文】

伊尹相汤伐桀，升自陑[1]，遂与桀战于鸣条之野[2]，作《汤誓》。

王曰："格尔众庶[3]，悉听朕言。非台小子，敢行称乱[4]！有夏多罪，天命殛之[5]。今尔有众，汝曰：'我后不恤我众[6]，舍我穑事，而割正夏[7]？'予惟闻汝众言[8]，夏氏有罪，予畏上帝，不敢不正。今汝其曰[9]：'夏罪其如台[10]？'夏王率遏众力，率割夏邑[11]。有众率怠弗协，曰：'时日曷丧[12]？予及汝皆亡！'夏德若兹，今朕必往。"

"尔尚辅予一人，致天之罚，予其大赉汝[13]！尔无不信[14]，朕不食言[15]。尔不从誓言，予则孥戮汝[16]，罔有攸赦[17]。"

【主旨讲解】

商汤伐夏桀之前，汤的军民不愿再打仗，汤就在都城亳誓师。史官记录下誓词，写作了《汤誓》。

【注解】

[1]"伊尹"两句：相（xiàng）：辅佐。桀：名履癸，禹的第十四代孙，夏的最后一个君主。陑（ér）：地名，在今陕西潼关附近。[2]鸣条：地名，在黄河的北面，安邑之西。[3]格：来。[4]"非台"两句：台（yí）：我。小子：对自己的谦称。称：举，发动。[5]殛（jí）：诛杀。[6]后：国君。恤：关心体贴。[7]割：通"曷"，为什么。正：征伐。[8]惟：虽然。[9]其：恐怕，表揣测的副词。[10]如台（yí）：如何。[11]"夏王"两句：率：语气助词。遏（jié）：同"竭"，尽。割：剥削。[12]时：这个。日：喻夏桀。曷：什么时候。[13]赉（lài）：赏赐。[14]无：

汤王誓师告诫将士，讨伐夏桀。

不要。[15] 食言：说话不算数。食：吞没。[16] 孥：同"奴"，降为奴隶。[17] 攸：所。

【译文】

伊尹辅佐商汤讨伐夏桀，从陑地北上，于是与夏桀在鸣条的郊野开战。开战之前，商汤誓师告诫将士们。史官把这段誓词记录下来，写成了《汤誓》。

王说："来吧，你们各位，都来听我说。不是我敢于犯上作乱！实在是因为夏王犯了许多罪行，上天命令我去讨伐他。现在你们大家或许会问：'我们的国君不关心体贴我们大家，让我们把农事抛在一边，而去征讨夏王，这是为什么呢？'我虽然明白你们的意思，但是夏桀有罪，我敬畏上帝，不敢不去征讨啊。现在你们恐怕要问：'夏桀的罪行到底怎么样呢？'夏桀耗尽了民力，剥削夏国百姓。民众懈怠涣散，对他很不友好，都咒骂他说：'你这个太阳什么时候才能坠落啊？我们宁可和你一起灭亡！'夏桀的德行败坏到这种地步，现在我一定要去讨伐消灭他。

"你们要辅佐帮助我，执行上天对夏桀的惩罚，我将大大地赏赐你们！你们不要不相信我的话，我决不会自食诺言。如果你们不听从我的告诫，我就把你们降为奴隶，或者杀掉，决不赦免你们！"

夏社 疑至 臣扈

【原文】

汤既胜夏，欲迁其社[1]，不可。作《夏社》《疑至》《臣扈》。

典　宝

【原文】

夏师败绩[2]，汤遂从之，遂伐三朡[3]，俘厥宝玉[4]。谊伯、仲伯作《典宝》[5]。

【主旨讲解】

这四篇载于《汤誓》之后，只有序，无正文。

【注解】

[1] 社：社神。[2] 败绩：溃败。[3] 三朡（zōng）：地名，在山东定陶。[4] 宝玉：祭祀神祇的玉石。[5] 谊伯、仲伯：汤的两个臣子。

【译文】

汤战胜夏桀之后，想变动社神，没有实行。史官据此写作《夏社》《疑至》《臣扈》。

夏的军队溃败，汤的军队在后面追击，于是讨伐三朡，获取了宝玉。谊伯、仲伯据此情况写作了《典宝》。

仲虺之诰

【原文】

汤归自夏至于大坰[1]，仲虺作诰。

成汤放桀于南巢[2]，惟有惭德。曰："予恐来世以台为口实[3]。"

仲虺乃作诰，曰："呜呼！惟天生民有欲，无主乃乱，惟天生聪明时乂[4]。有夏昏德，民坠涂炭[5]，天乃锡王勇智，表正万邦[6]。缵禹旧服[7]，兹率厥典[8]，奉若天命。

商汤用武力战胜夏桀，获得帝位。

"夏王有罪，矫诬上天[9]，以布命于下[10]。帝用不臧[11]，式商受命，用爽厥师[12]。简贤附势[13]，实繁有徒。肇我邦于有夏，若苗之有莠，若粟之有秕[14]。小大战战，罔不惧于非辜[15]。矧予之德，言足听闻[16]。

"惟王不迩声色，不殖货利[17]。德懋懋官[18]，功懋懋赏。用人惟己，改过不吝。克宽克仁，彰信兆民。

"乃葛伯仇饷[19]，初征自葛，东征西夷怨，南征北狄怨，曰：'奚独后予[20]？'攸徂之民，室家相庆，曰：'徯予后[21]，后来其苏。'民之戴商，厥惟旧哉[22]！

"佑贤辅德，显忠遂良[23]，兼弱攻昧，取乱侮亡[24]，推亡固存，邦乃其昌。德日新，万邦惟怀；志自满，九族乃离。王懋昭大德，建中于民[25]，以义制事，以礼制心，垂裕后昆[26]。予闻曰：'能自得师者王，谓人莫己若者亡。好问则裕，自用则小[27]。'呜呼！慎厥终，惟其始。殖有礼[28]，覆昏暴。钦崇天道，永保天命[29]。"

成汤驱赶夏桀后内心惭愧，仲虺劝勉汤顺天承运，施行德政。

【主旨讲解】

仲虺（huǐ），商王成汤的左相。诰，是"告"的意思。尧、舜、禹都是禅让继承帝位，汤却是用武力驱赶桀至南巢而获得帝位，他自惭自己的行为不如古帝。仲虺针对汤的想法加以解释、劝勉。史官据此写就《仲虺之诰》。

这篇诰词可分四部分：第一部分是序。第二部分说明仲虺作诰的原因，指出伐桀是顺应天意，可以无愧。第三部分说明汤的美德深受人民爱戴，足以承继帝位，应该无愧。第四部分说明天道可畏，为君艰难，劝勉汤施行德政，顺天承运。

《仲虺之诰》是伪古文。

【注解】

[1]坰（jiōng）：地名。[2]成汤：殷商的开国君主。成是他死后的谥号。放：驱逐。南巢：地名，在今安徽省巢县东北。[3]台（yí）：我。口实：话柄。[4]时：这。乂：治理。[5]涂炭：泥和火，比喻灾难困苦。[6]表正：表率。[7]缵（zuǎn）：继承。服：事。[8]率：遵循。[9]矫：假托。诬：欺骗。[10]布：宣告。[11]用：因

为。臧（zāng）：善。[12] 爽：丧失。[13] 简：慢怠。[14] 秕（bǐ）：不饱满的颗粒。[15] 辜：罪。[16] "矧予"两句：矧（shěn）：况且。足：能够。[17] 殖：聚集。[18] 德懋懋官：德美的人就用官职勉励。前"懋"为盛美，后"懋"为劝勉。[19] 乃：从前。仇：仇视。饷（xiǎng）：给在田间劳作的人送饭。[20] 奚：为什么。[21] 徯（xī）：等待。后：君王。[22] 旧：久。[23] 显：宣扬。遂：起用。[24] 侮：轻慢。亡：亡国之君。[25] 建：树立。中：中庸之道。[26] 垂：传。裕：使民众安居乐业的大理。后昆：子孙后代。[27] 自用：自以为是。[28] 殖：培植，树立。[29] "钦崇"两句：钦：敬。崇：尊奉。天道：支配人类命运的天神意志。天命：上天的教导。

【译文】

汤讨伐夏桀之后，从夏返回的途中，到达大垌，仲虺为了劝勉汤，写作了诰词。

成汤把夏桀驱赶到了南巢之后，内心感到很惭愧，觉得有失古帝之德。他说："我担心后世会把我的所作所为当成谈论的话柄。"

成汤讨伐夏桀，深受人民拥戴。

针对成汤的这种想法，仲虺就作了一篇诰词，他说，"啊！上天生养民众，人人都有七情六欲，如果没有君主，天下就会乱起来，而只有天资聪颖的人，才能治理祸乱。夏桀昏庸失德，人民陷入水深火热之中，上天赐给你勇气和智慧，使你成为万国的表率。继承大禹原来的事业，遵循他的法度典则，就是奉行天意。

"夏桀有罪，他假托上天的旨意，在人间发号施令。因为夏桀不善，上天让商族承受天命，使夏桀丧失了他的民众。轻慢贤德、趋炎附势的人，实在很多。从夏桀立国的时候开始，我们商族就像禾苗中的杂草、粟米中的秕子一样。我们商族上上下下的人都恐惧发抖，无不害怕陷于非罪。况且我们品德高尚，说起来人们能够了解。

夏桀沉湎于歌舞女色，丧失了他的民众。

"大王你不近歌舞女色，不聚敛金钱财物。德行美的人就给他官职以勉励他，功劳大的人就以奖赏勉励他。任用别人就像任用自己一样深信不疑，改正过错就像抛弃废物一样毫不吝惜。能够宽厚，能够仁爱，对亿万民众显示了你的诚信。

"从前葛伯仇视往田间送饭的人，你最初的征伐是从葛伯开始的；后来，向东征伐时，西夷埋怨你；向南征伐时，北狄就埋怨你。他们都说：'为什么唯独后伐我们这里呢？'你所讨伐到的地方的民众，家家户户都相互庆贺。他们说：'等待我们的君王吧，君王来到之后，我们就复活了。'民众拥戴商，已经很久了啊！

"帮助贤能的人，辅佐仁德的人，表彰忠诚的人，起用善良的人，兼并弱小的部族，攻击昏庸的诸侯，夺取动乱的政权，轻慢亡国的君主。推求灭亡的道理，以巩固自己的生存，国家就会昌盛。德行天天更新，万国都会归附；如果心志骄傲自满，亲近的九族也会背离。君王要努力显扬大德，在民众中树立中庸之道，用道义去裁决政事，用礼仪去制约民心，把治世之道传给子孙后代。我听说：'能够自己求得老师的人就可以为王，认为没有谁比得上自己的人就会灭亡。谦虚好问必然伟大，自以为是必然渺小。'啊！要想有好的结局，只有从头做起。扶植礼仪之邦，灭亡昏庸之国。因此要敬奉上天的意志，永远遵行上天的教诲。"

汤 诰

【原文】

汤既黜夏命，复归于亳[1]，作《汤诰》。

王归自克夏[2]，至于亳，诞告万方[3]。王曰："嗟！尔万方有众，明听予一人诰。惟皇上帝[4]，降衷于下民[5]。若有恒性[6]，克绥厥猷惟后[7]。夏王灭德作威，以敷虐于尔万方百姓[8]。尔万方百姓，罹其凶害[9]，弗忍荼毒[10]，并告无辜于上下神祇[11]。天道福善祸淫，降灾于夏，以彰厥罪。

"肆台小子[12]，将天命明威[13]，不敢赦。敢用玄牡[14]，敢昭告于上天神后[15]，请罪有夏。聿求元圣，与之戮力[16]，以与尔有众请命。上天孚佑下民[17]，罪人黜伏[18]，天命弗僭[19]，贲若草木[20]，兆民允殖。俾予一人辑宁尔邦家[21]，兹朕未知获戾于上下[22]，慄慄危惧，若将陨于深渊[23]。

"凡我造邦[24]，无从匪彝，无即慆淫[25]，各守尔典，以承天休[26]。尔有善，朕弗敢蔽；罪当朕躬，弗敢自赦，惟简在上帝之心[27]。其尔万方有罪，在予一人；予一人有罪，无以尔万方。呜呼！尚克时忱[28]，乃亦有终[29]。"

【主旨讲解】

商汤战胜夏桀，登上帝位，他回到都城亳，诸侯都来朝见，商汤于是向诸侯昭告讨伐夏桀的意义。史官记录下这件事，写作《汤诰》。

《汤诰》的内容分三部分：第一部分是序。第二部分写成汤向天下宣告伐桀的道理。第三部分写成汤告诫各诸侯国要遵守常法，勉励他们顺行天意。

《汤诰》是伪古文。

【注解】

[1] 亳（bó）：成汤的国都，故址在今河南商丘市北。[2] 克：战胜。[3] 诞：大。万方：天下各方诸侯。[4] 皇：大。[5] 衷：善。[6] 若：顺从。恒：常。[7] 克：能够。绥：安。猷：大道，法则。后：君王。[8] 敷：布，施行。虐：暴政。[9] 罹（lí）：遭遇。[10] 荼毒：比喻痛

苦。荼，苦菜。毒，螫人的虫。[11] 神祇（qí）：天神地祇。[12] 肆：因此。台（yí）：我。小子：对自己的谦称。[13] 将：奉行。[14] 玄牡：黑色的公牛。[15] 后：后土，指地神。[16]"聿求"两句：聿（yù）：于是。元圣：大圣，指伊尹。戮（lù）力：合力。[17] 孚：保。[18] 黜伏：逃跑屈服。[19] 僭（jiàn）：差错。[20] 贲（bì）：美饰。[21] 俾（bǐ）：使。辑：和睦。[22] 戾（lì）：罪。[23] 陨（yǔn）：坠落。[24] 造邦：分封的诸侯国。[25]"无从"两句：彝（yí）：常道，法度。即：靠近。慆淫：享乐过度。[26] 休：美善。[27] 简：明白。[28] 尚：副词，表希望。忱：诚信。[29] 终：善终。

【译文】

汤推翻夏的统治地位以后，又返回了亳，面对前来朝见的诸侯，他昭告天下讨伐夏桀的大道理。史官据此写作了《汤诰》。

汤王战胜夏桀之后从夏返回，到

汤推翻夏的统治后，向诸侯昭告讨伐夏桀的意义。

达商都亳，大告天下各方诸侯。汤王说："啊！你们各方的士众，请听清楚我的告诫。伟大的上帝，降福给下界民众。顺从人们的常性，能够使他们安于法度的就是君王。夏王灭绝道德滥施酷刑，对你们各方诸侯实行暴政。你们各方诸侯，深受他的暴行的残害，痛苦不堪，纷纷向天神地祇诉说自己无罪而遭残害的情况。上天的法则是赐福给好人，降祸给坏人，上天降灾于夏，就是为了显露夏桀的罪行。

"所以我奉行天命，显示上天的威严，不敢宽赦夏桀的罪行。我冒昧地用黑色公牛作为祭品而进行祭祀，把夏桀的罪行明白地报告给天地神灵，祈请上天惩罚夏桀。于是我求得大贤人伊尹，与我共同努力，来请求神灵保全你们众人的性命。上天保佑下界民众，罪恶的夏桀终于逃跑屈服了。天道无误，惩罚夏桀之后，天下灿然像草木的滋生繁荣，亿万民众都能够安居乐业，获得生机。上天让我使你们的国家和睦安宁,这次讨伐夏桀,我不知道是不是得罪了天地神灵,我心里很害怕,好像要坠入深渊一样。

"凡是我所分封的诸侯国,不得遵从违背常规的法度,不要过分地追求享乐,要各自遵守常法,来接受上天赐予的吉祥。你们的善行,我不敢掩盖抹杀;我自己犯下罪行,也不敢自我宽赦,因为这些情况明明白白地记在上帝的心中。如果你们各方诸侯犯罪,责任在我;如果我犯了罪,则无须你们各国诸侯负责。啊!但愿我能够这样诚信,也能够有一个好的结局。"

明 居

【原文】

咎单作《明居》[1]。

【主旨讲解】

本篇载于《汤诰》后,只有序,无正文。书序只说所作之人,不说为什么而作,大概正文说得很详细。

【注解】

①咎单(shàn):人名,汤王之臣,任司空,掌管土地。

【译文】

咎单写作了《明居》。

伊 训

【原文】

成汤既没[1],太甲元年,伊尹作《伊训》《肆命》《徂后》[2]。

惟元祀十有二月乙丑[3],伊尹祠于先王[4]。奉嗣王祗见厥祖[5],侯甸群后咸在[6],百官总己以听冢宰[7]。伊尹乃明言烈祖之成德[8],以训于王。

曰:"呜呼!古有夏先后方懋厥德[9],罔有天灾,山川鬼神,亦莫不宁,暨鸟兽鱼鳖咸若[10]。于其子孙弗率[11],皇天降灾,假手于我有命，造攻自鸣条[12]，朕哉自亳。惟我商王，布昭圣武[13]，代虐以宽，兆民允怀。今王嗣厥德，罔不在初[14]，立爱惟亲，立敬惟长，始于家邦[15]，终于四海。

"呜呼！先王肇修人纪[16]，从谏弗咈，先民时若[17]。居上克明，为下克忠，与人不求备[18]，检身若不及，以至于有万邦，兹惟艰哉！

"敷求哲人，俾辅于尔后嗣，制官刑，儆于有位[19]。曰：'敢有恒舞于宫，酣歌于室，时谓巫风[20]。敢有殉于货色，恒于游畋，时谓淫风[21]。敢有侮圣言，逆忠直，远耆德，比顽童，时谓乱风[22]。惟兹三风十愆[23]，卿士有一于身，家必丧；邦君有一于身，国必亡。臣下不匡[24]，其刑墨，具训于蒙士[25]。'

"呜呼！嗣王祗厥身，念哉！圣谟洋洋[26]，嘉言孔彰。惟上帝不常，作善降之百祥，作不善降之百殃。尔惟德罔小，万邦惟庆；尔惟不德罔大，坠厥宗[27]。"

【主旨讲解】

伊，伊尹，商汤之妻的陪嫁奴隶，后来辅助商汤征伐夏桀。训，教导。《伊训》是史官记录的伊尹教导已继承帝位的太甲的训辞。太甲是成汤的嫡长孙。

《伊训》内容可分四部分：第一部分是序。第二部分说明伊尹作训的由来。第三部分说明桀失天下而汤得天下的原因。第四部分引述成汤的话，告诫太甲吸取教训，勉励他敬身行德。

先王任用贤人，明察下情，终于拥有万帮，登上帝位。

伊尹的训导，虽是针对太甲而言，目的是为了维护殷商统治，但客观上，对缓和各种矛盾、促进社会发展有一定的积极意义，也为今人留下了修身的箴言。

《伊训》是伪古文。

【注解】

[1] 没（mò）：死亡。[2]《肆命》《徂后》：都是《尚书》的篇名，已亡佚。[3] 祀：年。夏代叫岁，商代叫祀，周代叫年，唐虞时叫载。[4] 祠：祭祀。先王：指汤。[5] 嗣王：王位的继承人。祗（zhī）：恭敬。[6] 侯甸：指侯服和甸服。参见《禹贡》。[7] 总己：统领自己的官员。冢宰：周代官名，为六卿之首，又叫大宰。冢，大。宰，治。[8] 烈祖：建立了功业的祖先。烈，功绩。成德：盛德。[9] 先后：先王，指夏禹。[10] 暨（jì）：同。若：顺遂。[11] 率：遵循。[12] 造：开始。[13] 昭：显示。圣武：威德。[14] 在：察。初：开头。[15] 家：卿大夫的封地。邦：诸侯的封地。[16] 肇：努力。人纪：做人的纲纪。[17] 若：顺从。[18] 与：结交。备：完美。[19] 儆（jǐng）：告诫。[20] 巫：以祈祷鬼神为职业的人。[21]"敢有"三句：殉：贪求。货：财物。游：游乐。畋（tián）：打猎。淫：邪恶。[22]"敢有侮"五句：侮：轻慢。耆（qí）德：年长有德的人。比：亲近。乱：荒乱悖理。[23] 十愆（qiān）：指上述的十种罪过，即恒舞于宫、酣歌于室、贪图财货、沉迷女色、终日游乐、成天打猎、轻侮圣言、违逆忠良、疏远年长有德者、亲昵愚顽稚童。[24] 匡：匡正。[25] 具：详尽。蒙士：下士。[26] 洋洋：美善。[27] 宗：宗庙，代指国家。

【译文】

成汤死后，太甲继承了帝位。太甲元年，伊尹写作了《伊训》《肆命》《徂后》（用来教导太甲）。

太甲元年十二月乙丑日，伊尹祭祀先王成汤。他侍奉刚刚继承王位的太甲恭敬地叩拜祖先的神位，侯服、甸服的众位君长都参加了祭祀仪式，百官率领自己的官员，听从大宰伊尹的命令。伊尹于是明确地阐述成汤建功立业的盛德，来教导太甲。

伊尹说："啊！从前夏的先王大禹努力施行德政的时候，

太甲继承帝位后，伊尹勉励太甲敬身行德。

没有发生天灾，山川的鬼神也没有不安宁的，就连鸟兽鱼鳖也都顺遂孳长。可是到了他的子孙登上帝位后，就不遵循他的德政了，上天降下灾祸，借助于我们汤王的手，从鸣条开始讨伐夏桀，从亳开始施行德政。我们的商王，显示出威武圣德，用宽仁代替暴虐，天下万民确实怀念他。当今的太甲继承其美德，不能不考虑开始的情况，树立友爱的风气要从亲近的开始，树立尊敬的风气要从尊敬长者开始。这样，从自己的封地开始施行，最终会推广到天下。

"啊！先王努力地讲求做人的纲纪，采纳众人的谏言，顺从前贤的主张。身处高位能够明察下情，使臣下能够尽忠效力，结交别人不求全责备，反省自己唯恐比不上别人，因此终于达到拥有万邦而登上帝位，这是多么难能可贵的啊！

"汤王还广泛地寻求智者，让他们辅佐你们这样的继承人，制定惩罚官吏的刑罚来警诫做官的人。成汤说：'胆敢在宫廷内经常纵情舞蹈，在房中放声唱歌，这叫作巫风。胆敢贪求财物、沉迷女色，经常出游打猎，这叫作淫风。胆敢轻慢圣贤的教诲，不听忠直诫劝，疏远年长有德的人，亲近愚顽稚童，这叫作乱风。这三种风气和十种罪过，卿士身上如果有一种，他的封地一定会丧失；诸侯身上如果有一种，他的国家必然会灭亡。而臣下如果不能匡正君主的过失，就要受到墨刑的惩治，还要用这些详细地教导下士。'

"啊！太甲你要谨记这些教诲，要念念不忘啊！圣人汤王的谋略完美无缺，他的教导也很明白。虽然上天赐福降灾没有不变的常规，但对行善者赐予各种吉祥，对不行善的人降下各种灾祸。你行德不管多小，天下的人都会感到庆幸；你行不善，即使不大，也会丧失你的宗庙，导致亡国。"

肆命 徂后

【主旨讲解】

　　二者都是《尚书》的篇名，与《伊训》同为一序。关于《肆命》，孔安国《尚书孔氏传》称："陈天命以戒太甲"，郑玄说："《肆命》者，陈教政所当为也。"关于《徂后》，孔安国称："陈往古明君以戒。"

郑玄说:"《徂后》者,言汤之法度也。"

《肆命》《徂后》的正文均已亡佚。

太甲上

【原文】

太甲既立,不明,伊尹放诸桐[1]。三年复归于亳[2],思庸[3],伊尹作《太甲》三篇。

惟嗣王不惠于阿衡[4],伊尹作书曰:"先王顾諟天之明命[5],以承上下神祇。社稷宗庙,罔不祇肃[6]。天监厥德,用集大命,抚绥万方[7]。惟尹躬克左右厥辟宅师[8],肆嗣王丕承基绪[9]。惟尹躬先见于西邑夏[10],自周有终。相亦惟终[11];其后嗣王,罔克有终,相亦罔终,嗣王戒哉!祗尔厥辟,辟不辟,忝厥祖[12]。"

王惟庸罔念闻。伊尹乃言曰:"先王昧爽丕显[13],坐以待旦。旁求俊彦[14],启迪后人,无越厥命以自覆[15]。慎乃俭德,惟怀永图。若虞机张[16],往省括于度则释[17]。钦厥止,率乃祖攸行,惟朕以怿[18],万世有辞[19]。"

王未克变。伊尹曰:"兹乃不义,习与性成。予弗狎于弗顺[20],营于桐宫[21],密迩先王其训[22],无俾世迷[23]。王徂桐宫居忧[24],克终允德[25]。"

太甲继承帝位后凶恶残暴,伊尹把他放逐到桐宫守丧。

【主旨讲解】

《太甲》共分上中下三篇,都是伊尹教导太甲的训辞。

太甲继承帝位后三年,不遵守成汤制定的法典,胡作非为,凶恶残暴。伊尹劝导无效,便把他放逐到桐宫守丧,自己代替朝政。

不久之后，太甲悔过自新，伊尹又将太甲迎回国都亳，交还政权。其间，伊尹曾多次教导太甲，史官记录下这些训辞，写成《太甲》三篇。

《太甲上》记录了伊尹放逐太甲至桐宫前的训辞，其内容可分三部分：第一部分是三篇之序。第二部分教导太甲以桀为戒，不要辱没祖先；要注重品德举止，像先王一样勤于政事。第三部分伊尹对群臣讲明放逐太甲的原因。

《太甲》三篇均为伪古文。

【注解】

[1] 诸：兼词，之于。桐：桐宫，汤的葬地。[2] 三年：继承帝位后三年。[3] 庸：常道。[4] 惠：顺从。阿衡：商代官名，这里指伊尹。[5] 顾：注重。諟（shì）：指示代词，这。[6] 祗（zhī）肃：恭敬严肃。[7] "天监"三句：监：看。用：因此。集：降下。绥：安。[8] 躬：亲身。左右：帮助。辟：君主。宅师：安定众人。[9] 肆：因此。丕：大。绪：功业。[10] 西邑夏：夏的都城安邑在商的都城亳的西边，所以称西邑夏。[11] 相（xiàng）：辅助。[12] 忝（tiǎn）：辱没。[13] 昧：昏暗。爽：明亮。[14] 旁：普遍。俊彦：才智出众的人。[15] 越：失，忘记。覆：倾覆，灭亡。[16] 虞：掌管山林田猎的官。机：弓弩上的发射机关。[17] 省：察看。括：箭的末端扣弦的地方。度：适度。释：放。[18] "率乃"两句：率：遵循。攸：所。怿（yì）：喜悦。[19] 辞：美好的言辞，指声誉。[20] 狎（xiá）：亲近。[21] 营：建造。桐：地名，在今河南省虞城东北。[22] 密：亲密。迩：近。[23] 世：终生。[24] 徂（cú）：往。居忧：替父母尊长守丧。[25] 终：成。允德：诚信的美德。

【译文】

太甲继承帝位之后，昏庸无道，伊尹把他放逐到汤的墓地桐宫。太甲三年，伊尹又让太甲回到商都亳，伊尹思考常理，写作了《太甲》三篇，来教导太甲。

太甲不顺从伊尹，伊尹便训辞教导他："先王成汤重视英明的天命，顺承天地神灵的意志。对于社稷宗庙，无不恭敬严肃。上天看到汤的大德，所以降下重大的使命，使他安抚天下。我伊尹能帮助君王安定民众，所以后继的帝王才能继承了先王的基业。

伊尹教导太甲注重品德举止。

我从前亲眼看到,夏的先王用忠信取得成就,辅佐他的人也很有功劳;而他们的后继之王夏桀,却不能取得成就,辅佐他的人也就没有功绩了。后继的君王要以此为戒啊!要谨守君王之道,如果做君王不守君王之道,就会辱没自己的祖先。"

太甲像往常一样,仍然不听不想。伊尹就又说:"先王在天没亮的时候就思考大事,坐着想到天明。他还广泛地寻求才智出众的人来辅佐他,积极地开导后人,不要忘记先祖的教导而自取灭亡。你要慎行俭约的美德,考虑长久之计。就好像虞人射箭时拉开了弓,还要看看箭尾放的地方是否合适,然后再放箭。你要看好自己的目标,遵循祖先的所作所为,如果能够这样,我会感到很高兴,你的美誉也会流传万世。"

太甲没有能够改变旧习。伊尹对众人说:"太甲这样做是不义的,长此以往就习惯成性了。我不能亲近不顺从我的教导的人,要在汤王的墓地建造宫室,让他亲近先王,思考先王的训导,不致使他终生执迷不悟。太甲前往桐宫守丧,能够养成他诚信的美德。"

太甲中

【原文】

惟三祀十有二月朔[1],伊尹以冕服奉嗣王归于亳[2],作书曰:"民非后,罔克胥匡以生[3];后非民,罔以辟四方[4]。皇天眷佑有商[5],俾嗣王克终厥德,实万世无疆之休[6]。"

王拜手稽首曰:"予小子不明于德,自厎不类[7]。欲败度,纵败礼,以速戾于厥躬[8]。天作孽,犹可违[9];自作孽,不可逭[10]。

既往背师保之训[11]，弗克于厥初，尚赖匡救之德，图惟厥终。"

伊尹拜手稽首，曰："修厥身，允德协于下，惟明后。先王子惠困穷[12]，民服厥命，罔有不悦。并其有邦厥邻[13]，乃曰：'徯我后[14]，后来无罚。'王懋乃德，视乃烈祖，无时豫怠[15]。奉先思孝，接下思恭。视远惟明，听德惟聪。朕承王之休无斁[16]。"

【主旨讲解】

《太甲中》记录的是伊尹把太甲从桐宫迎回亳以后，对太甲的教导。其内容可分三部分：第一部分，伊尹迎回太甲，庆幸太甲醒悟。第二部分是太甲悔过的言辞。第三部分伊尹勉励太甲效法汤王，注重德政。

【注解】

[1] 三祀：指太甲继位的第三年。朔：每月的初一。[2] 冕：礼帽。服：礼服。奉：迎。[3] 胥：相互。匡：救助。[4] 辟：君主，这里是统治的意思。[5] 眷：顾念。佑：佑助。[6] 休：美。[7] 厎（zhǐ）：致。类：善。[8] 速：招致。戾（lì）：罪过。[9] 违：避免。[10] 逭（huàn）：逃避。[11] 师保：古代辅导和协助帝王的官，这里指伊尹。[12] 子（cí）惠：慈爱。子，通"慈"。惠，爱。[13] 并：连。[14] 徯（xī）：等待。[15] 豫：安乐。[16] 斁（yì）：厌弃。

【译文】

太甲继承帝位第三年的十二月初一，伊尹带着帝王的礼帽、礼服迎接太甲回到国都亳，作书说："人民如果没有君主，就不相互扶助而生存下去；君主没有民众，也不能统治四方。上天顾念保佑我们商族，使后继的帝王能够修成美德，这实在是千秋万代的美事。"

太甲跪拜叩头，说："我不明白德行的重要，自己招致不好。多欲就败坏法度，放纵就败坏礼制，因此给自己

太甲悔过自新，伊尹从桐宫迎回太甲。

招来了罪过。上天造成的灾祸，还能够逃避；自己造成的灾祸，则无法逃脱。以前我违背了你的教导，没有能够从一开始继承帝位就修养品德，还望依靠你匡扶救助的恩德，谋求我的好结局。"

伊尹跪拜叩头说："修养自身，用诚信的美德协调和臣民的关系，这才是英明的君主。先王成汤对困苦贫穷的人很慈爱，民众服从他的命令，没有谁不高兴。连他周围的诸侯国，也这样说：'等待我们的君主吧，君主来了我们就不受刑罚了。'大王你要努力加强修养品德，看看你的祖先，不要这样安乐和懒惰了。尊奉祖先，要想到孝顺；接近臣民，要想到谦恭。目光长远才算眼明，听从善言才算耳聪。如果真能这样，我将享受你的善德而不会厌弃你。"

太甲下

【原文】

伊尹申诰于王曰[1]："呜呼！惟天无亲，克敬惟亲。民罔常怀[2]，怀于有仁。鬼神无常享[3]，享于克诚。天位艰哉！

"德惟治[4]，否德乱。与治同道，罔不兴；与乱同事，罔不亡。终始慎厥与[5]，惟明明后。

"先王惟时懋敬厥德，克配上帝[6]。今王嗣有令绪[7]，尚监兹哉[8]！若升高，必自下；若陟遐[9]，必自迩。无轻民事，惟艰[10]；无安厥位，惟危。慎终于始。有言逆于汝心，必求诸道；有言逊于汝志[11]，必求诸非道。

"呜呼！弗虑胡获[12]？弗为胡成？一人元良[13]，万邦以贞[14]。君罔以辩言乱旧政[15]，臣罔以宠利居成功[16]，邦其永孚于休[17]。"

【主旨讲解】

《太甲下》记录太甲改悔之后，伊尹对太甲的再三告诫。其内容可分三部分：第一部分伊尹申述天位难保，要始终施行德政。第二部分告诫太甲要居安思危，行事要谨慎。第三部分阐明了施行德政的方法，要各尽其责。

【注解】

[1]申：反复。诰：告诫。[2]怀：归附。[3]享：鬼神享食祭品，

此指保佑。[4] 治：太平。[5] 与：选择。[6] 配：符合。[7] 令：善，美好。绪：功业。[8] 尚：表祈请的副词。监：看。[9] 陟（zhì）：行走。遐：远。[10] 惟：思。[11] 逊：恭顺。[12] 胡：何，怎么。[13] 一人：指天子。元：大。良：善。[14] 贞：纯正。[15] 辩言：巧辩之言。[16] 宠利：恩宠和利禄。[17] 孚：保持。

【译文】

伊尹再三告诫太甲说："啊！上天不会固定不变地亲近一个人，它亲近那些对它恭敬的人。民众不会固定地归附于一个君主，他们归附仁爱的君主。鬼神不会固定享用一个人的祭祀，它们保佑那些能诚信的人。可见，居天子之位很不容易啊！

太甲回亳以后，伊尹勉励太甲注重德政。

"施行德政，天下就会太平；不行德政，天下就会大乱。采取太平之世的治理方法，没有不兴盛的，采用大乱时的治理方法，没有不灭亡的。自始至终要谨慎地选用治理措施，才是最英明的君主。

"先王成汤想到这些，才努力谦敬地修养自己的德行，使自己的所作所为能够符合上帝的意愿。现在你继承了美好的功业，希望你看到这一点啊。想要登到高处，一定要从低处开始；想要走到远处，一定要从近处起步。不要轻视民众的事情，要想到它的难处；不要安于君位，要想到它的危险。谨慎要有始有终。有些话不合你的心意，你一定要从道义上考虑衡量；有些话很顺你的心意，你一定要衡量它是否违背道义。

"啊！不思考怎么会有收获？不做事怎么会有成就？天子的德行完美无缺，天下风气就会纯正。君王不要用巧辩扰乱昔日的德政，臣民不要凭仗恩宠和利禄而居功，这样，国家将长久地保持美好的面貌。"

咸有一德

【原文】

伊尹作《咸有一德》[1]。

伊尹既复政厥辟[2]，将告归[3]，乃陈戒于德[4]。

曰："呜呼！天难谌[5]，命靡常。常厥德，保厥位。厥德匪常，九有以亡[6]。夏王弗克庸

伊尹打算退隐终老，再次劝诫太甲勤于修德。

德[7]，慢神虐民。皇天弗保，监于万方，启迪有命，眷求一德[8]，俾作神主。惟尹躬暨汤，咸有一德，克享天心[9]，受天明命，以有九有之师，爰革夏正[10]。

"非天私我有商[11]，惟天佑于一德；非商求于下民，惟民归于一德。德惟一，动罔不吉；德二三[12]，动罔不凶。惟吉凶不僭在人[13]，惟天降灾祥在德。

"今嗣王新服厥命[14]，惟新厥德[15]。终始惟一，时乃日新。任官惟贤材，左右惟其人[16]。臣为上为德，为下为民[17]。其难其慎[18]，惟和惟一。德无常师[19]，主善为师[20]。善无常主，协于克一。俾万姓咸曰：'大哉！王言。'又曰：'一哉！王心'。克绥先王之禄[21]，永底烝民之生[22]。

"呜呼！七世之庙，可以观德；万夫之长，可以观政。后非民罔使；民非后罔事[23]。无自广以狭人，匹夫匹妇，不获自尽[24]，民主罔与成厥功[25]。"

【主旨讲解】

太甲从桐宫回到亳以后，伊尹交还政权，打算回到自己的私邑退隐终老，但又担心太甲德不纯一，就再次训诫太甲。史官记录这件事，用文中的"咸有一德"作为本篇的题目。

《咸有一德》的内容可分四部分：第一部分是序。第二部分说明伊尹作训的缘由。第三部分用历史事实说明道德纯一就吉，不纯一就凶。第四部分告诫太甲要勤于修德，善于用人，不可妄自尊大。

《咸有一德》是伪古文。

【注解】

[1] 咸：都。一：纯一。[2] 复：还给。[3] 告：请求。归：回到自己的封地。[4] 乃：于是。陈：陈述。于：以。[5] 谌（chén）：信。[6] 九有：九州。[7] 庸：常。[8] 眷：视。[9] 享：当，适应。天心：天意。[10] 爰：于是。革：更改，革除。正（zhēng）：一年的第一天。古代改朝换代，必须重新规定正朔。[11] 私：偏爱。[12] 二三：反复不定，不专一。[13] 僭（jiàn）：差错。[14] 服：担当。[15] 新：更新。[16] 左右：指辅佐帝王的大臣。[17] "臣为上"两句：为上：帮助君王。为德：施行德政。为下：帮助下属。为民：治理民众。[18] 难：难于任用。慎：慎于听察。[19] 师：师法，范例。[20] 主：正，准则。[21] 绥：定。禄：福禄。[22] 厎：达到。烝（zhēng）：美好。[23] 事：尽力，效忠。[24] 自尽：尽自己的努力。[25] 民主：指天子。

【译文】

伊尹作《咸有一德》。

伊尹把政权交还给太甲以后，打算请求返回自己的私邑退隐，于是陈述修德的事，用以告诫太甲。

伊尹说："唉！上天的旨意是难以理解的，因为天命无常。君王如果能经常地修善养德，就能够使自己的地位安定。如果不能经常修德，国家就会因此灭亡。夏桀不能经常修德，慢怠神明，虐待民众。上天对此感到不安，明察天下，开导有天命的人，眷念寻求纯一之德，使他成为百神之主。只有我和成汤，都具有纯一的德行，能够适应天意，承受天命，因此拥有九州的民众。于是，更改夏的正朔，灭夏而建立了商。

"不是上天偏爱我们商族，而是上天要扶助有纯一之德的人；并不是商族向民众求助，而是民众归附具有纯德的人。德行纯一，行动起来无不吉利；德行反复无常，行动起来无不凶险。吉凶不会出现偏差是因为上天观察了人的所作所为，上天降灾赐福也是根据人的德行而定的。

"现在大王你重新担当起天子的使命,要更新自己的品德。要始终如一,坚持不懈,这样你的德行就会日日更新。任用官员要选择有德有能的人,辅佐你的大臣更应该是这样的人。大臣应该辅助君王施行德政,辅助下属治理民众。这样的人很难选到,所以要慎重考虑,必须是能与你通力合作、同心同德的人。道德没有固定不变的法则,以善为标准就可作为范例。善也没有固定不变的标准,只要能够纯一就算符合。这样就会使得人人都说:'多么伟大啊!君王的话。'又说:'多么纯一啊!君王的心。'这样,就能够安享先王的福禄,长久地达到使民众的生活美好。

"啊!从七代祖先的宗庙,能够看到功德;从亿万民众的首领身上,能够看到政绩。君王没有民众就无人役使;民众没有君主就无处效忠。不要以为自己宏大而别人狭小,平民百姓如果不能尽力效忠,那么,君王就不会得到别人的辅佐而成就功业。"

伊尹用历史事实告诫太甲,道德纯一就吉利。

沃　丁

【原文】

沃丁既葬伊尹于亳,咎单遂训伊尹事,作《沃丁》[1]。

咸乂四篇

【原文】

伊陟相太戊,亳有祥桑谷共生于朝。伊陟赞于巫咸,作《咸乂》四篇[2]。

伊陟 原命

【原文】

太戊赞于伊陟，作《伊陟》《原命》[3]。

仲　丁

【原文】

仲丁迁于嚣，作《仲丁》[4]。

河亶甲

【原文】

河亶甲居相，作《河亶甲》[5]。

祖　乙

【原文】

祖乙圯于耿，作《祖乙》[6]。

【主旨讲解】

这些篇均载于《咸有一德》之后，只有序，均无正文。

【注解】

[1] 沃丁：太平的儿子。太甲死后，沃丁继承帝位。咎单（shàn）：殷商时的贤臣。训：说。[2] 伊陟：伊尹的儿子。太（tài）戊（wù）：沃丁的弟弟太庚的儿子，继承哥哥雍己的帝位。祥：吉凶的征兆，这里指不吉利的征兆。谷：楮树，叶子像桑叶。赞：告诉。巫咸：殷中宗太戊时的神巫。乂：治理。[3] 原：人名。[4] 仲丁：殷中宗太戊的儿子，太戊死后，仲丁继承帝位。迁：迁移国都。嚣

（áo）：地名，在河南敖仓。[5]河亶（dǎn）甲：仲丁的弟弟。仲丁死后，弟弟外壬继位，外壬死后，河亶甲继承帝位。相：地名。[6]祖乙：河亶甲的儿子，河亶甲死后，祖乙继位。圮（yí）：被河水冲毁。耿：地名。

【译文】

沃丁把伊尹埋葬在亳以后，咎单就说起伊尹的事迹，作《沃丁》。

伊陟辅佐太戊时，亳都的朝廷中出现了桑和穀合生在一起的不祥征兆。

伊陟辅佐太戊时，亳州出现了桑穀合生的不祥之兆。

伊陟告诉巫咸，作《咸乂》四篇。

桑穀合生显示太戊有过，太戊把自己将改过自新的想法告诉伊陟和原，作《伊陟》《原命》。

仲丁把都城迁到嚣，作《仲丁》。

河亶甲居住在相地，史官据此作《河亶甲》。

祖乙在相地被河水冲毁以后，把国都迁到耿，史官据此作《祖乙》。

盘庚上

【原文】

盘庚五迁[1]，将治亳殷[2]，民咨胥怨[3]。作《盘庚》三篇。

盘庚迁于殷。民不适有居[4]，率吁众戚出[5]，矢言[6]。曰："我王来，既爰宅于兹[7]，重我民，无尽刘[8]。不能胥匡以生，卜稽[9]，曰其如台[10]？先王有服[11]，恪谨天命[12]。兹犹不常宁[13]？不常厥邑，于今五邦[14]！今不承于古[15]，罔知天之断命，矧曰其克从先王之烈[16]？若颠木之有由蘖[17]，天其永我命于兹新邑？绍复先王之大业，厎绥四方[18]。"

盘庚敩于民[19]，由乃在位以常旧服[20]，正法度。曰："无或敢伏小人之攸箴[21]！"王命众，悉至于廷。

王若曰[22]："格汝众，予告汝训汝，猷黜乃心[23]，无傲从康[24]。古我先王，亦惟图任旧人共政[25]。王播告之修[26]，不匿厥指，王用丕钦[27]；罔有逸言[28]，民用丕变。今汝聒聒[29]，起信险肤[30]，予弗知乃所讼[31]。

"非予自荒兹德，惟汝含德，不惕予一人[32]。予若观火，予亦拙谋作[33]，乃逸。若网在纲，有条而不紊[34]；若农服田，力穑乃亦有秋[35]。汝克黜乃心，施实德于民，至于婚友[36]，丕乃敢大言汝有积德[37]！乃

盘庚告谕群臣，为避免水患，决定把国都迁往殷。

不畏戎毒于远迩[38]，惰农自安，不昏作劳[39]，不服田亩，越其罔有黍稷[40]。

"汝不和吉言于百姓[41]，惟汝自生毒，乃败祸奸宄[42]，以自灾于厥身。乃既先恶于民[43]，乃奉其恫[44]，汝悔身何及？相时憸民[45]，犹胥顾于箴言，其发有逸口[46]，矧予制乃短长之命[47]？汝曷弗告朕，而胥动以浮言，恐沈于众[48]？若火之燎于原，不可向迩，其犹可扑灭？则惟汝众自作弗靖[49]，非予有咎。

"迟任有言曰[50]：'人惟求旧，器非求旧，惟新。'古我先王暨乃祖乃父胥及逸勤[51]，予敢动用非罚[52]？世选尔劳[53]，予不掩尔善。兹予大享于先王[54]，尔祖其从与享之[55]。作福作灾，予亦不敢动用非德[56]。

"予告汝于难，若射之有志[57]。汝无侮老成人[58]，无弱孤有幼。各长于厥居，勉出乃力，听予一人之作猷。无有远迩，用罪伐厥死[59]，用德彰厥善。邦之臧[60]，惟汝众；邦之不臧，惟予一人有佚罚[61]。

"凡尔众，其惟致告[62]：自今至于后日，各恭尔事，齐乃位[63]，度乃口[64]。罚及尔身，弗可悔。"

【主旨讲解】

《盘庚》三篇是商代奴隶制王朝第十九任国王盘庚在迁都时对臣民的三次讲话,并附大臣转述他的一次简短的讲话。在西汉时,大、小夏侯氏两家的《今文尚书》中全为一篇。

【注解】

[1] 五迁:第五次迁都。[2] 治亳殷:应为"始宅殷"。[3] 咨:嗟叹。胥:相。[4] 适:往。[5] 率:因此。吁:呼。戚:亲近的大臣。[6] 矢:陈述。[7] 爰:易,改变。兹:这里,指奄。[8] 刘:杀,这里是伤害的意思。[9] 稽:察考。[10] 曰:语助词。其:将。如台(yí):如何。[11] 服:事。[12] 恪:恭敬。谨:谨慎。[13] 犹:还。常:久。[14] 邦:这里指都城。[15] 古:指先王恪谨天命。[16] 矧(shěn):况且。烈:功业。[17] 颠:倒。由:倒下的树长出新的枝条。蘖(niè):树木被砍伐后的残余部分长出新芽。[18] 绥:安。[19] 斅(xiào):教,开导。[20] 由:正。乃:其。常:遵守。旧服:旧制。[21] 或:有人。伏:凭借。箴:规劝。[22] 若:这样。[23] 猷(yóu):打算。黜:除去。[24] 从:追求。康:安乐。[25] 旧人:长期居官位的人。[26] 播:布。修:施行。[27] "不匿"两句:指:通"旨",旨意。钦:敬重。[28] 逸:过错。[29] 聒聒:喧嚷,指拒绝好意而自以为是。[30] 起:兴起。信(shēn):通"伸",申说。肤:肤浅。[31] 讼:争辩。[32] 惕:通"施",给予。[33] 谋作:谋略和劳作。[34] "若网"两句:纲:网的总绳。紊:乱。[35] 穑:收获,泛指耕作。秋:收成。[36] 婚:姻亲。[37] 丕乃:于是。[38] 乃:如果。戎:大。毒:害。[39] 暋(mǐn):勤勉,努力去做。[40] 越其:于是就。[41] 和:宣布。[42] 败:危败。奸:在外作恶。宄:在内作恶。[43] 先:倡导。[44] 奉:承受。恫:痛苦。[45] 相:看。憸(xiān)民:小民。[46] 逸口:错误言论。[47] 制:掌握。[48] 恐:恐吓。沈:通"抌",煽动迷惑。[49] 靖:善。[50] 迟任:古代的贤明史官。[51] 胥:相互。逸:安乐。[52] 非罚:不恰当的惩罚。[53] 选:数说。劳:功劳。[54] 享:祭祀宗庙。祭祀天神叫祀,祭祀地祇叫祭,祭祀人鬼叫享。[55] 从:跟。古代天子祭祀祖先时,也让功臣的祖先同时享受祭祀。[56] 非德:不恰当的恩惠。[57] 志:射箭的标识,指箭靶。[58] 侮老:见人老而加以轻视。[59] 罪:刑罚。死:恶。[60] 臧(zāng):

善。[61]佚：过失。罚：罪过。[62]惟：思考。致：传达。告：告诫。[63]齐：正。[64]度：通"杜"，闭。

【译文】
　　盘庚第五次迁都，将要开始到殷地居住，百姓（不高兴，）都在叹息、埋怨。后代史官据此写了《盘庚》三篇。
　　盘庚决定将都城迁到殷。民众不愿去那个地方，于是呼吁一些贵戚大臣出来，请他们向盘庚陈述意见。大臣们说："我们的君王南庚迁到这里，改换居住之所而住在奄这个地方，这是重视我们臣民，不使我们受到伤害。然而现在我们不能互相救助，以求生存，用占卜来察考一下，将怎么样呢？先王凡是处理政事，都会恭敬谨慎地遵从天命。这样，还不能保持长久的安宁吗？不能长久住在一个地方，到现在已经是第五次迁都了！现在不继承先王敬顺天命的传统，就不知道上帝将断绝我们的国运，更何况说能继承先王的事业呢？迁都之举就好像倒伏的树又长出了新枝，残留的树桩又生出嫩芽一样，（经受不住挪动，）难道上天会使我们的国运在这个新都永久延续下去吗？我们要在这里继续复兴先王的大业，使天下安定太平。"
　　盘庚开导臣民，又教导在位的大臣谨守旧制，整饬法度。他说："不许有人借着小民的规劝而反对迁都！"于是，盘庚命令众人都到朝廷上来接受训诫。
　　盘庚这样说："来吧！诸位，我要告诉你们一些训词，用来开导你们。我打算除去你们的私心，使你们不再放纵傲慢。从前我们的先王，也只是谋求任用旧臣共同处理政事。先王施行教令，他们从不隐瞒教令的旨意，先王因此敬重他们。他们从未说过不当的言论，因此民情发生了很大变化。今天你们在这里吵

盘庚责备群臣贪图安逸，并申明对群臣赏罚。

盘庚开导民众不要贪求安逸，迁都可以把实际的好处施于民众。

吵嚷嚷，自以为是，站出来阐述危险浮夸的言和论，我不知道你们想争辩什么。

"并不是我自己放弃了先王重用旧臣的美德，而是你们把好意包藏起来，不肯献给我。我对现在的形势像看火一样那么清楚，只是我不善于谋划和行动，这是我的失误。就像把网结在纲上，才能有条理而不紊乱；就像农民在田间劳作，只有努力耕种才有大收获。你们若是能够摒除私心，把实际的好处施给百姓，以至于亲戚朋友，那样才敢扬言自己积下大德了。如果你们不担心远近出现大灾害，而像怠惰的农民一样安逸享乐，不致力于农事，不在田间劳作，那样就不会收获黍稷了。

"你们不向民众宣布好的言论，这是你们自己种下的祸根；你们做危害天下之事，最终将会自己害自己。假如你们已经引诱人们做了坏事，你们就要勇于承受它所带来的灾祸，你们自己后悔又有什么用呢？看看这些小民吧，他们尚且在意规劝的话语，担心从自己的口中说出错误言论，何况我掌握着你们寿命的长短呢？你们为何不把反对迁都的想法直接告诉我，却用这些浮夸言论互相鼓动，恐吓煽动民众呢？这就好比大火在原野上燃烧一样，不能迎面接近它，难道还能扑灭它吗？这都是你们自己做了不好的事情，而不是我犯了过错。

"迟任说过：'用人要用长期担任官职的旧人，用器物却不能用旧的，要用新的才好。'过去我的先王与你们的祖辈、父辈同甘共苦，我怎么敢对你们滥施刑罚呢？后世将会数说诸位的功劳，而我也不会掩盖你们的善举。现在我要祭祀先王，你们的祖先也将跟着享受祭祀。虽然我可以向你们赐福或是降灾，但是我不敢动用不恰当的赏赐或是惩罚。

"我在危难之中告诉你们,你们要像射箭的箭靶一样(不能偏离我的旨意)。你们不要轻视年老的人,也不要轻视年幼的人。你们各自领导着自己封地上的臣民,要勉励他们贡献自己的力量,依照我的计谋行事。不管是疏远的人还是亲近的人,我都要用刑罚惩治那些作恶的,用赏赐表彰那些行善的。国家治理好了,那是大家的功劳;国家治理得不好,那就是我的过错。

"你们众人,要认真考虑我的告诫之词:从今以后,各人都要恭敬谨慎地履行你们的职责,摆正你们的位置,闭上你们的嘴(不许乱说)。否则,惩罚到你们身上的时候,可千万不要后悔!"

盘庚中

【原文】

盘庚作[1],惟涉河以民迁[2]。乃话民之弗率[3],诞告用亶[4]。其有众咸造[5],勿亵在王庭[6]。盘庚乃登进厥民[7]。

曰:"明听朕言,无荒失朕命[8]!呜呼!古我前后[9],罔不惟民之承保。后胥戚鲜[10],以不浮于天时[11]。殷降大虐[12],先王不怀厥攸作[13],视民利用迁[14]。汝曷弗念我古后之闻?承汝俾汝惟喜康共[15],非汝有咎比于罚[16]。予若吁怀兹新邑,亦惟汝故,以丕从厥志。

"今予将试以汝迁,安定厥邦。汝不忧朕心之攸困[17],乃咸大不宣乃心[18],钦念以忱动予一人[19]。尔惟自鞠自苦[20]!若乘舟,汝弗济,臭厥载[21]。尔忱不属[22],惟胥以沈[23]。不其或稽,自怒曷瘳[24]?汝不谋长以思乃灾,汝诞劝忧[25]。今其有今罔后[26],汝何生在上?

"今予命汝一,无起秽以自臭[27],恐人倚乃身,迂乃心[28]。予迓续乃命于天[29],予岂汝威,用奉畜汝众[30]。

"予念我先神后之劳尔先[31],予丕克羞尔[32],用怀尔然。失于政,陈于兹[33],高后丕乃崇降罪疾[34],曰'曷虐朕民?'汝万民乃不生生[35],暨予一人猷同心,先后丕降与汝罪疾,曰:'曷不暨朕幼孙有比[36]?'故有爽德[37],自上其罚汝,汝罔能迪[38]。

"古我先后既劳乃祖乃父,汝共作我畜民[39]。汝有戕则在乃心[40]!我先后绥乃祖乃父[41],乃祖乃父乃断弃汝,不救乃死。兹予有乱政同位[42]，具乃贝玉[43]。乃祖乃父丕乃告我高后曰：'作丕刑于朕孙！'迪高后丕乃崇降弗祥[44]！

"呜呼！今予告汝：不易[45]！永敬大恤[46]，无胥绝远[47]！汝分猷念以相从[48]，各设中于乃心[49]。乃有不吉不迪[50]，颠越不恭[51]，暂遇奸宄[52]，我乃劓殄灭之[53]，无遗育[54]，无俾易种于兹新邑[55]。

"往哉生生！今予将试以汝迁，永建乃家。"

【主旨讲解】

本篇记录的是即将迁都时盘庚对庶民的告诫。说明迁都是继承先王遗愿，安定国家、为民着想。并且警告民众不要离心失德，明确发布了迁都前的禁令。

【注解】

[1] 作：立为君。[2] 惟：谋，考虑。涉：渡。河：特指黄河。[3] 话：会合。率：遵循。[4] 诞：大。宣：诚。[5] 造：到。[6] 勿亵：联绵词，不安的样子。[7] 登：升，进，向前。[8] 荒：废。失：通"佚"，轻忽的意思。[9] 前后：先王。[10] 胥：清楚。鲜：明白。[11] 浮：罚。[12] 殷：盛，大。虐：灾，这里指洪水泛滥。[13] 怀：安。[14] 用：以。[15] 承：顺。俾：从。康：安康。共：通"拱"，稳定。[16] 咎：过错。比：入。[17] 困：苦。[18] 宣：和顺。[19] 钦：很。[20] 鞠：穷困。[21] 臭：朽，败。载：事。[22] 属：合作。[23] 胥以：相与。[24] "不其"两句：其：助词。或：克，能够。瘳（chōu）：病愈。[25] 劝：乐，安于。[26] 其：将。[27] 起秽：扬起污秽，比喻传播谣言。[28] 迁：邪。[29] 迓（yà）：劝请。[30] 奉：助。畜：养。[31] 神后：神明的君主。劳：烦劳。[32] 羞：进献。[33] 陈：居处。[34] 丕乃：于是就。崇：重。[35] 乃：如果。生生：营生。[36] 幼孙：盘庚自指。有比：亲近。[37] 爽：差错。[38] 迪：逃。[39] 作：为。[40] 有：又。戕：残害。则：通"贼"，害。[41] 绥：告诉。[42] 乱政：指乱政的大臣。同位：同事，共同管理朝政。[43] 乃：其。贝玉：泛指财物。[44] 迪：助词。[45] 易：轻率。[46] 敬：同"儆"，戒。恤：忧患。[47] 胥：相。绝远：隔绝疏远。[48] 分：当。[49] 中：和衷共济的意思。[50] 乃：如果。吉：善。迪：道，正路。[51] 越：违背。[52] 暂：通"渐"，欺诈。遇：通"隅"，奸邪。[53] 劓（yì）：割断。殄：灭绝。[54] 育：通"胄"，后代。[55] 易：延续。种：后代。

【译文】

盘庚做了天子之后,打算渡过黄河率领臣民迁移。于是,召集那些不愿迁移的百姓,恭敬诚恳地告诫他们。那些百姓都来了,惴惴不安地站立在王庭上。盘庚于是登上高处,招呼他们到前面来。

盘庚在即将迁都前,用诚恳的态度尽力劝告不服从迁移的民众。

盘庚说:"你们要听清楚我所说的话,不要忽视我的命令!啊!当初我们的先王,没有不想顺承民意、安定百姓的。做君主的和做臣子的都清楚这些事,所以没有受到天帝的惩罚。当天帝降下灾祸的时候,君主居住在自己的都邑中,感到惴惴难安,于是考察民众的利益而迁移。你们怎么不想想我们的先王所做的这些事情呢?(现在我这么做,是为了)顺从你们喜欢安乐和稳定的心愿,而不是为了你们惹下灾祸而惩罚你们。我这样呼吁你们迁徙到新都,也是为了使你们躲避灾祸,并且尽力遵从先王的意愿。

"现在我打算率领你们迁移,使天下太平安定。你们不顾虑我心中的困苦,你们的心气居然如此不和顺,很想用些错误的言论来动摇我。你们自食恶果,被逼得走投无路了,就像坐在船上,却不能渡河过去,这将会坏掉大事。你们故意不和我合作,那就只有一起沉下去了。你们不和我协同一致,却在那里自怨自怒,这又有什么用处呢?你们不作长久打算,不敢面对即将发生的灾祸,你们实在是太安于忧患了。这样发展下去,将会有今天而没有明天了,那么你们还怎么在这片土地上生存下去呢?

"现在我命令你们同心同德,不要扬起污秽来败坏自己,恐怕有人想使你们的身子偏邪,使你们的心地邪恶。我向上天请求延续你们的生命,我怎么会威胁你们呢?我只是想奉养你们众位啊!

"我知道我们圣明的先王以前烦劳过你们的祖先,所以才向你们进献我的意见,以此来表达我对众位的关怀。倘若我耽误了政

民众接受告诫后,盘庚率领民众迁往殷。

事,使众位长久居住在这里,先王就会重重地降下罪责,训斥我道:'为什么虐待我的臣民?'你们四方之民如果不去谋生,不和我同心同德,先王也会对你们降下罪责,斥问你们道:'为什么不亲近我的子孙呢?'因此,犯下过错,上天就要惩罚你们,你们是无法避免灾祸的。

"当初我的先王已经烦劳过你们的祖先和父辈,你们作为我养育的臣民,内心却充满恶念。我的先王将会把你们的所作所为告诉你们的祖先和父辈,你们的祖先和父辈一定会坚决抛弃你们,不去挽救你们死亡的命运。如今有一些乱政的大臣和我一起处理朝政,他们只知道聚敛财物。你们的祖先和父辈就告诉我的先王:'对我们的子孙施以重刑吧!'于是先王就会重重地降下灾祸。

"啊!现在我要告诫你们:不要草率行事!要时刻警惕大的祸患,不要互相疏远!你们应当考虑顺从我,每个人的心里都要想着与我和衷共济。如果有人不做善事,不走正道,违法不恭,欺诈奸邪,任意妄为,我就要杀掉他,而且还断绝他的后嗣,不让他的后人在新都城繁衍生息。

"去吧,谋生去吧!现在我将率领你们迁徙到新都城,在那里建立你们永久的家园。"

盘庚下

【原文】

盘庚既迁,奠厥攸居[1],乃正厥位,绥爰有众[2]。
曰:"无戏怠,懋建大命[3]!今予其敷心腹肾肠[4],历告尔百姓于朕志[5]。罔罪尔众,尔无共怒,协比谗言予一人[6]。

"古我先王，将多于前功[7]，适于山[8]。用降我凶[9]，德嘉绩于朕邦[10]。今我民用荡析离居[11]，罔有定极[12]，尔谓朕曷震动万民以迁[13]？肆上帝将复我高祖之德[14]，乱越我家[15]。朕及笃敬[16]，恭承民命，用永地于新邑。肆予冲人[17]，非废厥谋，吊由灵各[18]；非敢违卜，用宏兹贲[19]。

"呜呼！邦伯师长百执事之人[20]，尚皆隐哉[21]！予其懋简相尔念敬我众[22]。朕不肩好货[23]，敢恭生生[24]，鞠人谋人之保居，叙钦[25]。今我既羞告尔于朕志若否[26]，罔有弗钦[27]。无总于货宝[28]，生生自庸[29]。式敷民德[30]，永肩一心[31]。"

【主旨讲解】

本篇是迁都之后盘庚告诫大臣的训辞，其内容可分两部分：第一部分是盘庚重申迁都的原因和目的；第二部分是盘庚向诸侯及大臣表白心迹。

【注解】

[1]奠：定。攸：听。[2]绥：告诉。爰：于。众：群臣。[3]建：指重建家园。[4]敷：布。心腹肾肠：指肺腑之言。[5]历：数说。百姓：百官。志：意。[6]协比：协同一致。[7]多：光大。[8]适：往。[9]用：因此。降：减少。凶：灾祸。[10]德：升。[11]荡析：指洪水泛滥。[12]极：止。[13]震动：惊动。[14]肆：今。[15]乱：治。越：扬。[16]及：汲汲，急切的样子。笃：厚。[17]肆：所以。冲人：年幼的人，这里是盘庚自指。[18]吊：善。灵：神，指上帝。各：同"格"，指谋度。[19]宏：宏扬。贲（bì）：美。[20]邦伯：邦国之长，指诸侯。师长：众位官长。百执事：执行具体事务的众位官员。[21]尚：表祈请的副词。隐：考虑。[22]简：阅。简相：视察。相：视。念：顾念。[23]肩：任用。好：喜好。[24]恭：举用。[25]"鞠人"两句：鞠：养育。保：安。叙：次序。钦：敬。[26]若：顺同。[27]钦：顺从。[28]总：聚敛。[29]庸：功劳。[30]式：应当。[31]肩：能够。

【译文】

盘庚已经把都城迁到了殷地，安排好了所有臣民的邑里居处，这才巩固了他的帝位，然后召集群臣，在朝廷上向他们发布告诫之词。

盘庚说："不要嬉戏，也不要懒惰，要努力把重建家园的使命完成好。现在我要向众位臣子说出肺腑之言。我不是要惩罚你们，你们不要对我发怒，也不要联合起来一起诽谤我。

"当初，我们的先王要发扬光大前人的功业，于是迁到高地。因此很少遇上洪灾，他们实在是为国家立下了大功。如今我们的

迁都之后，盘庚两次向诸侯重申迁都的意义。

人民因饱受洪灾之苦而流离失所，没有安定的居所，你们却来问我：为什么惊动民众来迁都呀？这是因为上帝要复兴我们祖先的美德，发扬光大我们国家的美好传统。所以我谨慎地效法先王，恭敬地拯救民命，所以迁徙到殷地，并永久地居住在这座都邑里。现在我不是想废弃众人的意见，而是要顺从上帝的旨意。我不是想违背龟卜的预兆，而是想发扬光大上帝的美德。

"啊！诸位诸侯、官长及各级官员，你们都要好好想想自己的职责，我将认真观察你们，考察你们照顾敬重民众的情况。我绝不会任用那些贪财之人，而只任用那些帮助民众谋生的人。对于那些能够养育人民并且能够使民众安居的人，我都会依次敬重他们。现在我已把我内心的好恶告诉你们了，不要不顺从我的好恶。你们不要聚敛财富，要孜孜不倦地帮助民众谋生而各建功勋。应当施恩惠于民众，永久地做到齐心协力，共建家园。"

说命上

【原文】

高宗梦得说[1]，使百工营求诸野[2]，得诸傅岩[3]，作《说命》三篇。

王宅忧[4]，亮阴三祀[5]。既免丧，其惟弗言，群臣咸谏于王曰："呜呼！知之曰明哲，明哲实作则[6]。天子惟君万邦[7]，百官承

式[8],王言惟作命,不言,臣下罔攸禀令[9]。"

王庸作书以诰曰[10]:"以台正于四方[11],惟恐德弗类[12],兹故弗言。恭默思道[13],梦帝赉予良弼[14],其代予言。"乃审厥象[15],俾以形旁求于天下[16]。说筑傅岩之野,惟肖,爰立作相[17]。王置诸其左右。

命之曰[18]:"朝夕纳诲[19],以辅台德。若金,用汝作砺[20];若济巨川,用汝作舟楫[21];若岁大旱,用汝作霖雨[22]。启乃心,沃朕心[23]。若药弗瞑眩[24],厥疾弗瘳[25];若跣弗视地[26],厥足用伤[27]。惟暨乃僚[28],罔不同心,以匡乃辟[29],俾率先王[30],迪我高后[31],以康兆民[32]。呜呼!钦予时命,其惟有终。"

说复于王曰[33]:"惟木从绳则正[34],后从谏则圣。后克圣,臣不命其承,畴敢不祗若王之休命[35]?"

【主旨讲解】

盘庚死后,他的两个弟弟小辛、小乙相继为王,殷商国运衰败。殷高宗武丁继位后想振兴国运,但苦于没有贤相,便把政事交给冢宰,三年不言,以观察国家的风俗。一天晚上,武

殷高宗武丁按图索骥,找到了梦中名叫说的圣人。

丁梦见一位名叫说(yuè)的圣人能辅佐他兴国,于是把梦中所见的形象命人画出,在全国按图索骥,终于在傅岩找到了正在筑土的说。武丁任命说为相,殷商大治。史官记录此事和关于傅说的命辞或讲话,写成《说命》上、中、下三篇。

《说命上》除载有三篇序之外,主要记录了武丁得说的经过、武丁任说为相的命辞和傅说的答辞。

《说命》三篇均为伪古文。

【注解】

[1] 高宗:指殷高宗武丁。说(yuè):人名,高宗的梦中贤人,后来被任用为相。[2] 百工:百官。诸:之于。[3] 傅:地名。岩:

山洞。[4] 宅：居。忧：指父丧。[5] 亮：信任。阴：沉默。祀：年。[6] 则：法则。[7] 君：君临，统治。[8] 武：法令。[9] 禀：受。[10] 庸：因此。[11] 台（yí）：我。[12] 类：善。[13] 道：治理国家的办法。[14] 赉（lài）：给予。弼（bì）：辅佐。[15] 审：详细描绘。[16] 旁：普遍。[17] 爰：于是。[18] 命：任命官吏所发布的政令。[19] 纳诲：进谏。[20] 砺：磨刀石。[21] 楫（jí）：船桨。[22] 霖：三天以上连续下的雨。[23] 沃：灌溉。[24] 瞑（miàn）眩（xuàn）：头昏眼花。[25] 瘳（chōu）：病愈。[26] 跣（xiǎn）：赤脚。[27] 用：因此。[28] 僚：下属官员。[29] 匡：匡正。辟：君王。[30] 率：遵循。[31] 迪：踏。高后：指成汤。[32] 康：安定。兆：表示极多。[33] 复：回答。[34] 绳：木匠的墨绳。[35] 畴：谁。祗（zhī）：恭敬。若：顺从。休：美好。

【译文】

殷高宗武丁梦到一个叫说的人，就让百官在全国各处寻找他，终于在傅地的山中洞穴里找到了说。史官据此写作了《说命》三篇。

高宗为父亲守丧，信任冢宰而自己沉默不语了三年。守丧期满后，他仍然沉默少言，群臣都向高宗进谏说："啊！通晓事理就是明哲，明哲的人才能制定法则。天子统治着天下，百官都遵奉你的法令，君王的话就是命令，你不说话，臣下就无从接受命令。"

高宗因此作书告谕群臣说："上天把我作为四方的表率，我唯恐自己德行不好，所以不敢轻易发言。我一直恭敬地默默思考治理国家的办法，梦见上帝赐给我一位贤良的辅臣，他可以代替我发言。"于是就仔细地绘出这个人的形象，让人们按着画像在全国各处寻找这个人。一个叫说的人在傅岩的外面筑墙而居，很像画像上的人，于是武丁任用他担任相，把他安置在自己的身边。

武丁宣令说："请

殷高宗武丁任说为相，说向武丁谏言。

你从早到晚随时进言,来帮助我修德吧。假如我是铁器,我就把你当成磨刀石;假如我要渡过大河,就把你当成船和桨;假如天时大旱,就把你当作连绵不断的雨。敞开你的心来浇灌我的心吧。如果药物不烈得让人头昏眼花,病就不会好;如果光着脚走路又不看道,脚就会因此而受伤。希望你和你的属下,无不齐心协力,来匡正你的君王,使我能够遵循先王开辟的道路,踏着成汤的足迹前进,来安定天下的亿万民众。啊!谨遵我这个政令吧,希望有个好的结局。"

说对武丁回答说:"木头按着墨绳砍削就会正直,君主依从谏言就会圣明。君主能够圣明,臣下就会不必等待你的命令而主动进谏,谁敢不恭敬地遵从你的英明教导呢?"

说命中

【原文】

惟说命总百官[1],乃进于王曰[2]:"呜呼!明王奉若天道[3],建邦设都,树后王君公[4],承以大夫师长[5],不惟逸豫,惟以乱民[6]。

"惟天聪明,惟圣时宪[7],惟臣钦若,惟民从乂[8]。惟口起羞[9],惟甲胄起戎[10],惟衣裳在笥[11],惟干戈省厥躬[12]。王惟戒兹,允兹克明[13],乃罔不休。

"惟治乱在庶官[14]。官不及私昵[15],惟其能;爵罔及恶德,惟其贤。虑善以动,动惟厥时。有其善,丧厥善;矜其能[16],丧厥功。惟事事[17],乃其有备,有备无患。无启宠纳侮[18],无耻过作非[19]。惟厥攸居,政事惟醇[20]。黩于祭祀[21],时谓弗钦。礼烦则乱,事神则难。"

王曰:"旨哉[22]!说。乃言惟服[23]。乃不良于言[24],予罔闻于行。"

说拜稽首曰:"非知之艰,行之惟艰。王忱不艰[25],允协于先王成德[26],惟说不言有厥咎[27]。"

【主旨讲解】

《说命中》记录了说向武丁的进言以及两人之间的谈话。其内容分三部分：第一部分，说向武丁进言，劝导武丁奉行天道、谨言慎行。第二部分说告诫武丁举贤授能、谦虚谨慎、祭礼适度。第三部分，君臣互相勉励。说的进言，是对当时政治情况所开的良好药方，对后世也有积极的指导意义。

【注解】

[1]命：接受王命。总：统领。[2]进：进谏，献策。[3]奉：承受。若：顺从。[4]后王：指天子。君公：指诸侯。[5]承：辅佐。大夫师长：众位官员。[6]"不惟"两句：逸豫：安逸享乐。乱：治理。[7]时：这。宪：效法。[8]乂：治理。[9]口：指说话。羞：羞耻。[10]甲胄（zhòu）：铠甲和头盔。戎：战争。[11]笥（sì）：一种装衣物的方形竹箱。[12]干戈：指武器。省：通"眚"，灾祸。[13]允：确实。兹：这些，指口、甲胄、衣裳、干戈。[14]庶：众。[15]昵：亲近。[16]矜（jīn）：自夸。[17]事事：做事情。[18]宠：宠幸。纳：入。侮：侮辱。[19]耻过：以过错为耻。作非：掩饰错误。[20]醇：完美。[21]黩（dú）：轻慢。[22]旨：美。[23]服：实行。[24]良：善。[25]忱：真诚。[26]成德：盛德。[27]咎（jiù）：过错。

【译文】

说接受王命统领百官，就向武丁进言说："啊！圣明的君王承受并顺行天道，建立邦国，设置都城，树立天子威信并分封诸侯，用大夫及各位官员来辅佐，这不是为了贪图安逸享乐，而是用来治理民众。

"上天能听清、看清一切，圣明的君王效法它，臣下恭敬地顺从它，民众就服从治理。对于君王来说，轻率地发号施令就会招来羞辱；随意地动用军队就会引起战争；官服放在箱子里不用来奖赏，就会给自己带来损害；武器藏在府库中不用来讨伐，就会伤害自身。君王应该警戒这四个方面，真是这样的话，就能够政治清明，无不美好了。

"国家安定或动乱与百官的关系密切。所以，官职不能授予自己偏爱和亲近的人，要考虑他的能力；爵位不能赐给德行不好的人，要考虑他的贤明。考虑好了才能行动，行动要选择时机。自以为善，就会失去其美德；夸耀自己贤能，就会丧失功绩。不管做什么事情，都要做好各方面的准备，有所准备才能没有后患。不要宠幸小人而自讨侮辱，不能以过错为耻辱而掩盖错误。如果所居官位的人都如此，朝政事务就会尽善尽美。轻慢地对待祭祀，这叫不敬。祭祀的礼仪烦琐就会出现混乱，敬奉鬼神就会出现困难。"

武丁说："太好了！说。你的话应该实行。假如你不善于进言，我就不知道按照什么去做。"

说接受王命统领百官，就向武丁进言。

说跪拜叩头说："懂得这些道理并不难，实行起来却是很难。如果你真心地不把实行看成难事，这就真正符合先王的盛德了。我如果不向您进谏，我就有罪过了。"

说命下

【原文】

王曰："来！汝说。台小子旧学于甘盘[1]，既乃遁于荒野，入宅于河[2]。自河徂亳，暨厥终罔显[3]。尔惟训于朕志[4]，若作酒醴，尔惟麹糵[5]；若作和羹，尔惟盐梅[6]。尔交修予[7]，罔予弃，予惟克迈乃训[8]。"

说曰："王，人求多闻，时惟建事[9]。学于古训乃有获。事不师古[10]，以克永世，匪说攸闻。惟学逊志[11]，务时敏[12]，厥修乃来[13]。允怀于兹，道积于厥躬。惟敩学半[14]，念终始典于学[15]，厥德修罔觉。监于先王成宪[16]，其永无愆[17]。惟说式克钦承[18]，旁招俊乂[19]，列于庶位。"

王曰："呜呼！说，四海之内咸仰朕德，时乃风[20]。股肱惟人[21]，良臣惟圣。昔先正保衡作我先王[22]，乃曰：'予弗克俾厥后惟尧舜，其心愧耻，若挞于市[23]。'一夫不获[24]，则曰时予之辜[25]。佑我烈祖，格于皇天[26]。尔尚明保予，罔俾阿衡专美有商[27]。惟后非贤不乂，惟贤非后不食[28]。其尔克绍乃辟于先王[29]，永绥民。"

说拜稽首曰："敢对扬天子之休命[30]！"

【主旨讲解】

《说命下》记录了说与武丁关于学习的讨论。其内容可分四部分：第一部分，武丁诚恳地向说请教有关学习的问题。第二部分，说劝导武丁要师法古训，广纳贤才；指出学习的目的是建功立业，学习态度要谦逊，学习要持之以恒。第三部分，武丁赞扬说的政教。第四部分，说表达了自己的决心。

【注解】

[1] 甘盘：小乙及武丁时代的贤臣。[2] "既乃"两句：遁：逃避。宅：居住。[3] 暨：到。[4] 训：训导。志：心志、志向。[5] "若作"两句：醴：甜酒。麹糵（qū niè）：酿酒的发酵剂。[6] "若作和羹"两句：和：调和。羹：带汁的汤物。梅：代指醋。[7] 交：多方。修：训导。[8] 迈：履行。[9] 建事：建功立业。[10] 师：师法，学习。[11] 逊：谦逊。[12] 敏：努力。[13] 来：实现。[14] 敩（xiào）：教。[15] 典：常。[16] 监：察看，借鉴。成宪：现成的法律。[17] 愆（qiān）：过错。[18] 式：因此。[19] 旁：广泛。俊乂：泛指有才能的人。古人称才德过千人为俊，过百人为乂。[20] 风：教化。[21] 股：大腿。肱（gōng）：上臂。[22] 正：长官。保衡：指伊尹。作：兴起。[23] 挞（tà）：鞭打。市：街市。[24] 获：指得到妥善安置。[25] 辜：罪过。[26] 格：通"假"，赞美。[27] 专：独享。[28] 食：俸禄。[29] 绍：继续。辟：君主。[30] 对：应对，报答。

【译文】

武丁说："来吧！说。我原先向甘盘学习过，后来就跑到荒野，住在黄河岸边。又从黄河岸边回到亳地，到最后我的品德、学业各方面都没有明显的进步。希望你能训导我的心志，使我有远大的志向，比如我要酿造甜酒，你就充当发酵剂；比如

听完说的劝导，武丁极力赞扬，并表达了自己的决心。

我要做羹汤,你就充当调味的盐和醋。你要多方训导我,不要抛弃我,我一定能够履行你的训导。"

说训导武丁说:"王啊!一个人要力求见多识广,这样才能建功立业。学习古人的教导才会有所收获。建功立业不师法古

武丁诚恳向说请教学习的问题,说劝导武丁学习要谦逊,持之以恒。

训,却能长治久安,我没有听说过。学习时要心志谦逊,务必时刻努力,这样才会实现品德的完善。真正记住这些,治国的方法才会在自己身上增多。教只是学的一半,自始至终念念不忘学习,其品德就会不知不觉地完善。借鉴先王现成的法度,将永不失误。我明白这些,因此能够敬奉王命,广泛地寻求有才能的人,把他们安排在各种职位上。"

武丁说:"啊!说,天下人都仰慕我的德行,这是你教化的结果。有脚有手才能成人,有好的大臣才算圣明的君主,从前先王的官长伊尹使我的先王兴起,他却说:'我未能使我的君王像尧舜一样英明,我心中感到惭愧耻辱,就好像在街市上受到鞭打一样难过。'只要一个人没有得到妥善的安置,他就说这是我的罪过。他辅佐我的建有功业的先祖成汤,受到上天的赞美。希望你能努力辅助我,不要让伊尹在商族独享美誉。君王没有贤臣不能治理国家,贤臣失去君王也不能享受俸禄。你要让你的君王继承先王的事业,永远使民众安居乐业啊。"

说跪拜叩头说:"请让我报答、宣扬天子您的美好教导!"

高宗肜日

【原文】

高宗祭成汤,有飞雉升鼎耳而雊[1],祖己训诸王[2],作《高宗肜日》《高宗之训》。

高宗肜日，越有雊雉[3]。祖己曰："惟先格王[4]，正厥事[5]。"乃训于王。

曰："惟天监下民，典厥义[6]。降年有永有不永，非天夭民[7]，民中绝命[8]。民有不若德[9]，不听罪[10]。天既孚命正厥德[11]，乃曰：'其如台[12]。'

"呜呼！王司敬民[13]，罔非天胤[14]，典祀无丰于昵[15]。"

【主旨讲解】

《高宗肜日》是商朝高宗武丁祭祀成汤，有飞雉升鼎耳而雊，引起商王室震惊，由大贵族祖对商王讲了一篇诫勉性的话，保存下来，是为《高宗肜日》。

【注解】

[1]雉：野鸡。升：登。鼎：古代一种三足两耳的金属盛器。雊（gòu）：野鸡鸣叫。[2]祖己：祖庚的贤臣。[3]"高宗"两句：肜（róng）：殷商时的祭名，祭祀的第二天所举行的再祭祀。越：语首助词。[4]格：同"假"，宽解。[5]正：纠正。事：指祭祀。[6]典：重视。义：指依理适度行事。[7]夭：夭折，少壮而死。[8]中：自己。中绝：自绝。[9]若：善。[10]听：顺从。[11]孚：通"付"，给予。[12]如台（yí）：如何。[13]司：通"嗣"，继承。[14]胤：后代。[15]典：常。昵：亲近，指直系祖先。

【译文】

高宗武丁祭祀成汤，有一只野鸡飞到大鼎的鼎耳上鸣叫，祖己训诫武丁，史官据此写了《高宗肜日》《高宗之训》。

高宗肜日那天，有一只野鸡鸣叫。祖己说："要先宽慰君王，再纠正他祭祀的礼仪。"接着就开始训诫君王。

祖己说："上天监管下民，观察人们能否依照天理适度行事。上天赋予人们的寿命有长有短，这并不是上天想让人们少壮而死，而是有些人自己（不顺从天意，以致）断送了性命。有些人品行不端，有不顺从天意的罪过。上天已经发出命令，用以端正人们的品行，可是有人却说：'该怎么做呢？'

"啊！先王嗣位而敬重万民，无非是因为他们都是天帝的后代。所以，在经常举行的祭祀仪式中，进献给直系祖先的祭品不宜过于丰厚。"

高宗之训

【主旨讲解】

《高宗之训》与《高宗肜日》为同一篇序,本篇载于《高宗肜日》之后,只有篇名,无正文。大概也是祖庚肜祭武丁时,祖己对祖庚的训辞。

西伯戡黎

【原文】

殷始咎周[1],周人乘黎[2]。祖伊恐,奔告于受[3],作《西伯戡黎》。

西伯既戡黎,祖伊恐,奔告于王。

曰:"天子!天既讫我殷命[4]。格人元龟[5],罔敢知吉[6]。非先王不相我后人[7],惟王淫戏用自绝[8]。故天弃我,不有康食[9]。不虞天性[10],不迪率典[11]。今我民罔弗欲丧,曰:'天曷不降威[12]?'大命不挚[13],今王其如台?"

周国打败了黎国后,纣的大臣祖伊向纣禀报进谏。

王曰:"呜呼!我生不有命在天?"

祖伊反曰:"呜呼!乃罪多,参在上[14],乃能责命于天[15]?殷之即丧,指乃功[16],不无戮于尔邦[17]!"

【主旨讲解】

《西伯戡黎》记的是周文王征服了居于商王朝西北屏蔽之地的黎国之后,商朝大臣祖伊对纣王提出警告的对话记录。

【注解】

[1] 咎：憎恶。周：与商族同时存在的一个部落，姬姓。[2] 乘：战胜。[3] "祖伊恐"两句：祖伊：祖己的后代，商纣王的贤臣。受：指商纣王。纣王号受德。[4] 既：通"其"，恐怕。讫：终止。殷命：指殷商的国运。[5] 格人：能知天地凶吉的圣人。元：大。[6] 罔敢：不能。知：察觉。[7] 相：帮助。[8] 淫：过度。戏：纵酒好色。用：以。[9] 康：安宁。[10] 虞：揣度。[11] 迪：遵行。率典：常法。[12] 曷：为什么。[13] 挚：到来。[14] 参：懒惰懈怠。[15] 乃：通"宁"，难道。[16] 指：指示。[17] 戮：合力。

【译文】

当殷商开始憎恶周国的时候，周国刚刚打败了黎国。祖伊很担心，急忙跑来禀报纣王，史官据此写成《西伯戡黎》。

西伯姬昌打败了黎国，祖伊非常恐慌，赶紧跑去禀报纣王。

祖伊说："天子啊！恐怕上天快要终

纣不听祖伊谏言，祖伊认为殷被周灭就在眼前。

结我殷朝的国运了。不管是懂得天命的贤人，还是传达天意的大龟，都没有看见吉兆。这并不是我们的祖先不保佑他们的后代，而是君王您放纵淫逸而自绝于上天啊。所以上天才抛弃我们，不让我们安居有饭吃。君王不揣度上帝的意志，不遵守常法。现在我们的民众没有不希望殷朝灭亡的，都说：'上天为什么不降下惩罚来啊？'上天的惩罚（暂时）还没有降下来，现在君王您想怎么做呢？"

纣王说："啊！我的命运不是从一生下来就由上天决定的吗？"

祖伊反驳说："啊！您的罪行够多了，身为君王而懒惰懈怠，难道还能向上天祈求福命吗？殷朝即将灭亡了，您要指导政事，不可不努力为国家做事啊！"

微　子

【原文】

殷既错天命[1]，微子作诰父师、少师[2]。

微子若曰[3]："父师、少师，殷其弗或乱正四方[4]！我祖厎遂陈于上[5]，我用沈酗于酒[6]，用乱败厥德于下[7]。殷罔不小大好草窃奸宄[8]，卿士师师非度[9]。凡有罪辜，乃罔恒获[10]。小民方兴[11]，相为敌仇。今殷其沦丧，若涉大水，其无津涯[12]。殷遂丧，越至于今[13]！"

曰："父师、少师，我其发出狂[14]？吾家耄逊于荒[15]？今尔无指告[16]，予颠隮[17]，若之何其[18]？"

父师若曰："王子！天毒降灾荒殷邦[19]，方兴沈酗于酒，乃罔畏畏[20]，咈其耇长旧有位人[21]。今殷民乃攘窃神祇之牺牷牲用以容[22]，将食无灾[23]。降监殷民，用乂仇敛[24]，召敌仇不怠[25]。罪合于一，多瘠罔诏[26]。

"商今其有灾，我兴受其败[27]；商其沦丧，我罔为臣仆。诏王子出迪[28]。我旧云刻子、王子弗出[29]，我乃颠隮。自靖[30]！人自献于先王，我不顾行遁[31]。"

【主旨讲解】

《微子》是商朝败亡之前，纣王弟弟微子向王朝太师、少师请问个人如何应付的对话记录。

【注解】

[1] 错：错乱，废弃。[2] 父师、少师：都是官名。[3] 若：这样。[4] 其：恐怕，大概。或：通"克"，能够。乱：治。[5] 我祖：指成汤。遂：法。陈：陈列。[6] 我：我们的君王，指纣王。用：由于。沈：通"沉"，沉湎。酗：发酒疯。[7] 用：因此。乱：淫乱。厥德：指成汤的美德。下：指后世。[8] 小：指小民。大：指群臣。草：同"抄"，掠夺。奸宄：犯法作乱。[9] 师师：众官长。非：违背。度：法度。[10] 乃：却。恒：常。[11] 方：并。兴：兴起。[12] 津：渡口。涯：水岸。[13] 越：语首助词。今：这。[14] 狂：同"往"。[15] 家：住在家里。耄（mào）：年老。逊：逃避。[16] 指告：指点告诉。[17] 隮：坠

落。[18] 其：语气助词。[19] 毒：深重。[20] 乃：却。畏畏：害怕天威。[21] 咈（fú）：违背。耇：年老。[22] 攘：顺手拿取。窃：专程去偷盗。神：天神。祇：地神。牺：用于祭祀的毛色纯一的牲畜。牷：用于祭祀的纯色的整体牲畜。牲：猪、牛、羊三牲。用：祭器。容：隐藏。[23] 将：拿。[24] 乂：杀。仇：同"稠"，多。敛：收集赋税。[25] 召：招致。怠：宽缓。[26] 瘠：疾苦。诏：告。[27] 兴：起。败：灾祸。[28] 诏：劝告。迪：逃。[29] 旧：久。刻子：指箕子，纣的叔父，因劝谏纣王而被囚禁。[30] 靖：谋划，打算。[31] 遁：逃亡。

【译文】

　　殷商背弃天命，微子作诰词，与父师、少师商量对策。

　　微子这样说道："父师、少师，大概我们殷商是不能治理好天下了。我们的高祖成汤制定的法度在先，而现在纣王却因为纵酒酗酒，败坏了高祖的美德。殷商的大小臣民无不劫夺偷盗，作奸犯科，官员们都不遵行法度。凡是有罪的人，往往都得不到惩治。小民们起来反抗，与我们相互敌视。现在殷商恐怕将要灭亡了，这就好像渡河时找不到渡口一样。殷商背弃天命，竟然到了现在这种地步了！"

　　微子接着说："父师、少师，我是出走逃亡呢，还是在家里终老而退避荒野呢？现在你们不指点告诉我，真要是到了殷商灭亡的时候，我该怎么办啊！"

　　父师这样说道："王子啊！上天向我们殷商降下大祸，要荒废我们的国家，而国君和大臣们却沉溺于酒中，丝毫不畏惧上天的威严，违背德高望重的旧臣的教诲。现在殷商的臣民居然盗窃祭祀天地神灵的各种贡品、祭器，把它们藏匿起来，或是拿出来使用，或是拿出来吃，都没有受到惩罚。上天监护着殷商的百姓，而君王却大肆杀戮、横征暴敛，招致民怨也不肯放松。这些罪行都集中在国君一人身上，众多的受害者痛苦不堪却无处申诉。

　　"殷商如果现在发生灾祸，我们都要蒙受灾难；殷商如果灭亡了，我们不能去做别人的奴隶。我奉劝王子你还是逃出去吧。我早就说过，箕子、王子如果不出逃，我们国家就要彻底灭亡了。你还是自己做决断吧！人人都要对先王的事业作出贡献，我不再考虑了，我马上就要出走了。"

周书

泰誓上

【原文】

惟十有一年[1],武王伐殷。一月戊午[2],师渡孟津[3],作《泰誓》三篇。

惟十有三年春,大会于孟津。

王曰:"嗟!我友邦冢君越我御事庶士[4],明听誓。惟天地万物父母,惟人万物之灵。亶聪明[5],作元后[6],元后作民父母。

武王在孟津大会诸侯,宣布纣王的罪行。

"今商王受[7],弗敬上天,降灾下民。沈湎冒色[8],敢行暴虐,罪人以族[9],官人以世[10],惟宫室、台榭、陂池、侈服[11],以残害于尔万姓。焚炙忠良,刳剔孕妇[12]。皇天震怒,命我文考[13],肃将天威,大勋未集[14]。

"肆予小子发[15],以尔友邦冢君,观政于商[16]。惟受罔有悛心[17],乃夷居[18],弗事上帝神祇,遗厥先宗庙弗祀[19]。牺牲粢盛[20],既于凶盗[21]。乃曰:'吾有民有命!'罔惩其侮[22]。天佑下民,作之君[23],作之师,惟其克相上帝,宠绥四方。有罪无罪,予曷敢有越厥志[24]?

"同力度德[25],同德度义。受有臣亿万,惟亿万心;予有臣三千,惟一心。商罪贯盈[26],天命诛之。予弗顺天,厥罪惟钧[27]。予小子夙夜祇惧[28],受命文考,类于上帝[29],宜于冢土[30],以尔有众,底天之罚[31]。天矜于民[32],民之所欲,天必从之。尔尚弼予一人[33],永清四海,时哉弗可失!"

【主旨讲解】

泰,"大"的意思。武王伐纣,大会诸侯,武王向诸侯誓师,作《泰誓》三篇。

《泰誓上》记述周文王十三年,在孟津大会诸侯时,武王告诫友邦诸侯和治事大臣的誓词。其内容可分三部分:第一部分是《泰誓》三篇的序。第二部分武王宣布纣王的罪行,说明伐商的原因。第三部分申明伐纣是顺天保民的正义之举,坚信正义之师必胜。

先秦《尚书》中,原有《泰誓》,后来佚失,今传《泰誓》是伪古文。

【注解】

[1] 十有一年:指周文王十一年,武王即位不改元,续文王年号。[2] 一月戊午:指周文王十三年正月二十八日。[3] 师:军队。孟津:黄河古渡口名,在今河南省孟津县东北。[4] 友邦:志同灭纣的诸侯国。冢(zhǒng):大。越:和。庶士:众位官员。[5] 亶(dǎn):真的。[6] 元:大。后:君主。[7] 受:纣王的号。[8] 沈(chén)湎(miǎn):沉醉于酒中。冒:贪欲。色:女色。[9] 罪:惩罚。族:灭族。[10] 官:任用为官。世:父子相继。[11] 台榭(xiè):建在高台上的敞屋。陂(bēi)池:池塘。侈(chǐ)服:华丽的服饰。[12] "焚炙忠良"两句:焚炙(zhì):焚烧,指炮烙的酷刑。刳(kū):剖开身体。剔(tī):分刮骨肉。[13] 文考:指周文王。考:死去的父亲。[14] 勋:功业。集:成功。[15] 肆:从前。发:武王的名。[16] 观政:考察政事。[17] 悛(quān):悔改。[18] 夷居:傲慢无礼。夷:踞,蹲着。居:蹲着。[19] 遗:废弃。[20] 粢(zī):黍稷。盛:祭品装在器皿中。[21] 既:尽。[22] 惩:政变。侮:轻慢。[23] 作:立。[24] 越:违背。[25] 度:衡量。[26] 贯:串。盈:满。贯盈:形容极多。[27] 钧:相等。[28] 夙(sù):早。祗(zhī):敬。[29] 类:祭祀名称,是一种因特殊事情而举行的临时性祭天活动。[30] 宜:祭祀社神。冢土:大社。[31] 厎(zhǐ):施行。[32] 矜(jīn):怜悯。[33] 尚:表祈请,希望。弼(bì):辅佐。予一人:武王自指。

【译文】

周文王十一年,武王发兵征伐殷商。十三年正月二十八日,周武王的大军在孟津渡过黄河。史官记录下这段史实,写出《泰誓》三篇。

文王十三年春天,周武王在孟津大会各方诸侯。

武王说:"啊!我的友好盟邦的君主和我的众位官员,请仔细

商王恶贯满盈，武王申明伐纣是正义之举。

地听取我的誓词。天地是万物的父母，而人则是万物中的灵秀。真正聪明的人，才能够做大君，大君就是民众的父母。

"现在商王纣不敬奉上天，降灾祸危害下民。他嗜酒贪色，公然施行暴虐，用灭族的重刑惩罚臣民，凭世袭制度任用人。他修建宫室，营造台榭池塘，追求华丽的服饰，来残害你们众人。他以炮烙之刑烧杀忠诚善良的官员，解剖怀孕的妇女。上天为此动怒，命令我的先父文王，严肃地施行上天的惩罚，可惜文王逝世，这一伟大的功业没能得以完成。

"从前，我姬发与你们这些友好盟邦的君主，到商考察其政事。商纣没有悔改之意，仍然傲慢无礼，他不仅不敬奉天地神灵，而且还废弃了他先祖的宗庙而不祭祀。祭祀用的牺牲和粢盛，也已经被偷盗一空。面对这些情况，他却说：'我拥有民众，享有天命！'一点也不改变他轻慢的态度。上天保佑下民，为民设立君王、师长，希望他们能够帮助上帝，爱护和安定天下。对待有罪的人应该讨伐，对于无罪的人应当安抚，我怎敢违背上天的意志呢？

"两方相比，力量相同时就衡量德行，德行相当就衡量道义。我有臣子三千人，但三千人团结一致，都是一条心。商王恶贯满盈，上天命令我诛灭他。如果我不顺应天意，我的罪行就和商纣一样了。我从早到晚恭谨忧怕，在先父文王的庙里接受了伐商的命令，我祭告上帝，祭祀土神，于是率领你们众位，施行上天对商纣的惩罚。上天怜悯人民，民众的愿望，上天一定依从。希望你们辅佐我，使四海之内永远清明。千万不要失去这个时机啊！"

泰誓中

【原文】

惟戊午，王次于河朔[1]，群后以师毕会。王乃徇师而誓曰[2]："呜呼！西土有众[3]，咸听朕言。我闻吉人为善，惟日不足[4]；凶人为不善，亦惟日不足。今商王受，力行无度[5]，播弃犁老，昵比罪人[6]。淫酗肆虐，臣下化之[7]，朋家作仇，胁权相灭[8]。无辜吁天，秽德彰闻[9]。

"惟天惠民，惟辟奉天[10]。有夏桀弗克若天[11]，流毒下国。天乃佑命成汤，降黜夏命[12]。惟受罪浮于桀[13]。剥丧元良，贼虐谏辅[14]。谓己有天命，谓敬不足行，谓祭无益，谓暴无伤[15]。厥监惟不远[16]，在彼夏王。天其以予乂民，朕梦协朕卜[17]，袭于休祥[18]，戎商必克[19]。受有亿兆夷人[20]，离心离德；予有乱臣十人[21]，同心同德。虽有周亲[22]，不如仁人。

"天视自我民视，天听自我民听。百姓有过[23]，在予一人，今朕必往。

"我武维扬，侵于之疆，取彼凶残。我伐用张[24]，于汤有光。

"勖哉，夫子[25]！罔或无畏，宁执非敌[26]。百姓懔懔[27]，若崩厥角[28]。呜呼！乃一德一心，立定厥功，惟克永世。"

【主旨讲解】

周武王在黄河南岸誓师后，率军渡过孟津，驻扎在黄河北岸，又一次誓师，告谕西方诸侯。其内容可分三部分：第一部分指责商纣王的罪恶。第二部分从天意和人事两方面说明伐纣必胜。第三部分勉励全军将士齐心协力，建功立业。

【注解】

[1] 次：驻扎。河朔：黄河之北。[2] 徇：巡视。[3] 西土：西方。周国在西方，跟从武王渡河伐纣的都是西方诸侯。[4] 日：天天。

不足：不够。[5] 力：竭力。行：做。无度：没有法度的事。[6] "播弃"两句：播：普遍。犁：通"黎"，年老。昵比：亲近。[7] "淫酗"两句：淫：过分。肆：放纵。化：变化。[8] 胁：挟持。[9] 秽：丑恶。彰：显明。闻：传布。[10] 奉：承受。[11] 若：顺从。[12] 黜（chù）：废止。[13] 浮：超过。[14]"剥丧"两句：剥：伤害。元：大。贼：杀害。谏辅：直言规劝的大臣。本句中元良指微子，谏辅指比干。[15] 伤：妨碍。[16] 监：通"鉴"，镜子，有鉴戒之意。[17] 协：符合。[18] 袭：重复。休祥：吉祥。[19] 戎（róng）：征伐。克：胜。[20] 夷人：平庸的人。[21] 乱臣：治世大臣。[22] 周亲：至亲。[23] 过：责怪，抱怨。[24] 用：取得。张：大，指辉煌成就。[25] "勖哉"两句：勖（xù）：努力。夫：发语词。[26] "罔或"两句：或：有。无畏：指轻敌。执：保持。[27] 懍懍（lǐn）：恐惧的样子。[28] 厥：顿。角：额角。厥角：叩头。

【译文】

正月二十八日，周武王率军驻扎在黄河之北。各路诸侯率领军队都会合到这里。于是周武王检阅军队并发表誓词，说："啊！西方众位将士，都听我说。我听说好人做善事，整天地做还嫌不够；恶人干坏事，也是整天地干还嫌干不够。现在商纣王就竭力干着不合法度的事情，他把忠诚的老臣都抛弃了，专门亲近那些罪恶的小人。他过度饮酒，肆行暴虐，臣下也染上了恶习，他们结党营私，互为仇敌，挟持权柄，相互残杀。这使得无罪的人呼天诉苦，商纣王的丑恶行径显明于天下，传播到四方。

"上天爱护人民，君主就应该承受天命而保民。从前夏桀不能够顺从天意，把灾祸传布给天下民众。于是上天佑助并命令成汤，废止了夏的国运。而商纣已经超过了夏桀，他伤害驱逐像微子一样的大贤人，残害像比干那样的敢于直谏的大臣。他竟然声称自己享有天命，声称敬天不值得实行，声称祭祀没有好处，声称施行暴虐也不会有妨碍。他的前车之鉴并不很远，就在夏桀身上。上天或许是让我治理民众，因为我做的梦符合我占卜的征兆，重复出现吉祥之兆，这预示着征伐殷商一定会胜利。纣王拥有很多平庸的人，并且彼此离心离德；我虽然只有治世之人十名，但我们同心同德。纣王虽然有至亲，但不如我有仁德之人。

"上天所看到的,出自我的民众所见;上天所听到的,出自我的民众所闻。百官责难抱怨,责任都在我的身上,现在我一定要去讨伐殷商。

"我们一定要显示我们的武力,要攻入殷商的疆土,捉住那凶残的纣王。我们的征伐一定会取得成果,这比成汤伐桀更加辉煌。

周武王率军渡过孟津,又一次誓师,勉励全军诸侯。

"努力吧,将士们!不要有轻敌的思想,我们宁可保持不如敌方的思想。百姓都惧怕纣王,他们叩头的声音像山崩一样,期待着我们去征伐纣王。啊!你们要齐心协力,建功立业,使天下能够长治久安。"

泰誓下

【原文】

时厥明[1],王乃大巡六师[2],明誓众士。

王曰:"呜呼!我西土君子,天有显道[3],厥类惟彰[4]。今商王受,狎侮五常[5],荒怠弗敬。自绝于天,结怨于民。斮朝涉之胫[6],剖贤人之心[7],作威杀戮,毒痡四海[8]。崇信奸回[9],放黜师保[10],屏弃典刑[11],囚奴正士[12]。郊社不修[13],宗庙不享[14]。作奇技淫巧以悦妇人[15]。上帝弗顺,祝降时丧[16]。尔其孜孜[17],奉予一人[18],恭行天罚。

"古人有言曰:'抚我则后,虐我则仇。'独夫受洪惟作威[19],乃汝世仇[20]。树德务滋,除恶务本,肆予小子诞以尔众士[21],殄歼乃仇[22]。尔众士其尚迪果毅[23],以登乃辟[24]。功多有厚赏,不迪有显戮。

"呜呼！惟我文考，若日月之照临，光于四方，显于西土，惟我有周诞受多方[25]。予克受，非予武，惟朕文考无罪[26]；受克予，非朕文考有罪，惟予小子无良。"

【主旨讲解】

戊午日誓师的第二天，周武王在大军出发之前第三次誓师。其内容可分两部分：第一部分重申商纣的罪行，指明伐纣是顺从天意。第二部分号令全军将士勇敢杀敌，完成文王未竟的事业。

大军出发前，周武王第三次誓师号令全军将士英勇杀敌。

【注解】

[1] 厥明：戊午日的第二天，己未日。[2] 六师：六军，这里泛指伐纣的军队。[3] 显道：明显的常理。[4] 类：法则。彰：显扬。[5] 狎（xiá）侮：轻慢。五常：指父义、母慈、兄友、弟恭、子孝五种常教。[6] 斮（zhuó）：砍断。胫：小腿。[7] 贤人：指比干，纣王的叔父，因屡次直谏被剖心而死。[8] 痛（pū）：伤害。[9] 信：宠信。回：邪。[10] 黜：罢免。师保：太师和太保。[11] 屏：同"摒"，除去。典刑：常法。[12] 正士：指箕子，相传比干被剖心后，箕子恐惧，装疯甘做别人的奴隶，纣王知道后，再次把他囚禁起来。[13] 郊：祭天。社：祭社神。修：治，行。[14] 享：祭祀。[15] 奇技：奇异技能。淫巧：过度工巧。奇技淫巧：指纣王的各种淫乱行为。妇人：指妲己。[16] 祝：断然。[17] 孜孜（zī）：努力不倦的样子。[18] 奉：帮助。[19] 独夫：众叛亲离，孤独一人。洪：大。[20] 世：大。[21] 诞：大。[22] 殄（tiǎn）：灭绝。[23] 迪：用。[24] 登：成就。[25] 受：亲近。[26] 罪：过失。

【译文】

在这戊午日的第二天，周武王隆重地检阅了全军，向全军将士明确地发表了誓词。

周武王说："啊！我西方的将士们，上天有显明的常理，它的法则应当宣扬。如今商王轻慢五种常行的人伦准则，荒废怠惰，无所敬畏。他自绝于上天，又与民众结下怨仇。他砍断冬天早晨涉水者的小腿，剖开贤人的胸膛，作威作恶，杀害无罪的人，祸害天下。他推崇宠信奸邪的小人，放逐贬黜大臣，废弃常法，囚禁奴役正直的官员。他不举行祭祀天地的典礼，也不祭祀祖先。他以淫乱的行为取悦于妇人。上帝不依从他的所作所为，断然降下灭亡他的惩罚。你们要努力帮助我，奉行上天对商纣的惩罚。

"古人有这样的话，说：'爱护我们民众的，我们就拥戴他做君王；虐待我们的人，就是我们的仇敌。'纣王失民心而大行暴虐，是你们的大仇敌。建立美德务必求其滋长，去掉邪恶一定要除根，所以，我要率领你们众人，去歼灭你们的仇敌。你们要用果敢坚毅的精神去消灭仇敌，来成就你们君王的大业。功劳大的有重赏；不能果敢杀敌的人，会受到明显的惩罚。

"啊！我先父文王的功德，有如日月照耀，光辉遍及四方，在西方各国更为明显，所以我们周国很受各位诸侯的拥戴。这次征伐，我如果能战胜商纣，原因不在于我勇武，而是因为我的先父没有过失，德行完美；如果纣战胜了我，也不是我的先王德行不善，只因为我自己不好。"

牧　誓

【原文】

　　武王戎车三百两[1]，虎贲三百人[2]，与受战于牧野，作《牧誓》。

　　时甲子昧爽[3]，王朝至于商郊牧野[4]，乃誓。王左杖黄钺，右秉白旄以麾[5]，曰："逖矣[6]，西土之人！"王曰："嗟！我友邦冢君御事[7]，司徒、司马、司空[8]、亚旅、师氏[9]、千夫长、百夫长[10]，及庸、蜀、羌、髳、微、卢、彭、濮人[11]，称尔戈，比尔干，立尔矛[12]，予其誓。"

　　王曰："古人有言曰：'牝鸡无晨[13]；牝鸡之晨，惟家之索[14]。'今商王受惟妇言是用[15]，昏弃厥肆祀弗答[16]，昏弃厥遗王父母弟不迪[17]，乃惟四方之多罪逋逃[18]，是崇是长，是信是使[19]，是以为大夫卿士。俾暴虐于百姓，以奸宄于商邑。今予发惟恭行天之罚。今日之事，不愆于六步、七步[20]，乃止齐焉[21]。夫子勖哉[22]！不愆于四伐、五伐、六伐、七伐[23]，乃止齐焉。勖哉夫子！尚桓桓[24]，如虎如貔[25]，如熊如罴[26]，于商郊[27]。弗迓克奔以役西土[28]。勖哉夫子！尔所弗勖[29]，其于尔躬有戮[30]！"

【主旨讲解】

牧，指牧野，地名，在商都朝歌南七十里，今河南省淇县南。公元前1066年2月，周武王带兵与纣王在牧野决战，殷军倒戈迎接周武王，纣王自焚，商朝灭亡。决战之前，周武王

在商国都城郊外的牧野，周武王举行誓师仪式强调战时纪律。

誓师，勉励众军士勇往直前。史官据此写成《牧誓》。

《牧誓》内容可分三部分：第一部分是序，说明写作《牧誓》的背景。第二部分记述武王的战略部署。第三部分武王宣布纣王的罪行和战时纪律。

【注解】

[1] 戎车：战车。两：辆。[2] 虎贲（bēn）：勇士。三百人：应为三千人。[3] 昧爽：太阳将要出来的时候。[4] 商郊：商都朝歌的远郊。[5] "王左杖"两句：杖：拿着。钺（yuè）：大斧。秉：持。旄（máo）：旄牛尾。麾：指挥用的旗子。[6] 逖（tì）：远。[7] 御事：邦国的治事大臣。[8] 司徒、司马、司空：官名，司徒掌管民事，司马掌管兵事，司空掌管土地。[9] 亚旅：官名，上大夫。师氏：官名，中大夫。[10] 千夫长：官名，师的统帅。百夫长：官名，旅的统帅。[11] 庸、蜀、羌、髳（máo）、微、卢、彭、濮：当时周族西南方的八个诸侯国，大约位于现在的湖北、四川、甘肃、陕西等省。[12] "称尔戈"两句：称：举。戈：古代兵器，横刃，长

柄。比：排列。干：古代兵器，盾牌。矛：古代兵器，直刺、长柄。[13] 牝（pìn）鸡：母鸡。[14] 索：空，衰落。[15] 妇：指妲己。用：听。[16] 昏：轻视。肆：祭祀名，指祭祀祖先。[17] 迪：用。[18] 逋（bū）：逃亡。[19] "是崇"两句：是：就。崇：尊重。长：尊敬。信：信任。使：任用。[20] 愆（qiān）：超过。[21] 止齐：等待队伍走整齐。[22] 勖（xù）：努力。[23] 伐：击刺。一击一刺称为一伐。[24] 桓桓：威武的样子。[25] 貔（pí）：豹类猛兽。[26] 羆（pí）：熊的一种。[27] 于：往。[28] 迓（yà）：禁止。役：帮助。[29] 所：如果。[30] 躬：身。戮：杀。

【译文】

周武王出动战车三百辆，勇士三千人，与商纣在牧野决战。史官把这件事记录下来，写成《牧誓》。

甲子日黎明时分，周武王率军来到商都郊外的牧野，举行誓师。武王左手拿着黄色大斧，右手挥舞着白色旄牛尾做的旗子，说："你们长途跋涉，辛苦啦，西方的将士们！"接着说道："啊！我们友好之邦的国君们和办事的大臣们，司徒、司马、司空，亚旅、师氏，千夫长、百夫长，以及庸、蜀、羌、髳、微、卢、彭、濮各国的军士们，举起你们的戈，排好你们的盾，竖起你们的矛，我将要宣读誓词了。"

武王说："古人说：'母鸡不报晓；如果母鸡报晓，那么这户人家就要衰落了。'现在商纣王只听信妇人的话，轻视并抛弃祖宗祭祀而不闻不问，轻视并舍弃同祖兄弟而不任用，对四方重罪逃犯，则推崇尊敬，信任重用，让他们担任大夫、卿士。这些人对百姓施行暴政，在商国的都城违法作乱。现在，我姬

商纣王只听信妇人的话轻视祭祀。

发奉天命进行惩讨。今天作战的时候，我们的阵列前后距离，不得超过六步、七步，要保持整齐，不得拖拉。将士们，要努力呀！刺击敌人时，不要超过四至七次，也要保持整齐，不得畏缩不前。努力吧，众位将士！希望你们威武雄壮，像虎貔熊罴一样勇猛，直奔商都的郊外。在战斗中，不要拒绝来投降的人，要用他们来加强我们自己。努力吧，将士们！你们如果不努力，就会被杀戮！"

武 成

【原文】

武王伐殷。往伐归兽[1]，识其政事[2]，作《武成》。

惟一月壬辰，旁死魄[3]。越翼日[4]，癸巳，王朝步自周[5]，于征伐商[6]。

厥四月，哉生明[7]，王来自商，至于丰[8]。乃偃武修文[9]，归马于华山之阳[10]，放牛于桃林之野[11]，示天下弗服[12]。

丁未，祀于周庙，邦、甸、侯、卫[13]，骏奔走，执豆、笾[14]。越三日，庚戌，柴、望[15]，大告武成。

既生魄[16]，庶邦冢君暨百工，受命于周[17]。

王若曰："呜呼，群后！惟先王建邦启土[18]，公刘克笃前烈[19]。至于大王肇基王迹[20]，王季其勤王家[21]。我文考文王，克成厥勋，诞膺天命[22]，以抚方夏[23]。大邦畏其力，小邦怀其德。惟九年，大统未集[24]，予小子其承厥志。底商之罪[25]，告于皇天后土、所过名山大川，曰：'惟有道曾孙周王发[26]，将有大正于商[27]。今商王受无道，暴殄天物[28]，害虐烝民[29]，为天下逋逃主，萃渊薮[30]。予小子既获仁人，敢祗承上帝[31]，以遏乱略[32]。华夏蛮貊[33]，罔不率俾[34]。恭天成命，肆予东征[35]，绥厥士女[36]。惟其士女，篚厥玄黄[37]，昭我周王[38]。天休震动，用附我大邑周[39]。惟尔有神，尚克相予以济兆民[40]，无作神羞！'

"既戊午，师逾孟津[41]。癸亥，陈于商郊[42]，俟天休命[43]。甲子昧爽，受率其旅若林，会于牧野。罔有敌于我师，前徒倒戈[44]，攻于后以北[45]，血流漂杵[46]。

"一戎衣[47]，天下大定。乃反商政[48]，政由旧[49]。释箕子囚，封比干墓[50]，式商容闾[51]。散鹿台之财[52]，发钜桥之粟[53]，大赉于四海[54]，而万姓悦服。"

列爵惟五[55]，分土惟三[56]。建官惟贤，位事惟能[57]。重民五教，惟食丧祭。惇信明义[58]，崇德报功。垂拱而天下治[59]。

【主旨讲解】

武，武功。成，成就。本篇主要记述周武王伐商大功告成后的重要政事，因此名叫《武成》。

《武成》的内容可分四部分：第一部分是序。

太王古公亶父，救人民于艰难之境，开创了王者的大业。

第二部分记录周武王伐殷归来，息武修文并祭祀群神的大事。第三部分是武王接见四方诸侯和百官时的讲话。第四部分记载武王克商以后所采取的各项政治措施。

《武成》是伪古文。

【注解】

[1] 往伐：前往讨伐。归兽：归来巡狩。兽，通"狩"，巡狩。[2] 识：记。[3] 旁：广大。死：失。魄：同"霸"，月光。旁死魄：月亮大部分无光，古代用作每月二十五的代称。[4] 越：到。翼日：第二天。[5] 朝：早晨。步：行走，指出发。周：指周都镐京。[6] 于：往。[7] 哉：通"才"，开始。哉生明：月亮开始发光，古代用作每月初三的代称。[8] 丰：周文王时的都城，在今陕西省西安西北，这里有周代先王庙。[9] 偃：停止。修：修治。[10] 阳：山的南面。[11] 桃林：地名，在河南灵宝市西。[12] 服：使用。[13] 甸、侯、卫：指甸服、侯服、卫服，用以代指六服诸侯。周代效法大禹，把王室周围的土地按距离远近分为六种服役地区，称为六服，即侯服、甸服、男服、采服、卫服、蛮服。参见《禹贡》。[14] 豆、笾（biān）：古代的两种祭器。[15] 柴：祭祀名，烧柴祭祀天神。望：祭祀名，遥

望山川而祭。[16] 既生魄：指月圆前后。[17] "庶邦"两句：暨（jì）：和。百工：百官。命：政命。[18] 先王：指周族的先祖后稷。启土：开拓疆土。[19] 公刘：后稷的曾孙。笃：治理。烈：功业。[20] 大（tài）王：指古公亶父，王季的父亲，文王的祖父。肇（zhào）：开始。基：经营。肇基：开创。迹：事业。[21] 王季：文王的父亲。王家：王家的事业。[22] 诞：大。膺：受。[23] 方夏：四方中夏。[24] 大统：指统一天下的大业。集：成功。[25] 厎（zhǐ）：致，用。[26] 有道：武王伐纣，替天行道，所以自称有道。曾孙：祭祀时，诸侯自称之辞，当时武王还未统一天下。[27] 大正：大事，指军事行动。[28] 殄（tiǎn）：灭绝。天物：指鸟兽草木等各种自然物。[29] 烝（zhēng）：众多。[30] "为天下"两句：逋（bū）：逃亡。主：魁首。萃：聚集。薮（sǒu）：无水的泽。渊薮：鱼和兽聚居的地方。[31] 祇（zhī）：恭敬。[32] 遏：制止。略：谋略。[33] 华夏：指中原地区各国。蛮：古代对南方少数民族的泛称。貊（mò）：泛指北方少数民族。[34] 俾：从。[35] 肆：所以。[36] 绥：安。士女：古代男女的合称。[37] 篚（fěi）：竹筐，这里指用竹筐盛东西。玄黄：指玄黄两色的丝绸。[38] 昭：见。[39] 用：因此。大邑：大国。[40] 相（xiàng）：帮助。济：救助。[41] 逾：渡过。[42] 陈：同"阵"，布阵。[43] 俟（sì）：等待。[44] 前徒：指前军。倒戈：倒转戈矛攻击自己的军队。[45] 北：败北，逃跑。[46] 杵：舂米用的木杵，这里指武器。[47] 戎：兵，这里指征伐。衣：同"殷"，指殷商。[48] 反：废除。[49] 由：用。旧：指商代旧时的善政。[50] 封：在坟上添土，这里指重修。[51] 式：同"轼"，车前横木，这里是致敬的意思。商容：商代贤人。闾：里巷的门，这里指商容的故里。[52] 鹿台：府库名，传说商纣的资财都聚敛在这里。[53] 钜桥：仓库名。[54] 赉（lài）：赏赐。[55] 五：五等爵位，即公、侯、伯、子、男。[56] 分土惟三：列地封国，分为三品，即公侯方百里，伯七十里，子男五十里。[57] 位事：安排官吏。[58] 惇：厚。明：显扬。[59] 垂拱：垂衣拱手，比喻治理有方。

【译文】

周武王征伐殷商。自前去征伐到归来巡狩，史官记录下其间发生的大事，写出《武成》。

一月壬辰日，月亮大部分黯然无光。到第二天癸巳日，武王一大早便从镐京出发，前往征伐殷商。

四月间，当月亮开始放出光辉的时候，武王从商归来，到达丰邑。从此以后，他停止武力，施行文德教化，把战马都放归华山的南面，把牛放回桃林的郊野，向天下表明不再使用它们。

周武王伐商大功告成后，设立了五等爵位。

四月丁未日，武王到周庙举行祭祀，建国于甸服、侯服、卫服的诸侯们都忙碌奔跑，前来助祭，他们帮着摆放木豆、竹笾等祭器。到了第三天庚戌日，武王又柴祭上天，望祭山川群神，向众神遍告伐商武功的成就。

月圆前后，各诸侯国君和百官都来接受周武王的政命。

武王这样说："啊！各诸侯国君！我的先王后稷建立邦国、开辟疆土，公刘能够重治前人的功业。到了太王古公亶父，开创了王者的大业，王季更是勤劳于王家的事业。我的先父文王，能够成就其功勋，大受天命，安抚天下。大国害怕他的威力，小国感念他的美德。文王在位九年，统一天下的大事没能完成就去世了，我继承了他的遗志。我把商纣的罪行，祭告给天地神灵以及我所经过的名山大河的神灵，我说：'周族有道的曾孙姬发，将对商纣施行征伐大事。现在商纣荒淫无道，弃绝天下万物，伤害虐待民众，成为天下逃亡罪人的魁首，而商地也成了这些罪人的集聚地。我已经得到了仁人志士的辅助，所以敢恭敬地承受上天神灵的意愿，来制止乱谋。华夏各族及四方各国，无不遵从。我奉行上天的定命，因此才兴兵向东征伐商纣，以安抚那里的民众。民众都用筐盛着玄黄两色的丝绸，求见我周王。他们被上天的美意所打动，所以都来归附我们大周国。众位神灵，请你们帮助我来救济万民，使你们众位神灵不再受辱！'

"到了戊午日，军队渡过孟津。癸亥日，在商都的郊外摆兵布阵，等待上天的美命。甲子日的黎明时分，商纣率领如林的军队，来到牧野和我交战。商纣王的军队没有愿意与我军对抗的,先头部队却倒转矛头,攻击他们自己的后续部队,结果商军败逃,死伤无数,血流遍地,甚至能把他们丢弃的武器漂起来。

"我们一举击败殷商,天下安定。于是我废除商纣的恶政,采用商代先王的做法。我解除了箕子的囚禁,修治比干的坟墓,礼敬商容的故居。我还散发了鹿台的财物,发放钜桥的粮食,大赏天下四方,从而万民心悦诚服。"

武王设立了五等爵位,划分了三等封地。选任官员注重他的贤明,安排官位看重他的能力。他很注重民众的五常之教和民食、丧葬、祭祀。他敦厚诚信,显明忠义,推崇有德之人,报答有功的人。武王治国有方,他垂衣拱手而天下就安定了。

洪 范

【原文】

武王胜殷,杀受,立武庚[1],以箕子归。作《洪范》。

惟十有三祀[2],王访于箕子。王乃言曰:"呜呼!箕子,惟天阴骘下民[3],相协厥居[4],我不知其彝伦攸叙[5]。"

箕子乃言曰:"我闻在昔,鲧堙洪水[6],汩陈其五行[7]。帝乃震怒,不畀洪范九畴[8],彝伦攸斁[9]。鲧则殛死[10],禹乃嗣兴[11],天乃锡禹洪范九畴[12],彝伦攸叙。

"初一曰五行[13],次二曰敬用五事[14],次三曰农用八政[15],次四曰协用五纪[16],次五曰建用皇极[17],次六曰乂用三德[18],次七曰明用稽疑[19],次八曰念用庶征[20],次九曰向用五福[21],威用六极[22]。

"一、五行:一曰水,二曰火,三曰木,四曰金,五曰土。水曰润下,火曰炎上,木曰曲直,金曰从革,土爰稼穑[23]。润下作咸[24],炎上作苦,曲直作酸,从革作辛[25],稼穑作甘。

"二、五事:一曰貌,二曰言,三曰视,四曰听,五曰思。貌曰恭,言曰从,视曰明,听曰聪,思曰睿[26]。恭作肃,从作乂,明作晳,聪作谋,睿作圣[27]。

"三、八政:一曰食,二曰货,三曰祀,四曰司空,五曰司徒,六曰司寇，七曰宾，八曰师[28]。

"四、五纪：一曰岁，二曰月，三曰日，四曰星辰，五曰历数[29]。

"五、皇极：皇建其有极。敛时五福[30]，用敷锡厥庶民[31]，惟时厥庶民于汝极[32]。锡汝保极[33]：凡厥庶民，无有淫朋[34]，人无有比德[35]，惟皇作极。凡厥庶民，有猷有为有守[36]，汝则念之。不协于极，不罹于咎[37]，皇则受之[38]。而康而色[39]，曰：'予攸好德[40]'，汝则锡之福。时人斯其惟皇之极[41]。无虐茕独而畏高明[42]。人之有能有为，使羞其行[43]，而邦其昌。凡厥正人，既富方谷[44]，汝弗能使有好于而家，时人斯其辜[45]。于其无好德，汝虽锡之福，其作汝用咎[46]。无偏无陂[47]，遵王之义[48]；无有作好，遵王之道；无有作恶，遵王之路。无偏无党[49]，正道荡荡[50]；无党无偏，王道平平[51]；无反无侧[52]，王道正直。会其有极，归其有极。曰[53]：皇，极之敷言[54]，是彝是训[55]，于帝其训[56]。凡厥庶民，极之敷言，是训是行，以近天子之光。曰：天子作民父母，以为天下王。

"六、三德：一曰正直，二曰刚克[57]，三曰柔克。平康正直[58]，强弗友刚克，燮友柔克[59]。沈潜刚克[60]，高明柔克。惟辟作福，惟辟作威，惟辟玉食[61]。臣无有作福作威玉食。臣之有作福作威玉食，其害于而家，凶于而国。人用侧颇僻，民用僭忒[62]。

"七、稽疑：择建立卜筮人[63]，乃命卜筮。曰雨，曰霁，曰蒙，曰驿，曰克，曰贞，曰悔，凡七[64]。卜五，占用二，衍忒[65]。立时人作卜筮。三人占，则从二人之言。汝则有大疑，谋及乃心[66]，谋及卿士，谋及庶人，谋及卜筮。汝则从，龟从，筮从，卿士从，庶民从，是之谓大同。身其康强，子孙其逢[67]，吉。汝则从，龟从，筮从，卿士逆，庶民逆，吉。卿士从，龟从，筮从，汝则逆，庶民逆，吉。庶民从，龟从，筮从，汝则逆，卿士

箕子返回周地，武王向他请教治国的道理。

逆，吉。汝则从，龟从，筮逆，卿士逆，庶民逆，作内吉[68]，作外凶。龟筮共违于人，用静吉，用作凶。

"八、庶征：曰雨，曰旸[69]，曰燠[70]，曰寒，曰风。曰时五者来备[71]，各以其叙[72]，庶草蕃庑[73]。一极备[74]，凶；一极无，凶。曰休征[75]：曰肃，时雨若[76]；曰乂，时旸若；曰晢，时燠若；曰谋，时寒若；曰圣，时风若。曰咎征：曰狂[77]，恒雨若；曰僭[78]，恒旸若；曰豫[79]，恒燠若；曰急，恒寒若；曰蒙[80]，恒风若。曰王省惟岁[81]，卿士惟月，师尹惟日。岁月日时无易[82]，百谷用成，乂用明，俊民用章[83]，家用平康。日月岁时既易，百谷用不成，乂用昏不明，俊民用微[84]，家用不宁。庶民惟星，星有好风[85]，星有好雨。日月之行，则有冬有夏。月之从星，则以风雨[86]。

"九、五福：一曰寿，二曰富，三曰康宁，四曰攸好德[87]，五曰考终命[88]。六极：一曰凶、短、折[89]，二曰疾，三曰忧，四曰贫，五曰恶，六曰弱[90]。"

【主旨讲解】

洪，大。范，法。洪范，即大法。相传大禹治水时，有神龟自洛水出，背负天书，献给大禹，此书为《洛书》，书中记有治国的基本方略。到殷商时,《洛书》传到商纣王的叔父箕子手中。周武王灭商以后，向箕子询问治国的方略，箕子依据《洛书》，详细阐述了洪范九畴，即治国的九种大法。史官记录了箕子的讲话，写成《洪范》。

武王向箕子询问治国之道，箕子详细阐述了治国的九种方法。

《洪范》的内容可分三部分：第一部分是序。第二部分概述洪范九畴的由来及其纲目。第三部分详细说明洪范九畴的具体内容。

《洪范》是《尚书》中的重要篇章，一直受到历代统治者的重视。它对于我们今天研究上古的政治、思想和文化，也具有重要意义。

【注解】

[1] 武庚：又名禄父，纣王的儿子，商朝灭亡后，被周武王封为殷君。[2] 十有三祀：指周文王建国后的第十三年，武王灭商后的第二年。祀：年。[3] 阴：同"荫"，覆盖。阴骘（zhì）：保护。骘：安定。[4] 相：使。[5] 彝伦：常理。叙：次序，引申为规定。[6] 鲧：人名，大禹的父亲。堙（yīn）：堵塞。[7] 汨：乱。陈：列。五行：指金木水火土五种常用物质。行：用。[8] 畀（bì）：给予。畴：种类。[9] 攸：因此。斁（dù）：败坏。[10] 殛：杀。[11] 嗣：继承。[12] 锡：同"赐"，给予。[13] 初一：第一。[14] 次：第。五事：详见下文，指貌、言、视、听、思五件事。[15] 农：努力。[16] 五纪：五种记时方法。[17] 建：建立。皇：君王。极：法则。[18] 乂（yì）：治理民众。[19] 稽：考察。[20] 念：经常思考。庶：众。征：征兆。[21] 向（xiǎng）：同"飨"，劝勉。[22] 威：警戒。[23] "水曰"五句：曰：句中语气助词。润：润湿。炎：烧烤。曲直：可曲可直。从：顺从。革：变革，改变。爰：句中语气助词。稼穑（sè）：播种和收获。[24] 作：产生。[25] 辛：辣。[26] "貌曰恭"五句：貌：容貌，仪态。从：正当合理。睿（ruì）：通达。[27] "恭作肃"五句：作：就。肃：敬。晰：明智。谋：善于谋划。圣：圣明。[28] "八政"句：八政：八种政务。食：掌管民食。货：掌管财金。祀：掌管祭祀。司空：管理居民。司徒：掌管教化。司寇：掌管审问盗贼。宾：掌管朝觐。师：掌管军事。[29] "五经"句：岁：年。星：指二十八宿。辰：指十二时辰。历数：日月运行经历周天的度数。[30] 敛：采取。时：这。五福：指下文第九条的五福。[31] 敷：普遍。锡：施予。[32] 于：重视。[33] 锡：贡献。保：保持。[34] 淫朋：邪党。[35] 人：这里指百官。比德：私相比附的行为。[36] 猷：计谋。为：作为。守：操守。[37] 罹：陷入。咎：罪恶。[38] 受：容纳，宽容。[39] 康：和悦。色：温和。[40] 攸：遵行。[41] 斯：乃。惟：思。[42] 茕（qióng）：孤单。高明：显贵的人。[43] 羞：贡献。[44] 方：常。谷：指俸禄。[45] 辜：罪，这里指责怪。[46] 作：使。用：施行。[47] 陂（pō）：同"颇"，不正。[48] 义：法度。[49] 偏：营私。党：结党。[50] 荡荡：宽广。[51] 平平：平易。[52] 反：反道。侧：倾侧。[53] 曰：转换语势之词。[54] 敷：陈述。[55] 彝：宣扬。训：教导。[56] 训：

顺从。[57] 克：克制。[58] 平康：中正平和。[59] 燮（xiè）：和顺。[60] 沈：同"沉"，阴险。潜：伏，阴谋。沈潜：指乱臣贼子。[61] "惟辟"三句：辟：君王。作：施行。福：赏赐。威：惩罚。玉食：美食。[62] "人用"两句：人：百官。用：因此。侧：斜。颇僻：不正。僭（jiàn）：越轨。忒（tè）：作恶。[63] 卜筮：古代两种占卜术，用龟甲或蓍草占凶吉。[64] "曰雨"句：霁：雨后的云气在上。蒙：雾气蒙蒙。驿：光色润泽。克：阴阳之气相犯。贞：六十四卦中的内卦。悔：《易经》里六十四卦中的外卦。凡七：共七种征兆。[65] 衍：推演。忒：变化。[66] 谋：考虑。[67] 逢：兴旺，昌盛。[68] 作：行事。内：国内。[69] 旸（yáng）：晴天。[70] 燠（yù）：暖和。[71] 备：齐备。[72] 叙：次序。[73] 蕃：滋长增多。庑：同"芜"，茂盛。[74] 一：五者之一。极备：过多。[75] 休征：美好的征兆。[76] 若：像。[77] 狂：傲慢。[78] 僭：差错。[79] 豫：逸乐。[80] 蒙：昏昧。[81] 省：省察政务。[82] 易：变化。[83] 俊民：有才能的人。用：因此。章：显扬。[84] 微：不明显。[85] 好：喜欢。[86] 以：用。[87] 攸好德：喜好美德。攸，助词。[88] 考：老。终命：善终。[89] 凶、短、折：均指早死。没到换牙年龄而死叫凶。没到三十岁成年而死叫短。没到结婚年龄而死叫折。[90] 弱：懦弱。

【译文】

周武王战胜殷商，杀死商纣王，封武庚为殷君，然后等到箕子返回周地，向他请教治国的道理。史官据此写成《洪范》。

周文王十三年，武王向箕子请教治国之道。武王说："唉！箕子，上天默默地保护世间的民众，使他们和睦相处，而我却不知道上天有哪些恒常不变的用来保护百姓的道理。"

箕子回答说："我听说当初鲧用堵塞河道的方法治理洪水，结果把五行的顺序都给打乱了，上天动了怒气，不给他治国安民的九种方法，治国的常理因此被破坏了。鲧因此被诛杀，大禹继承他的事业而兴起。上天赐给他治国安民的九种方法，治国的常理这才确定下来。

"（这九种方法，）第一种是五行，第二种是五事，第三种是八政，第四种是五纪，第五种是皇极，第六种是三德，第七种是稽疑（即决断疑难问题的方法），第八种是庶征（即各种征验），第九种是劝导用的五福（即五种幸福的事情）。在惩罚方面，还有六极（即六种不幸的事情）。

"所谓五行指的是：第一种是水，第二种是火，第三种是木，第四种是金，第五种是土。水的常性是向下润泽万物，火的常性是向上燃烧，木的常性是能曲能直，金的常性是可以销熔改变形状，土的常性是可以种植五谷。向下浸润万物的水，味道是咸的；向上燃烧的东西的火，味道是苦的；能曲能直的木，味道是酸的；形状可以改变的金，味道是辣的；能够种植五谷的土，味道是甜的。

"所谓五事指的是：一是仪态，二是言语，三是眼光，四是听觉，五是思想。仪态应当谦恭，言语应当正确并可以遵从，眼光一定要明亮，听觉一定要灵敏，思想一定要睿智。仪态恭敬，内心就能肃敬；言语准确，国家就能得到治理；眼睛观察仔细，就能明辨善恶；善于听取别人建议，就能有计谋；思想通达，就能睿智圣明。

"所谓八政指的是：一是掌管粮食，二是掌管财政，三是掌管祭祀，四是掌管土木建造，五是掌管教育，六是掌管社会治安，七是掌管接待外宾，八是掌管军事。

"所谓五种天象指的是：一是年岁，二是月份，三是日数，四是星辰，五是历数。

"所谓帝王统治的准则指的是：君王施行政教，应当树立法则，聚集五种幸福，普遍地赐予民众，那些民众都会听从你的法则，还会与你一起维持这一法则。这样，所有的民众，都不会结成邪恶的朋党，人与人之间不会曲从勾结，他们的言行都会合乎君王制定的法则。合乎君王的法则，但是不至于陷入罪恶的泥潭，君王也应当宽容地接受他。君王要和颜悦色，若是有人说'我爱好美德'，君王就应当赐予他福泽。这样的人是能够遵守君王的法则的。不要欺侮鳏夫寡妇而畏惧身居高位者。倘若一个人有能力、有作为，那就让他贡献一份力量，那么国家就会昌盛。凡是正直的人，

武王向箕子请教保护百姓的道理。

既然已经给他爵禄使他富贵，就要用善道对待他。倘若不能使他们对国家有所帮助，那这就是他们的罪过了。对于那些没有对国家有所帮助的人，即便你给他爵禄，他的行为也会使你受到牵连而有罪过。不要偏邪不正，应当遵守君王的法则。不要偏爱，应当遵循君王的大道。不要偏私，应该遵循君王所规定的正路。不偏不私，君王的道路就会平坦。不偏邪，不悖逆，君王的道路就是宽广的。君王聚合遵守法则之人，群臣归附君王，也有其法则。君王应当依照法则做事，通过臣下的传达来教育万民，这是顺应天意的。所有的百姓，都应该顺从法则，以增加君王的光辉。这是因为天子是百姓的父母，是天下人拥戴的圣王。

"所谓三德指的是：一是中正不邪曲，二是刚强而能立事，三是柔和而能治理。要想使天下平安，必须先端正人的曲直，对那些强硬不友善的人，要用刚硬的态度战胜他们，对那些友善的人，要用柔和的态度对待他们。对乱臣贼子，务必保持强硬；对高明君子，务必保持柔和。只有国君才能赐人爵位赏人俸禄，只有国君才能主持刑罚，只有国君才能享用美食。做臣子的没有权力赐人爵位赏人俸禄，没有权力主持刑罚，也没有权力享用美食。臣子如果也能赐人爵位赏人俸禄，也能主持刑罚，也能享用美食，那就会给你的王室带来灾难，给你的国家带来祸患。人们就会因为这种行为不合王道，百姓也会因此犯上作乱。

"处理疑难的办法是选择善于卜筮的人，委派他们分别用龟甲或蓍草占卜。下令让他们进行卜筮，卜筮的征兆：有的象下雨，有的象雨后初晴，有的象云气连绵，有的象雾气蒙蒙，还有兆相交错，有的明正，有的隐晦。卦象共七种，前五种以龟甲占卜，后两种以蓍草占卜，对复杂多变的卦象进行推演研究。委派这些卜筮之人，如果三个人占卜就听取两个人的话。你如果遇到重大的疑难问题，就首先自己单独深思熟虑，然后与卿士合计，与百姓合计，最后用卜筮结果来作决定。如果你赞成，龟卜赞成，草占赞成，卿士赞成，百姓赞成，这就叫大同，那么你身体就健康强壮，子孙也将大吉大利。如果你自己赞成，龟卜赞成，草占赞成，卿士不赞成，百姓不赞成，这就是吉。如果卿士赞成，龟卜赞成，草占赞成，你不赞成，百姓不赞成，这也是吉。如果百姓赞成，龟卜赞成，草占赞成，你不赞成，卿士不赞成，这还是吉。如果你赞成，龟卜赞成，草占不赞成，卿士不赞成，百姓不赞成，在境内办事就会吉，在境外办事就会遇上危险。如果龟卜、草占与人们的意见都不一致，静守就会吉利，行动就会遇有危险。

"各种征兆：或是雨，或是晴，或是暖，或是寒，或是风，这五种自然现象都应按时发生。如果五种自然现象都具备，而且能按一定规律出现，庄稼就会丰收。如果一种现象发生过多，就会歉收。如果一种现象缺乏，一样也会歉收。关于美好的征兆：天子谦恭，上天就会按时下雨；政治清明，阳光就会充足；天子英明，温暖就会按时来临；天子深谋远虑，寒冷就会应时而生；天子通达，风就会按时吹来。各种凶恶的征兆：天子狂妄，雨水就会过多；天子僭越差错，土地就会干旱；天子贪图享乐，天气就会很炎热；天子暴虐急躁，天气就会十分寒冷；天子昏庸，大风就会不停地刮；天子政策有误，坏天气就会影响一整年；卿士管理有误，坏天气就影响一个月；官吏办事有误，坏天气就会影响一整天。年、月、日都没有异常，各种庄稼就会丰收，政治就会清明，贤能的人也会得到举荐，国家就会平安稳定。相反，年、月、日出现了异常，庄稼就会歉收，政治就会昏暗，贤能的人受到压制，国家就会动乱。百姓像星辰，有的星辰喜欢风，有的星辰喜欢雨。日月依照规律运行，就产生了冬季和夏季。月亮如果顺从星辰，就会有时多风，有时多雨。

"五种幸福：一是长寿，二是富有，三是平安，四是美德，五是善终。六种灾祸：一是早死（八岁以前死亡，二十岁以前死亡，三十岁以前死亡），二是多病，三是多愁，四是贫穷，五是丑陋，六是懦弱。"

分　器

【原文】

　　武王既胜殷，邦诸侯[1]，班宗彝[2]，作《分器》。

【主旨讲解】

　　本篇载于《洪范》之后，只有序，无正文。

【注解】

[1] 邦：通"封"，分封。[2] 班：授予。宗彝：古代宗庙祭祀用的酒器。

【译文】

周武王战胜殷商以后，分封诸侯，把周族宗庙的祭器赏赐给各诸侯。史官记录这件事，写成《分器》。

旅 獒

【原文】

西旅献獒，太保作《旅獒》[1]。

惟克商，遂通道于九夷八蛮[2]。西旅厎贡厥獒[3]，太保乃作《旅獒》，用训于王。

曰："呜呼！明王慎德，西夷咸宾[4]。无有远迩，毕献方物[5]，惟服食器用。王乃昭德之致于异姓之邦[6]，无替厥服[7]；分宝玉于伯叔之国，时庸展亲[8]。人不易物[9]，惟德其物！

"德盛不狎侮[10]。狎侮君子[11]，罔以尽人心；狎侮小人[12]，罔以尽其力。不役耳目[13]，百度惟贞[14]。玩人丧德[15]，玩物丧志。志以道宁[16]，言以道接[17]。不作无益害有益，功乃成；不贵异物贱用物，民乃足。犬马非其土性不畜[18]，珍禽奇兽不育于国，不宝远物，则远人格[19]；所宝惟贤，则迩人安。

"呜呼！夙夜罔或不勤[20]，不矜细行[21]，终累大德。为山九仞[22]，功亏一篑[23]。允迪兹[24]，生民保厥居，惟乃世王[25]。"

【主旨讲解】

旅，西方国名。獒（áo），一种大犬，相传身高四尺。周武王灭商以后，旅国向武王进献大犬。太保召公担心武王玩物丧志，就劝谏武王不可看重远方珍物，而要慎德重贤。史官记录了召公的谈话，写成《旅獒》。

《旅獒》的内容可分四部分：第一部分是序。第二部分说明写作本篇的原因。第三部分召公详细论述明王慎德的情况。第四部分劝勉武王要勤于政事。

《旅獒》是伪古文。

【注解】

[1] 太保：官名，这里指召公奭（shì）。[2] 通：开通。九夷：指古代东方各民族，包括畎夷、于夷、方夷、黄夷、白夷、赤夷、玄夷、风夷、阳夷。八蛮：指古代南方各民族。九夷八蛮：泛指周王朝四方的各民族。[3] 厎（zhǐ）：来。贡：进献。[4] 宾：归顺。[5] 毕：尽。方物：指地方土特产。[6] 昭：昭示。德之致：指代贡品。[7] 替：废弃。服：职务。[8] 展亲：展示亲情。[9] 易：轻视。[10] 狎（xiá）：轻视。侮：侮慢。[11] 君子：指贤臣。[12] 小人：指民众。[13] 耳目：代指音乐、女色。[14] 百度：百事。贞：正。[15] 人：这里指女色。[16] 道：准则。宁：定。[17] 接：应对。[18] 土性：土生，土产。[19] 格：来。[20] 或：有。[21] 矜（jīn）：慎。细行：小德。[22] 仞：八尺为一仞。[23] 亏：缺少。篑（kuì）：盛土的竹筐。[24] 允：诚信，真正。迪：施行。兹：这，指召公的劝谏。[25] 王（wàng）：称王。

【译文】

西方旅国向武王进献大犬，太保召公写作《旅獒》，用以劝谏武王。

周武王战胜殷商以后，便开通了通往边远地区的道路。西方的旅国来进献大犬，太保召公就写了《旅獒》，用来劝谏武王。

旅国向武王进献大犬，召公劝武王慎德重贤。

召公说："啊！圣明的君王都敬慎德行，所以四方各族都来归顺。不管远近，各国都进献本地的土特产，只不过都是些穿的、吃的和用的。明王于是把贡品给异姓诸侯们看，并分赐给他们，使他们不要荒废职事；明王还把宝石分赐给同姓的邦国，用这个方法展示亲情。人们并不轻视那些物品，而是从德行的角度来对待那些物品！

"君王德行盛大，是不会轻视侮慢的。轻视侮慢官员，就没有人为他尽忠心；轻视侮慢民众，就没有人为他尽力。只要不贪欲声

圣明的君王都敬慎德行，所以四方各族都来归顺。

色，各种政事就会处理得很合适。迷恋女色就会丧失高尚的品德，迷恋于自己所欣赏的物品，就丧失进取的志向。志向依靠法则才能确立，言论依托公理才能与别人应对。不做没有好处的事来妨害有益的事，事业才能成功；不看重珍奇异物来轻视日常用品，民众才能富足。犬马不是土生土长的就不畜养，珍禽奇兽不收养在国内。不贪求远方的宝物，远方的人就会来归顺；如果所珍视的只是贤明之人，那么身边的人就会安居乐业。

"啊！从早到晚不要有不勤奋的时候，如果不注重小节，最终会损害大德。就好像堆起九仞的土山，哪怕还差一筐土，也不能算完成。如果你真正能够按这些去做，人民就能安居乐业，国家就会世世代代称王于天下。"

旅巢命

【原文】

巢伯来朝[1]，芮伯作《旅巢命》[2]。

【主旨讲解】

本篇载于《旅獒》之后，是武王赞美巢伯的诰词，只有序，无正文。

【注解】

[1] 巢伯：殷商时的南方诸侯国，伯是其爵位。朝：朝见武王。

[2] 芮（ruì）伯：周朝的大臣。旅：同"嘉"，赞美。

【译文】

巢伯来朝见周武王，芮伯据此写成了《旅巢命》。

金　縢

【原文】

武王有疾，周公作《金縢》。

既克商二年，王有疾，弗豫[1]。二公曰[2]："我其为王穆卜[3]。"周公曰："未可以戚我先王[4]？"公乃自以为功[5]，为三坛同墠[6]。为坛于南方，北面，周公立焉。植璧秉珪[7]，乃告太王、王季、文王。

史乃册[8]，祝曰："惟尔元孙某，遘厉虐疾[9]。若尔三王是有丕子之责于天[10]，以旦代某之身！予仁若考能[11]，多材多艺，能事鬼神。乃元孙不若旦多材多艺，不能事鬼神。乃命于帝庭[12]，敷佑四方[13]，用能定尔子孙于下地[14]。四方之民罔不祇畏[15]。呜呼！无坠天之降宝命[16]，我先王亦永有依归。今我即命于元龟[17]，尔之许我，我其以璧与珪归俟尔命[18]；尔不许我，我乃屏璧与珪[19]。"

乃卜三龟，一习吉[20]。启龠见书[21]，乃并是吉。公曰："体[22]！王其罔害[23]。予小子新命于三王[24]，惟永终是图；兹攸俟，能念予一人。"公归，乃纳册于金縢之匮中。王翼日乃瘳[25]。

武王既丧，管叔及其群弟乃流言于国[26]，曰："公将不利于孺子[27]。"周公乃告二公曰："我之弗辟[28]，我无以告我先王。"周公居东二年，则罪人斯得[29]。于后，公乃为诗以贻王，名之曰《鸱鸮》[30]。王亦未敢诮公[31]。

秋，大熟，未获，天大雷电以风[32]，禾尽偃[33]，大木斯拔。邦人大恐。王与大夫尽弁以启金縢之书[34]，乃得周公所自以为功代武王之说[35]。二公及王乃问诸史与百执事[36]。对曰："信[37]。噫！公命我勿敢言。"

王执书以泣曰："其勿穆卜！昔公勤劳王家，惟予冲人弗及知[38]。今天动威以彰周公之德，惟朕小子其新逆[39]，我国家礼亦宜之。"王出郊，天乃雨，反风[40]，禾则尽起。二公命邦人，凡大木所偃，尽起而筑之[41]。岁则大熟。

【主旨讲解】

金縢（téng），用金属装饰的匣子。武王灭商后两年，身患重病，而当时天下尚未安定，武王身系天下的安危。于是武王的弟弟周公姬旦向太王、王季和文王祭告，请求以自身代替武王去死。事后，祝告的册书被收藏在金属装饰的匣子里。武王死后，成王即位，但由于成王年幼，所以周公旦代理朝政。武王的弟弟管叔、蔡叔、霍叔散布流言，说周公将不利于成王，致使成王也怀疑周公旦。这时管叔等人勾结殷商遗民叛乱，周公东征，平定了叛乱，又写了《鸱鸮》诗，想感动成王，但成王仍未醒悟。后来因偶然的天灾，成王打开《金縢》，见到了册书，深受感动。史官记录这段史实，来表彰周公的忠诚，写作了《金縢》。

《金縢》的内容可分四部分：第一部分是序。第二部分记述周公祭告先王，请求替武王去死。第三部分记录武王死后，周王朝危险的政治形势，而周公拯危扶困却受怀疑。第四部分记述成王见《金縢》册书而悔悟。

《金縢》写于西周初年，对研究周初复杂的政治局面和社会生活，具有重要的价值。

【注解】

[1] 豫：安，指身体不适。[2] 二公：指太公和召公。[3] 穆：恭敬。[4] 戚：同"祷"，告事求福。[5] 功：质，抵押。[6] 为：设。三坛：三座祭坛，太王、王季、文王各为一坛。墠（shàn）：祭祀的场地。[7] 植：同"置"，放置。璧：圆形的玉。秉：持。珪：上圆下方的玉。[8] 史：史官。册：写册书。[9] "惟尔"两句：元孙：长孙。元，大。某：指武王姬发，史官避讳，不直书武王名。遘（gòu）：遇到。厉：危。虐：恶。[10] 丕子：同"布兹"，布席助祭。是：这时。[11] 仁若：柔顺。考：巧。[12] 乃：初始。命：受命。[13] 敷：普遍。佑：通"有"。[14] 下地：人间。[15] 祗（zhī）：敬。[16] 坠：丧失。宝命：指上文"命于帝庭，敷佑四方"的使命。[17] 即命：就而听命。即：就，靠近。[18] 俟：等待。[19] 屏（bǐng）：收藏。[20] 一：全都一样。习：重复。[21] 启：开。龠（yuè）：同"钥"，锁钥。[22] 体：兆体，兆形。[23] 害：危险。[24] 命：告。[25] 翼日：第二天。瘳（chōu）：病愈。[26] 管叔：文王第三子，武王的弟弟，周公的哥哥，名鲜，管是封地。群弟：指蔡叔、霍叔。流言：散布谣言。[27] 孺子：指成王。[28] 辟（bì）：摄政为君。[29] "周公"两句：居东：居住

在东方,指东征。罪人:指三叔和武庚。得:捕获。[30]"公乃"两句:贻(yí):给。鸱(chī)鸮(xiāo):诗名,存于《诗经·豳风》中。[31]诮:责备。[32]以:与。[33]偃:倒伏。[34]弁(biàn):礼帽,这里是戴上礼帽的意思。[35]说:指周公祷告的祝词。[36]百执事:众位办事官员。[37]对:回答。信:确实。[38]冲人:年幼的人。[39]新:当为"亲",亲自。逆:迎接。[40]反风:风向相反。[41]筑:用土培根。

【译文】

周武王得了重病,周公为武王向神灵祈祷,史官据此写成《金縢》。

周国战胜殷商后的第二年,武王生了重病,身体状况很差。太公、召公说:"我们为王恭敬地卜问吉凶吧。"

武王身患重病,武王的弟弟周公姬旦请求代替武王去死。

周公说:"不能向我们的先王祷告吗?"周公就把自身作为抵押,清扫出一块空地,在上面筑起三座祭坛。又在三坛的南边筑造一座台子,周公面向北方站在台上。坛上置有璧玉,周公手里拿着珪,就向太王、王季、文王祷告。

史官把祷告的祝词记录在册书上,祝词说道:"你们的长孙姬发,患上了极度危险的病。假若你们三位先王这时在天上有助祭的职责,就让我姬旦代替姬发的身子而生病吧!我生性柔顺巧能,多才多艺,能够很好地奉事鬼神。你们的长孙姬发没有我那么多才多艺,不能侍奉鬼神。但是他受命于上天,坐拥天下,能让你们的子孙都能平平安安地生活于世上,天下的百姓没有不敬畏他的。不要夺去上天赐予他的宝贵生命,我们的先王也将永远地依托于他。现在我就要通过元龟听从你们的命令。如果你们答应我,我就把璧和圭拿给你们,来听候你们的命令;如果你们不答应我,我就把璧和圭藏起来。"

于是卜问三龟，都重复出现吉兆。打开锁钥查看卦书，竟然也显示吉兆。周公说："根据兆形来看，大王没有危险了。我刚刚向三位先王祷告，只图国运长久；我现在所期待的，是先王能够顾念我谋国长远的诚心。"周公回去，让史官把册书放进金属束着的匣子中。第二天，武王的病就好了。

武王去世以后，管叔和他的几个弟弟就在国内散播谣言，说："周公将对年幼的成王不利。"周公就告诉大公、召公说："我不摄政，就无法告慰我们的先王啊。"周公留在东方两年，逮捕了发动叛乱的罪人。后来，周公写了一首诗送给成王，诗名为《鸱鸮》。成王（不赞成周公的所作所为，）却也没有因此而责备他。

秋天，各种谷物成熟，还没有收获，天空就出现了雷电和大风。庄稼都伏倒了，大树也被连根拔起。国人非常恐慌。成王和大夫们都穿上礼服、戴上礼帽，打开金属束着的匣子，打开里面的册书，于是得到了周公以自身为质请求代替武王生病的祝词。太公、召公和成王就询问史官和众位办事官员。他们回答说："确实是这样的。唉！周公告诫我们不能说出来。"

成王拿着册书哭泣，说："不必再恭敬地等待占卜了！过去，周公为王室操劳，我这年轻人来不及了解。现在，上天发威来表彰周公的功绩，我这年轻人要亲自去迎接他，我们国家的礼制也应该是这样的。"成王走到郊外，天下着雨，风向也反转了，倒伏的庄稼全都立了起来。太公、召公于是命令国人，凡被大树压倒的庄稼，要全部扶起来，用土培好根。这一年，周朝五谷丰登。

大　诰

【原文】

武王崩[1]，三监及淮夷叛[2]，周公相成王，将黜殷，作《大诰》。

王若曰[3]："猷[4]！大诰尔多邦越尔御事[5]。弗吊[6]！天降割于我家，不少延[7]。洪惟我幼冲人[8]，嗣无疆大历服[9]。弗造哲，迪民康[10]，矧曰其有能格知天命[11]？已[12]！予惟小子，若涉渊水，予惟往求朕攸济[13]。敷贲敷前人受命[14]，兹不忘大功。予不敢闭于天降威[15]，用宁王遗我大宝龟，绍天明[16]。即命曰[17]：'有大艰于西土，西土人亦不静，越兹蠢[18]。殷小腆诞敢纪其叙[19]。天降威，知我国有疵[20]，民不康，曰：予复！反鄙我周邦[21]，今蠢今翼[22]。日[23]，民献有十夫予翼[24]，以于敉宁、武图功[25]。我有大事，休？'朕卜并吉。

周公劝导众诸侯平定叛乱。

"肆予告我友邦君越尹氏、庶士、御事[26]，曰：'予得吉卜，予惟以尔庶邦于伐殷逋播臣[27]。'尔庶邦君越庶士、御事罔不反曰：'艰大，民不静，亦惟在王宫、邦君室[28]。越予小子考[29]，翼不可征[30]，王害不违卜[31]？'

"肆予冲人永思艰[32]，曰：呜呼！允蠢鳏寡，哀哉！予造天役，遗大投艰于朕身[33]，越予冲人，不卬自恤[34]。义尔邦君越尔多士、尹氏、御事绥予曰[35]：'无毖于恤[36]，不可不成乃宁考图功[37]！'

"已！予惟小子，不敢替上帝命[38]。天休于宁王[39]，兴我小邦周，宁王惟卜用，克绥受兹命[40]。今天其相民，矧亦惟卜用？呜呼！天明畏，弼我丕丕基[41]！"

王曰："尔惟旧人[42]，尔丕克远省[43]，尔知宁王若勤哉[44]！天閟毖我成功所[45]，予不敢不极卒宁王图事[46]。肆予大化诱我友邦君[47]，天棐忱辞[48]，其考我民[49]，予曷其不于前宁人图功攸终[50]？天亦惟用勤毖我民，若有疾，予曷敢不于前宁人攸受休毕[51]？"

王曰："若昔朕其逝[52]，朕言艰日思。若考作室，既厎法[53]，厥子乃弗肯堂，矧肯构[54]？厥父菑[55]，厥子乃弗肯播，矧肯获？厥考翼其肯曰：予有后，弗弃基？肆予曷敢不越卬敉宁王大命[56]？若兄考[57]，乃有友伐厥子[58]，民养其劝弗救[59]？"

王曰："呜呼！肆哉[60]，尔庶邦君越尔御事。爽邦由哲[61]，亦惟十人迪知上帝命越天棐忱[62]，尔时罔敢易法[63]，矧今天降戾于周邦[64]？惟大艰人诞邻胥伐于厥室[65]。尔亦不知天命不易？予永念曰：天惟丧殷，若穑夫[66]，予曷敢不终朕亩[67]？天亦惟休于前宁人，予曷其极卜[68]？敢弗于从率宁人有指疆土[69]？矧今卜并吉？肆朕诞以尔东征[70]。天命不僭，卜陈惟若兹[71]！"

【主旨讲解】

周公摄政时，管叔等人联合淮夷反叛周王朝，周公决计东征平叛。但一些诸侯国君和大臣有畏难情绪，于是周公普遍地告谕诸侯国君和众位大臣，申述东征的必要性，劝导他们顺从天意，一起平息叛乱。史官记录下周公的诰辞，写成《大诰》。

《大诰》的内容可分四部分：第一部分是序。

殷商小主宣称复国，十位贤臣愿意辅佐周公平定叛乱。

第二部分宣布吉兆，劝导各诸侯国君和大臣顺从天意，参加东征。第三部分劝导人们不畏艰难，共同完成文王未竟的大业，驳斥东征"艰大"的说法。第四部分勉励人们遵从天命，合力东征，驳斥"违卜"的要求。

本篇文辞古奥，是西周初年的作品，具有很高的史料价值。

【注解】

[1] 崩：古代称帝王的死为崩。[2] 三监：指管叔、蔡叔、霍叔。武王封纣王之子武庚为殷君，命三叔监理殷民，称三监。[3] 王：指摄政王周公。[4] 猷（yóu）：啊，叹词。[5] 多邦：众诸侯国。越：和。御事：治事大臣。[6] 弗吊：不幸。吊：善。[7] 延：间断。[8] 洪惟：句首语气词。幼冲人：年轻人。冲，同"童"。幼冲人是周公自谦之词，意思是说自己幼稚。[9] 无疆：无边，指永恒。大历服：伟大久远的事业。历，久。服，事。[10] "弗造哲"两句：造：遇到，遭遇。

哲：明智的人。迪：引导。康：安康。[11] 矧（shěn）：况且。格：度量。[12] 已：叹词，唉。[13] 攸：所。济：渡过。攸济：渡过的方法。[14] 敷贲：大龟。敷，大。敷前人：辅助前人。敷，同"辅"，辅助。[15] 闭：闭藏。威：可畏的事，指灾难。[16] 绍：卜问。天明：天命。[17] 即：就，靠近。命：告。即命：走近大龟祷告。[18] 越：在。蠢：动。[19] 小腆：小主，指武庚。诞：大。纪：组织。叙：残余。[20] 疵（cī）：病，困难。[21] 鄙：图谋。[22] 翼：同"翊"，飞动的样子。[23] 日：近日。[24] 献：贤，贤人。翼：助。[25] 敉（mǐ）：完成。宁：指文王。图：大。功：业。图功：大业。[26] 肆：所以。越：与。尹氏：史官。庶：众多。[27] 惟：谋。以：与。于：往。逋（bū）：逃亡。播：散。[28] 惟：有。王宫：王室的人，指管叔等人。邦君室：指殷君武庚。[29] 越：语助词。予小子：众邦君和士、御事大臣等人自称。考：考虑。[30] 翼：或。[31] 害：同"何"，为什么。[32] 肆：今，现在。[33] 遗：给。投：给予。艰：难事。[34] 卬：我。恤：忧虑。[35] 义：宜，应当。绥：安慰。[36] 无：不要。毖：恐惧。[37] 宁考：文考，指文王。[38] 替：废弃。[39] 休：善。[40] 绥：安。[41] 丕：大。基：事业。[42] 惟：是。旧人：老臣。[43] 省：省识。[44] 若：如何。[45] 閟（mì）：慎重。毖：告诉。所：办法。[46] 极：同"亟"，快速。[47] 化诱：教导。[48] 棐（fěi）：辅助。忱辞：诚信的话，指宝龟所显示的吉兆。[49] 考：成就。[50] 宁人：指文王。终：完成。[51] 毕：消除疾病。[52] 若昔：像从前一样。其：将要。逝：往。[53] 厎：定。[54] "厥子"两句：堂：打地基。构：盖屋。[55] 菑：新开垦的土地。[56] 越：在。[57] 考：死。[58] 友：群，成群。[59] 养：长官。[60] 肆：尽力。[61] 爽：清明。[62] 迪：引导。越：与。棐忱：辅助诚信的人。[63] 易：轻慢。法：同"废"，废弃。[64] 戾（lì）：定命。[65] 大艰人：大罪人。诞：同"延"，勾结。胥：相。[66] 穑夫：农夫。[67] 终：完成。亩：田亩之事。[68] 极：放弃。[69] 于：往。从：重新。率：行视。指：同"旨"，美好。[70] 以：率领。[71] 陈：陈列，兆示。若：顺从。

【译文】

周武王死后，三监和淮夷发动叛乱，周公辅佐成王处理政事，决定消灭叛乱的殷人。平叛之前，周公召集四方诸侯及大臣，向他们宣读诰词。史官把诰词记录下来，写成《大诰》。

摄政王周公说:"啊!我要郑重地告诉你们,各诸侯国国君及官员们!不幸啊!上天把灾祸降给我们国家了,没有停止。我这个幼稚的人,现在继承了先王远大而悠久的事业,但我却没有遇到明智的人,能够引导我们的人民过上安定的生活,更何况说能够理解天命的人呢?唉!我代理政事就像要渡过深渊一样危险,只好到上帝那里寻找渡过难关的办法了。摆下占卜用的大龟吧,让它来告诉大家我们的先祖是如何在上天那里接受任命的。这样的大功,是不应忘记的。在上天降下灾祸的时候,我不敢把它隐藏起来,用文王留给我们的大宝龟卜问天命,我们就可以明白上天的意旨了。我走到大龟前祷告说:'西方将会降下大灾难,西方的人心不安宁,现在已经蠢蠢欲动了。殷商的小主竟然组织他们的残余势力起来造反。上天给我们国家降下灾祸,殷商的余孽知道我们国家有难,人心纷乱,就宣称:我们要恢复殷商的统治了!他们就这样算计我们周国,现在他们发动叛乱了。近日,有十位贤臣辅佐我,和我一起去完成文王、武王的大业。现在我就要发动平定叛乱的战争,这样做究竟是凶是吉?我占卜的结果都是吉兆。

"因此,我要告诉我们的友邦国君和众位大臣,说:'我得到了吉兆,我要率领你们去讨伐殷商的亡命之徒。'但是,你们这些国君和官员,无不反对我的意见,说:'困难太大了,因为民心不安定,又有王室的人和邦君参与叛乱,不能征伐他们。大王,你为什么不违背这个卜兆呢?'

"现在我应当为我们年幼的君主慎重考虑出征的困难。唉,确实如此啊!一旦发动战事,就会惊扰苦难的百姓,这多么令人痛心啊!但是,我接受上天的支配,上天把这艰难而重大的事业交给我,我不能只考虑自身的安危。我猜想你们各位君王和官员这样安慰我说:'不要过分地顾虑自己的安危,不能不完成你的先父文王的大业呀!'

"唉!我不敢废弃上天的命令。当年上天向文王施惠,使我们小小的周国兴盛起来,当时文王只使用龟卜,就承受了上天所授予的大命。现在上天帮助民众,何况我们也要通过卜兆了解上天的这番用意呢?唉!上天的命令,人们应该表示敬畏,你们还是辅助我光大这伟大的事业吧!"

摄政王周公又说:"你们都是曾经辅佐过文王的老臣,大概都能记得遥远的往事,你们知道文王是如何勤恳做事的吗?上天慎重地告诉我们建立功业的办法,我不敢不竭尽全力来完成文王所力图成就的事业。所以,我就用这个道理来劝导我们友邦的君主,上天诚心诚意地来帮助我们,要成全我们的民众,我为什么不继承先父文王的遗愿,完成他的大业呢?上天也想用勤苦来告诉我们的民众,迫切得就像是要去掉自己身上的疾病,我怎敢不好好地去解除先父文王所承受的疾苦呢?"

周公说:"我要像从前讨伐商纣王那样,前去平定叛乱,我说一下我在这艰难日子里的想法。比如父亲要盖房,已经确定好了具体的方法,可是他的儿子却不肯奠定房子的地基,更何况是盖房子本身呢?父亲把土地耕好,儿子却不肯播种,更何况是收获庄稼呢?这样,他的父亲或许会说:纵然我有后人,我的家业不也荒废了吗?所以我怎敢不在我自己身上来完成文王在上天那里接受的大命呢?又好比一个人的兄长死了,却有人群起攻击兄长的儿子,难道作为民众的长官,能够劝阻他们不去救助自己的孩子吗?"

周公说:"啊!努力吧,各位诸侯国君和大臣们!要想治理好国家,就要依靠圣明的人,现在有十位贤人引导我们了解上天的旨意和上天辅助我们的诚心,你们不要侮慢上天的决定,何况上帝已经把辅佐的意旨下达给我们了呢?那些发动叛乱的大罪人,勾结殷商遗民征伐自己的同宗。你们不知道天命不可改变吗?我一直这样想:上帝既然要使殷商灭亡,我就应该去消灭它,就像种庄稼的农夫一样,我怎敢不去务农耕地呢?上帝施惠于文王,我怎敢对占卜置之不理,违背上帝的意旨、不巡视、保卫文王美好的疆土呢?更何况今天占卜的结果都是吉兆,所以我一定要率领你们东征。天命是不会错的,卜辞的兆示应该遵从啊!"

各国君主和众官员反对讨伐叛乱,周公劝导他们完成文王的大业。

微子之命

【原文】

成王既黜殷命，杀武庚，命微子启代殷后[1]，作《微子之命》。

王若曰："猷！殷王元子[2]。惟稽古，崇德象贤[3]。统承先王，修其礼物[4]，作宾于王家[5]，与国咸休，永世无穷。呜呼！乃祖成汤，克齐、圣、广、渊[6]，皇天眷佑，诞受厥命。抚民以宽，除其邪虐，功加于时[7]，德垂后裔[8]。尔惟践修厥猷[9]，旧有令闻[10]，恪慎克孝，肃恭神人[11]。予嘉乃德，曰笃不忘[12]。上帝时歆[13]，下民祗协，庸建尔于上公[14]，尹兹东夏[15]。

"钦哉，往敷乃训[16]，慎乃服命[17]，率由典常，以蕃王室[18]。弘乃烈祖，律乃有民[19]，永绥厥位，毗予一人[20]。世世享德，万邦作式[21]，俾我有周无斁[22]。

"呜呼！往哉惟休，无替朕命[23]。"

【主旨讲解】

微子，名启，商纣王的同母庶兄。命，诰命。周武王灭商以后，微子主动归顺周室。周成王时，周公平定管叔等人及武庚的叛乱后，杀死武庚，命微子代替武庚为殷之后裔，册封微子为宋国国君，以奉行成汤的祭祀。史官记录成王册封微子的诰命，写成《微子之命》。《微子之命》的内容可分三部分：第一部分是序。第二部分成王赞美成汤及微子的美德，册封微子为上公来治理宋国。第三部分告诫微子遵从旧典，管束臣民，拥戴周室。《微子之命》是伪古文。

【注解】

[1] 后：后裔。[2] 元子：长子。微子是帝乙的长子，是纣王的母亲未被立为正妃时所生。[3] 象：效法。[4] 修：施行。礼物：指礼仪文物制度。[5] 宾：客人。[6] 齐：齐德，恭谨。圣：圣明通达。广：广大。渊：深远。[7] 加：施加。时：当时。[8] 垂：流传。[9] 践修：履行。猷：道。[10] 令闻：美好的名声。[11] 肃：敬。[12] 笃：纯厚。[13] 歆（xīn）：欣然。[14] 庸：因此。[15] 尹：治理。东夏：指宋国。[16] 敷：发布。训：政令。[17] 服：职位。命：使命。[18] 蕃：同"藩"，屏障，这里是保护、保卫的意思。[19] 律：规范，管束。[20] 毗（pí）：

辅佐。[21] 式：榜样。[22] 俾：服从。致（yì）：懈怠。[23] 替：废弃。

【译文】

周成王断绝了殷商的国运，杀死武庚之后，就册封微子代替武庚为殷商后裔。史官记录下成王的封命，写出《微子之命》。

周成王这样说："啊！殷王帝乙的长子。考察古代历史，可以知道历代都

周公平定殷的叛乱，周成王命微子为上公治理宋国。

有尊崇盛德、效法贤人的人。他们继承先王的传统，施行礼仪文物制度，成为王室的贵宾，同王室一样享有美好的声誉，而且世世代代永无穷尽。啊！你的祖先成汤，能够恭敬、圣明、广大、深远，受到皇天的关怀和佑助，承受了天命。他用宽仁的办法安抚民众，除掉邪恶暴虐的人，所以他在当时建立了功业，而他的德泽却流传到后世。你履行成汤的德政，早就有好名声，你能够谨守孝道，恭敬地对待神和人。我赞许你的美德，以为纯厚而不可忘记。上天对此也很欣喜，下民对你恭敬亲和，因此我封你为上公，让你去治理宋国。

"要恭谨、慎重啊！去发布你的政令吧，慎重地履行你的职责和使命，遵从常法以保卫周王朝。你要弘扬功业显赫的成汤的美德，管束你的民众，长久安居于上公之位，辅助我周室。这样，你的子孙就会世代享受你的功德，各国诸侯都会以你为榜样，服从我周室而不敢懈怠。

"啊！去吧，好好地干，不要废弃我的诰命。"

归　禾

【原文】

唐叔得禾[1]，异亩同颖[2]，献诸天子[3]。王命唐叔归周公于东[4]，作《归禾》。

嘉 禾

【原文】

周公既得命禾[5]，旅天子之命[6]，作《嘉禾》[7]。

【主旨讲解】

《归禾》《嘉禾》均载于《微子之命》的下面，只有序，无正文。

【注解】

[1] 唐叔：周成王的弟弟，后来封于晋。[2] 亩：垄。颖：穗。[3] 天子：指周成王。[4] 归（kuì）：同"馈"，赠送。东：东方。唐叔献禾时，周公东征未还，所以唐叔到东方去馈赠周公。[5] 命：赐予。命禾：指成王赐予的禾。[6] 旅：宣告。命：指成王赐禾的诰命。[7] 嘉：美，善。

【译文】

唐叔得到了一种庄稼，它们各自在不同的垄里生根，但是禾穗却长在一起，唐叔把这种庄稼献给了周成王。成王命令唐叔去东方赠给正在东征的周公。史官记录下这件事，写出了《归禾》。

周公收到成王赐给的禾之后，宣布了成王赐禾的诰命。史官据此写出《嘉禾》。

康 诰

【原文】

成王既伐管叔、蔡叔，以殷余民封康叔[1]，作《康诰》《酒诰》《梓材》。

惟三月哉生魄[2]，周公初基作新大邑于东国洛[3]，四方民大和会[4]。侯甸男邦、采卫百工、播民和见[5]，士于周[6]。周公咸勤，乃洪大诰治[7]。

王若曰："孟侯[8]，朕其弟[9]，小子封。惟乃丕显考文王，克明德慎罚[10]；不敢侮鳏寡，庸庸，祗祗，威威，显民[11]，用肇造我区夏[12]，越我一、二邦以修我西土[13]。惟时怙冒[14]，闻于上帝,帝休[15],天乃大命文王。殪戎殷[16],诞受厥命越厥邦厥民,惟时叙[17],乃寡兄勖[18]。肆汝小子封在兹东土[19]。"

王曰:"呜呼!封,汝念哉!今民将在祗遹乃文考[20],绍闻衣德言[21]。往敷求于殷先哲王用保乂民[22],汝丕远惟商耇成人宅心知训[23]。别求闻由古先哲王用康保民[24]。弘于天,若德裕乃身[25],不废在王命[26]!"

王曰:"呜呼!小子封,恫瘝乃身[27],敬哉!天畏棐忱[28];民情大可见,小人难保。往尽乃心,无康好逸豫[29],乃其乂民。我闻曰:'怨不在大,亦不在小;惠不惠[30],懋不懋[31]。'已!汝惟小子,乃服惟弘王应保殷民[32],亦惟助王宅天命,作新民[33]。"

王曰:"呜呼!封,敬明乃罚。人有小罪,非眚[34],乃惟终自作不典[35];式尔[36],有厥罪小[37],乃不可不杀。乃有大罪,非终,乃惟眚灾[38];适尔,既道极厥辜[39],时乃不可杀。"

王曰:"呜呼!封,有叙时[40],乃大明服[41],惟民其敕懋和[42]。若有疾,惟民其毕弃咎[43]。若保赤子[44],惟民其康乂。

"非汝封刑人杀人,无或刑人杀人。非汝封又曰劓刵人[45],无或劓刵人。"

王曰:"外事[46],汝陈时臬司师[47],兹殷罚有伦[48]。"又曰:"要囚[49],服念五、六日至于旬时,丕蔽要囚[50]。"

王曰:"汝陈时臬事罚[51]。蔽殷彝,用其义刑义杀[52],勿庸以次汝封[53]。乃汝尽逊曰时叙[54],惟曰未有逊事[55]。已!汝惟小子,未其有若汝封之心[56]。朕心朕德,惟乃知。

"凡民自得罪[57]:寇攘奸宄,杀越人于货[58],暋不畏死,罔弗憝[59]。"

王曰:"封,元恶大憝,矧惟不孝不友[60]。子弗祗服厥父事[61],大伤厥考心;于父不能字厥子,乃疾厥子[62];于弟弗念天显[63],

周成王讨伐管叔、蔡叔后,把殷商遗民封给康叔。

乃弗克恭厥兄；兄亦不念鞠子哀[64]，大不友于弟。惟吊兹[65]，不于我政人得罪，天惟与我民彝大泯乱[66]。曰：乃其速由文王作罚[67]，刑兹无赦。

"不率大戛[68]，矧惟外庶子、训人惟厥正人越小臣、诸节[69]。乃别播敷造民[70]，大誉弗念弗庸，瘝厥君；时乃引恶[71]，惟朕憝。已！汝乃其速由兹义率杀[72]。

"亦惟君惟长[73]，不能厥家人越厥小臣、外正[74]；惟威惟虐，大放王命[75]；乃非德用义。

"汝亦罔不克敬典，乃由裕民[76]，惟文王之敬忌；乃裕民曰：'我惟有及[77]。'则予一人以怿。"

王曰："封，爽惟民迪吉康[78]，我时其惟殷先哲王德[79]，用康义民作求[80]。矧今民罔迪，不适[81]；不迪，则罔政在厥邦。"

王曰："封，予惟不可不监，告汝德之说于罚之行[82]。今惟民不静，未戾厥心，迪屡未同[83]，爽惟天其罚殛我[84]，我其不怨。惟厥罪无在大，亦无在多，矧曰其尚显闻于天[85]。"

王曰："呜呼！封，敬哉！无作怨，勿用非谋非彝蔽时忱。丕则敏德[86]，用康乃心[87]，顾乃德，远乃猷，裕乃以[88]；民宁，不汝瑕殄[89]。"

王曰："呜呼！肆[90]！汝小子封。惟命不于常[91]，汝念哉！无我殄享[92]，明乃服命，高乃听[93]，用康义民。"

王若曰："往哉！封，勿替敬，典听朕告[94]，汝乃以殷民世享[95]。"

【主旨讲解】

康叔，名封，周武王的同母弟。周公东征，杀死了叛乱的武庚、管叔，放逐了蔡叔，把先前由武庚统治的殷民封给康叔，立康叔为卫君，居住在黄河与淇水之间的殷商旧地。周公担

周公告诫康叔，不可赦免罪大恶极之人。

心康叔年轻，难以治理殷商遗民，于是周公对康叔发表了这篇诰词。史官记录下这篇诰词，写成《康诰》。

《康诰》的内容可分六部分：第一部分是序。第二部分周公总结历史经验，指明尚德慎刑是治殷的根本原则。第三部分告诫康叔要尚德保民。第四部分告诫康叔要慎用刑罚，具体阐述了施用刑罚的五项准则和四条刑律。第五部分告诫康叔要以仁德教化殷民。第六部分告诫康叔必须遵从教命，巩固周王朝的统治。《康诰》反映了周初的政治思想和司法制度，对于研究我国古代政治史和思想史，具有重要的参考价值。

【注解】

[1] 殷余民：殷商遗民。[2] 三月：指周公摄政第四年的三月。哉：始。魄：同"霸"，月光。哉生魄：指每月的初二、初三前后。[3] 基：经营，建造。新大邑：指王城。洛：洛水。[4] 和：会。会：聚集。[5] 邦：指邦君。百工：百官。播民：移民，指殷民。和见：会见。[6] 士：同"事"，服务。[7] 洪：代替。治：治理殷民的法则。[8] 孟侯：诸侯之长，指康叔。孟：长。[9] 其：的。[10] 明德：崇尚德教。慎罚：慎用刑罚。[11] "不敢"五句：庸庸：任用可用的人。祗祗：尊敬可敬的人。威威：威慑应该威慑的人。显民：显示给民众。[12] 用：因此。肇（zhào）：开始。造：造就。区：小。夏：周国自称。[13] 越：与。修：治理。[14] 时：这。怙：大。冒（xù）：通"勖"，勉励。[15] 休：高兴。[16] 殪（yì）：死，这里指灭亡。戎殷：大殷。[17] 时：承。叙：基业。[18] 寡兄：大兄，指周武王。[19] 东土：卫国在东方的黄河与淇水之间，所以称东土。[20] 在：观察。遹（yù）：遵循。[21] 绍：尽力。闻：听取。衣：通"殷"。[22] 乂：治理。[23] 惟：考虑。耇成人：指德高望重的长者。耇（gǒu）：老。宅心：安定民心。知训：明智的教训。[24] 别：另外。由：对于。康：安康。[25] 若：顺从。裕：指导。[26] 废：止。在：终，完成。[27] 恫（tōng）：痛。瘝（guān）：病。[28] 畏：通"威"。忱：诚信。[29] 豫：乐。[30] 惠不惠：使不顺从的人顺从。惠：顺从。[31] 懋：努力。[32] 服：职责。弘：大，宽宏。应：受。[33] 作：振作。新：革新。[34] 眚（shěng）：过失。[35] 终：始终，经常。典：法。[36] 式尔：因而，这样。[37] 有：即使。[38] 眚灾：因过失而造成的灾害。[39] "适

尔"两句：适尔：偶然这样。道：说。极：尽。[40] 叙：顺从。[41] 服：诚服。[42] 敕：告诫。和：顺。[43] 咎：罪恶。[44] 赤子：指小孩。[45] 劓：割鼻的刑罚。刵（èr）：断耳的刑罚。[46] 外事：断案的事。[47] 陈：陈列，公布。臬：法律。司：治理。师：狱官。[48] 有伦：有条理。[49] 要：通"幽"，幽禁。囚：犯人。[50] 服念：思考。丕：乃。蔽：判断。[51] 事罚：施行刑罚。[52]"蔽殷彝"两句：蔽殷彝：用殷法判断案件。彝：法。义：合理。[53] 勿庸：不用。次：通"恣"，顺从。[54] 乃：如果。逊：顺从。时叙：承顺。[55] 惟：宜，应当。[56] 其：语气助词。有：或。若：顺从。[57] 自得罪：由此而犯罪。自：由。[58] 越：抢劫。[59] 憝（duì）：怨恨。[60] 矧：也。孝：善事父母。友：善事兄弟。[61] 服：治理。[62]"于父"两句：于：为。字：爱。疾：厌恶。[63] 天显：天伦。[64] 鞠子：幼子，指小弟弟。哀：痛苦。[65] 吊：到。兹：这，指上述情况。[66]"不于"两句：政人：执法的人。罪：惩罚。泯：混乱。[67] 由：用。[68] 率：遵循。戛：法。[69] 庶子、训人、小臣、诸节：均为官职名称。[70] 播敷：播布，传播。造：应为"告"。[71] 引：增长。[72] 率：捕捉。[73] 君、长：指诸侯。[74] 小臣：内侍官员。外正：外官。[75] 放：违背，放弃。[76] 由裕：教导。[77] 及：继承。[78] 爽惟：语气助词。迪：教导。吉：善。[79] 时：时时。其：将要。惟：思念。[80] 求：通"逑"，匹配。[81] 适：善。[82] 于：与。行：道。[83] 屡：屡次。同：和谐。[84] 殛：诛责。[85] 曰：通"聿"，语气助词。[86] 丕则：于是。敏：勤勉，努力。[87] 乃：其，指殷民。[88]"远乃猷"两句：猷：通"徭"，徭役。以：用，指日常用品。[89] 瑕：病，挑毛病，责备。殄：绝。[90] 肆：努力。[91] 命：天命。[92] 享：对祖先的祭祀。[93]"明乃"两句：明：明白。服命：职责和使命。高：敬。[94] 典：常。[95] 以：与。世享：世世代代享有殷国。

【译文】

　　周成王平定管叔、蔡叔之乱以后，把殷商的遗民封给康叔，周公奉成王之命告诫康叔。史官把周公的诰词记录下来，写成《康诰》《酒诰》《梓材》三篇。

　　三月初，周公开始在东方的洛水岸边修筑一座大城邑，四方的臣民都聚集到这里来。侯服、甸服、男服的邦君，采服、卫服的百官,以及殷商的遗民都来会见,为周王室效命。周公普遍慰劳他们,于是代成王告谕治理殷民的方法。

王(周公)这样说:"康叔,我的弟弟,年轻的封啊!你的圣明伟大的先父文王,能够

周公告诫康叔遵从教命,巩固周王朝的统治。

崇尚德教,慎用刑罚;从不欺侮孤苦无依的人,他重用应当任用的人,尊重值得尊敬的人,威慑应该威慑的人,并把这些都显示给民众,因此开创了我们周国的基业,与周边的几个邦国共同治理西方。文王这种十分勤勉的德行,被上帝知道了,上帝很高兴,就给文王降下大命。灭掉殷国,接受上天的大命,治理殷商的遗民,继承文王的事业,则是长兄武王努力所致。所以你这年轻人才被分封在东方的卫国啊!"

王(周公)说:"是啊,封!你要好好考虑!现在臣民都在注视着你,看你是否恭敬地继承你父亲文王的传统,依照他的遗训来治理国家。你到殷后,要努力了解殷商遗民的心态,懂得怎样使他们顺服。另外,你还要访求古时圣明帝王的治国之道,以安定民心。要比天还宽宏,使臣民体验到你的恩德,不停地完成王命!"

王(周公)说:"啊,年轻的封!治理国家要经受痛苦的磨难,可要小心谨慎啊!威严的上天辅助心诚的人,这可以通过民心表现出来,小人却难以治理。你去那里要尽心尽力,不要贪图安逸享乐,这样才能治理好国家和百姓。我听说:'民怨不在于大,也不在于小;要使不顺从的人顺从,使不努力的人努力。'啊!你这年轻人,你的职责重大,我们君王受上天之命来保护殷民,你要协助君王完成上天降下来的大命,努力改造殷民,使他们振作起来。"

王(周公)说:"啊!封,对刑罚要谨慎严明。如果一个人犯了小罪,而不是过失,还经常做一些违法的事;这样,虽然他的罪

过很小，却不能不杀。如果一个人犯了大罪，但不是一贯如此，而只是由过失造成的灾祸；这是偶然犯罪，可以按法律给予适当处罚，不应把他杀掉。"

王（周公）说："啊，封，如果你能按照上面的去做，就会使臣民顺服，臣民就会互相劝勉，和顺相处。要像医治病人一样，尽力让臣民抛弃自己的过错。要像护理孩子一样保护臣民，使他们健康安宁。

"除了你封可以惩罚并杀人之外，任何人都无权惩罚人、杀人。除了你封可以下令割罪人的鼻子和耳朵外，任何人都不能施行割鼻断耳的刑罚。"

王（周公）说："审讯断案，你宣布这些法律来管理狱官，这样在殷地施行刑罚才会有条理。"王又说："囚禁犯人，必须考虑五六天，甚至十多天，这样才可以判决他们。"

王（周公）说："你宣布了这些法律后，要依据它们来惩治罪犯。根据殷商的刑罚来判罪时，该用刑的就用刑，该杀的就杀掉，不要照你的意思来行事。如果完全按照你的意思行事才叫顺从，那么就没有顺从的事。唉！你还是个年轻人，不可顺从你的意思。我的心愿和德行，只有你才能了解。"百姓大凡都是因为这些行为而犯罪：盗窃、抢掠、内外作乱、杀人越货、强横不怕死，这些罪行没有不痛恨的。"

周公告诫康叔，要惩罚不能用德来治理的民众。

王（周公）说："封，罪大恶极的人，也有些是不孝顺、不友爱的。儿子不恭身侍奉父亲，大伤父亲的心；父亲不怜爱儿子，反而厌恶儿子；弟弟不顾天伦，不尊敬他的兄长；兄长不顾念弟弟的痛苦，对弟弟很不友爱。父子兄弟之间的关系到了这种地步，如果执政者不去惩罚他们，那么上帝赐予民众的常法就会出现大混乱。所以说，你要尽快运用文王制定的惩罚措施，惩罚这些人，不要宽恕他们。

"不遵循国家大法的人，也有些是诸侯国的庶子、训人、正人、小臣、诸节等官员。他们另外发布政令，告谕百姓，大肆称誉那些违反国家法令的人，危害国君；这就助长了恶人的嚣张气焰，我非常痛恨那些人。唉！你要尽快根据这些罪行捕杀他们啊。

"还有一些诸侯，他们不能管束并教育好自己的家人和内外官员，致使他们作威作福，完全违背王命；对于这些人，不能用德教来治理，只能用惩罚的方式来治理。

"你也不能不遵守法令，教导臣民的时候，要考虑文王的敬德忌恶；你要教导臣民说：'我只为了继承文王的传统。'那么，我会感到很高兴。"

王说："封，教化民众才能使他们善良安定，我们要时时思念殷商贤王的德政，好好治理殷商遗民，以媲美商代贤明的君王。何况现在的殷民，如果不好好引导，他们就不知向善；不加以教导，殷国就没有德政了。"

王说："封，我们不能不了解民情，我已经把施行德政和刑罚的意见告诉你了。现在殷民的情绪不安定，他们的心还没有安定下来，屡次教导他们，仍没有合顺，这是上天要惩罚我们，我们不应该心怀怨愤。殷民的罪过，无论大小和多少，我们都应勇于承担，何况上天已察觉到殷民不安宁的状况了呢！"

王说："啊！封，要谨慎啊！不要制造怨恨，不要采用不周全的计谋，不要执行不恰当的措施，否则就会闭塞你的诚信之心。要努力施行德政，以稳定殷民之心；顾念他们的善德，减轻他们的徭役，为他们提供日用所需；这样，人民安定了，上天就不会责罚你了。"

王说："啊！努力吧！年轻的姬封。天命无常，你要记住啊！不要断绝对我们祖先的祭祀，要明白你的职责和使命，敬慎地对待你所听到的一切,用来治理安定这里的百姓。"

王这样说:"去吧!姬封,不要抛弃美善的德行,要经常听取我的教导,这样,你和殷民就能世世代代享用殷国的土地了。"

酒 诰

【原文】

王若曰:"明大命于妹邦[1]。乃穆考文王[2],肇国在西土[3]。厥诰毖庶邦庶士越少正御事朝夕曰[4]:'祀兹酒[5]。'惟天降命,肇我民[6],惟元祀[7]。天降威[8],我民用大乱丧德,亦罔非酒惟行[9];越小大邦用丧,亦罔非酒惟辜。

周公告诫姬封,殷商君臣要强行戒酒。

"文王诰教小子有正有事[10]:无彝酒[11]。越庶国[12]:饮惟祀,德将无醉[13]。惟曰我民迪小子惟土物爱,厥心臧[14]。聪听祖考之遗训,越小大德[15]。

"小子惟一妹土[16],嗣尔股肱[17],纯其艺黍稷[18],奔走事厥考厥长。肇牵车牛,远服贾用[19],孝养厥父母;厥父母庆[20],自洗腆,致用酒[21]。

"庶士有正越庶伯君子,其尔典听朕教!尔大克羞耇惟君[22],尔乃饮食醉饱。丕惟曰尔克永观省[23]。作稽中德[24],尔尚克羞馈祀。尔乃自介用逸[25],兹乃允惟王正事之臣[26]。兹亦惟天若元德,永不忘在王家[27]。"

王曰:"封,我西土棐徂[28],邦君御事小子尚克用文王教,不腆于酒[29],故我至于今,克受殷之命。"

王曰:"封,我闻惟曰:'在昔殷先哲王迪畏天显小民,经德秉哲[30]。自成汤咸至于帝乙[31]，成王畏相[32]。惟御事，厥棐有恭，不敢自暇自逸，矧曰其敢崇饮[33]？越在外服[34]，侯甸男卫邦伯；越在内服，百僚庶尹惟亚惟服宗工越百姓里居[35]，罔敢湎于酒。不惟不敢，亦不暇，惟助成王德显越，尹人祗辟[36]。'

"我闻亦惟曰：'在今后嗣王[37]，酣[38]，身厥命，罔显于民祗[39]，保越怨不易[40]。诞惟厥纵[41]，淫泆于非彝[42]，用燕丧威仪[43]，民罔不盡伤心[44]。惟荒腆于酒，不惟自息乃逸[45]。厥心疾很，不克畏死[46]。辜在商邑，越殷国灭，无罹[47]。弗惟德馨香祀，登闻于天[48]；诞惟民怨，庶群自酒[49]，腥闻在上。故天降丧于殷，罔爱于殷，惟逸。天非虐，惟民自速辜[50]。'"

王曰："封，予不惟若兹多诰[51]。古人有言曰：'人无于水监[52]，当于民监。'今惟殷坠厥命，我其可不大监抚于时[53]！予惟曰汝劼毖殷献臣[54]，侯甸男卫，矧太史友、内史友、越献臣百宗工[55]，矧惟尔事、服休服采[56]，矧惟若畴[57]，圻父薄违、农父若保、宏父定辟[58]：'矧汝刚制于酒[59]。'

"厥或诰曰：'群饮。'汝勿佚[60]，尽执拘以归于周，予其杀[61]。又惟殷之迪诸臣惟工[62]，乃湎于酒，勿庸杀之，姑惟教之[63]。有斯明享[64]，乃不用我教辞，惟我一人弗恤弗蠲[65]，乃事时同于杀[66]。"

王曰："封，汝典听朕毖[67]，勿辩乃司民湎于酒[68]。"

【主旨讲解】

殷代末年，风气奢华，酗酒乱德，纣王曾建造酒池肉林，放纵淫乐。卫国原是殷商旧地，周公担心这种殷商恶习会酿成大乱，所以代替成王向新任卫国国君康叔发表诰词。史官记录这篇诰词，写成《酒诰》。

《酒诰》与《康诰》同为一序，其内容可分为三部分：第一部分阐述戒酒的重要性，告诫卫国臣民饮酒要有节制。第二部分以正反两方面总结殷商戒酒兴国和纵酒亡国的历史教训。第三部分宣布禁酒的法令条例。

《酒诰》反映了周公改易恶俗的思想，对于巩固政权极其重要，具有很强的史料价值。

【注解】

[1] 王：指摄政王周公。明：昭告，宣布。妹邦：指康叔的封

地卫国。妹：通"沫"，卫国的都邑。[2] 乃：当初。穆考：指文王。按古代昭穆制，文王世次当穆。[3] 肇：创建。[4] 诰毖：告诫。庶：众。[5] 兹：则，才。[6] "惟天"两句：惟：语气助词。命：福命。肇：劝勉。[7] 惟：只是。元：大。[8] 威：罚。[9] "我民"两句：用：因此。惟：为。[10] 有正：大臣。有事：小臣。[11] 无：不要。彝：经常。[12] 越：于。庶国：指在诸侯国任职。[13] 将：扶助。德将：以德自助。[14] "惟曰"两句：迪：指导。土物：指粮食。臧：善。[15] 越：发扬。[16] 一：专一。[17] 嗣：用。股肱：脚手。[18] 纯：专心。艺：种植。[19] 服：从事。贾（gǔ）用：指贸易。[20] 庆：高兴。[21] "自洗腆"两句：洗腆：洁治丰盛的饮食。致：得到。[22] 羞：进献。耈：年长者。惟：与。[23] 丕惟：语助词。省：省察。[24] 作：举止。稽：符合。中德：中正之德。[25] 乃：如果。介：通"界"，限制。用逸：行逸，指饮酒。[26] 允：长期。[27] 忘：失。[28] 棐徂：辅助。徂：通"助"。[29] 腆：丰厚。[30] "在昔"两句：惟：有。迪：语助词。天显：指天命。经：行。秉：持。哲：敬。[31] 咸：通"覃"，延续。[32] 成王：有成就的君王。畏相：敬畏辅臣。[33] 崇：纵，尽情。[34] 外服：外官，指诸侯。[35] 百僚：百官。庶尹：众长。亚：副官。服：任事的官。宗工：宗室的官员。百姓里居：百官中退休而住在家里的人。[36] 尹：正。[37] 后嗣王：指商纣王。[38] 酣：嗜酒。[39] 民祇：百姓的疾苦。祇：通"疧"，病。[40] 保越：安于。易：改。[41] 诞：大。惟：为。纵：淫乱。[42] 泆：通"佚"，乐。[43] 燕：通"宴"，宴饮。[44] 衋（xì）：伤痛。[45] 逸：过失。[46] 克：肯。[47] 罹：忧虑。[48] 登：升。[49] 庶群：指纣王的群臣。自酒：私自饮酒。[50] 速：招致。[51] 惟：想。若兹：如此。[52] 监：察看。[53] 其：难道。监抚：省察。抚：览。[54] 劼：谨慎。毖：告。献臣：遗臣。[55] 矧：又。友：同僚。[56] 事：治事官员。服休：掌管游宴的官员。服采：管理朝祭的官员。[57] 若：你。畴：指下文的三卿。[58] 圻（qí）父：指司马，掌管军事。薄：讨伐。农父：司徒，掌管农业。若：顺。保：养。宏父：司空，掌管土地。辟：法度。[59] 刚：强。制：断绝。[60] 佚：放纵。[61] 执拘：逮捕。其：将要。[62] 迪：辅佐。惟：与。[63] 姑：暂且。[64] 享：劝导。[65] 恤：怜惜。蠲（juān）：免除。[66] 事：治理。时：这种人。同：一样。

[67]典:听。毖:告。[68]辩:使。司民:治理民众的官员。

【译文】

王这样说:"你要到卫国去宣布一项重大命令。你那尊敬的先父文王,在西方的土地上创建了周国。他从早到晚告诫各国诸侯、各位卿士和各级官员说:'只有祭祀时才可以饮酒。'上天降下旨意,劝勉我们的臣民,只能在大祭时才可以饮酒。后来,上天降下惩罚,我们的臣民犯上作乱,丧失了道德,这是因为酗酒造成的;那些大大小小的诸侯国之所以灭亡,也无非就是因为君臣过度纵酒的缘故。

商纣王纵酒淫乐导致亡国。

"文王还告诫在朝中担任大小官职的人们:不要经常饮酒。告诫在诸侯国任职的人们:只有祭祀时才可以饮酒,饮酒时要用道德约束自己,不要喝醉了。文王还告诫我们的臣民,要他们爱惜粮食,使他们心地善良。我们要好好听取先祖留下的遗训,发扬各种美德。

"殷民们,你们要一心留在故土,用你们自己的手脚,专心致志地种好庄稼,勤勉地侍奉自己的父兄。努力牵牛赶车,到外地去做生意,以孝敬和赡养你们的父母;父母高兴,自己动手置备丰盛的饮食,这时你们可以饮酒。

"各级官员们,希望你们经常听取我的意见!只要你们能向老人和国君进献酒食,你们就可以吃饱饭、喝足酒了。只要你们能经常省察自己,使自己的行为举止符合中正的美德,你们就可以参与王室的祭祀活动了。如果你们能够约束自己不纵酒,就可以长期担任王室的治事官员了。这也是上天所赞赏的大德,王室将永远不会忘记你们这些臣属。"

王说："封啊，我们西方的诸侯和官员，常常能够遵从文王的教导，从不多喝酒，所以我们到今天能够承受治殷的天命。"

王说："封，我听到有人说：'过去，殷商的先人明王畏惧天命和百姓，施行德政，保持恭敬。从成汤延续到帝乙，明君贤相都时常考虑着如何治理好国家。那些治事之臣，颁布政令都很认真，不敢偷闲享乐，何况敢聚众饮酒呢？在外地的侯、甸、男、卫等诸侯，在朝中的各级官员、宗室贵族以及退居在家的官员，都不敢沉溺于纵酒。不但不敢这样做，就是敢做也没有闲暇的工夫，他们只想着显扬君王的美德，让百官恭敬地奉事君王。'

"我又听到有人说：'近世的商纣王，沉溺于纵酒，自以为有命在天，不体察民间的疾苦，面对百姓的怨恨而不知悔改。他大肆纵酒淫乐，过分贪图安逸而违反常法，因宴乐而丧失了威仪，臣民没有不痛心的。商纣王只想着纵酒，不想停止作乐。他心肠狠毒，不能用死亡来威吓他。他在商都作恶，对于殷国的灭亡，从来没有忧虑过。没有明德芳香的祭祀升闻于天；只有百姓的怨气和群臣私自饮酒的酒气升闻于天。上帝知道了，于是对殷商降下灾祸，不再眷顾殷商，这就是淫乐纵酒的缘故。上帝并不暴虐，是殷民自己招致了灾祸。"

王说："封啊，我不想如此反复告诫你了。古人说：'人不应该把水面当作镜子来察看自己，而应当把民情当作镜子来察看自己。'现在殷商已经丧失了国运，难道我们不应该好好地省察自己吗？我想告诉你，你要谨慎地告诫殷商的遗臣、诸侯国君和各级官员，对他们说：'你们要强行戒酒啊！'

"假如有人报告说：'有人群聚饮酒。'你不要放纵他们，要把他们全部抓起来，并把他们押送到京城，我将杀掉他们。假如殷商的辅臣和官员沉溺于纵酒，就先不要杀掉他们，暂且先教育他们。有了这样明显的政令，如果还有人违反我的政令，我就不再怜惜他们，不再赦免他们，同治理聚众纵酒的人一样将他们杀掉（绝不姑息）。"

王说："姬封，你要经常遵从我的告诫，不要让你的官员纵酒啊！"

梓　材

【原文】

王曰："封，以厥庶民暨厥臣达大家[1]，以厥臣达王惟邦君[2]，汝若恒[3]。

"越曰我有师师、司徒、司马、司空、尹旅[4]，曰：'予罔厉杀人[5]。'亦厥君先敬劳，肆徂厥敬劳[6]。

"肆往[7]，奸宄、杀人、历人，宥[8]；肆亦见厥君事、戕败人[9]，宥。

"王启监，厥乱为民[10]。曰：'无胥戕[11]，无胥虐，至于敬寡，至于属妇[12]，合由以容[13]。'王其效邦君越御事，厥命曷以[14]？'引养引恬[15]'。自古王若兹，监罔攸辟[16]！

"惟曰：若稽田[17]，既勤敷菑[18]，惟其陈修[19]，为厥疆畎[20]。若作室家，既勤垣墉[21]，惟其涂墍茨[22]。若作梓材，既勤朴斲[23]，惟其涂丹雘。

"今王惟曰[24]：先王既勤用明德[25]，怀为夹，庶邦享作[26]，兄弟方来[27]。亦既用明德，后式典集[28]，庶邦丕享[29]。

"皇天既付中国民越厥疆土于先王，肆王惟德用[30]，和怿先后迷民[31]，用怿先王受命[32]。已！若兹监，惟曰欲至于万年[33]，惟王子子孙孙永保民[34]。"

【主旨讲解】

梓材，本义是指上等的木材，这里用来比喻治国要加倍努力的道理。康叔被封为卫国国君后，周公告诫康叔如何治理殷民。因诰词中周公用了"若作梓材"这个比喻，所以史官在记录这篇诰词时以《梓

周公认为，教化百姓好比彩饰用贵重木材制作的家具。

周公告诫康叔，营造了洛邑还要施行明德。

材》为题。

《梓材》与《康诰》《酒诰》同为一序，《梓材》的内容可分两部分：第一部分阐述了治理殷商故地的具体政策：即顺从常典、慰劳邦君、宽恕罪人、安抚百姓。第二部分申述制定上述政策的理由，勉励康叔施行明德、和睦殷民，努力完成先王未竟的大业。

本篇中周公的宽民政策，对安定殷民起了重要作用，是研究周初统治策略的重要文献。

【注解】

[1] 以：由。暨：和。达：至。大家：指卿大夫。家：大夫的封地。[2] 王：指诸侯。惟：与。邦君：国君。[3] 若：顺从。恒：常，指常典。[4] 越：句首语气词。师师：众位官长。尹：正，指大夫。旅：众士。[5] 厉：杀戮无罪的人。[6] 肆：努力。徂：去。劳：慰劳。[7] 肆往：往日。[8] 历：俘虏。宥：宽恕。[9] 见：泄露。戕（qiāng）：残害。[10]"王启监"两句：启：建立，设立。监：指诸侯，由于公、侯、伯、子、男各监一国，所以称诸侯为监。乱：通"率"，大都。为：教化。[11] 胥：相互。[12]"至于"两句：敬：通"鳏"，老而无妻的人。寡：丧夫的妇人。属妇：指孕妇。[13] 合：同。由：教导。以：和。容：宽容。[14] 曷：何。以：用。[15] 引：长。恬：安。[16] 攸：所。辟：通"僻"，偏。[17] 稽：治。[18] 敷：布，播种。菑：新开垦的土地。[19] 陈修：治理。陈：治。[20] 疆：地界。畎（quǎn）：田间水沟。[21] 垣（yuán）：矮墙。墉：高墙。[22] 涂：完成。墍（xì）：涂上泥巴。茨：用茅草盖顶。[23] 朴：剥去树皮。斫（zhuó）：砍削。[24] 王：指王家。惟：思考。[25] 用：施行。[26] 怀：来。夹：通"郏"，洛邑。享：进献。作：劳作。[27] 方：国。[28] 后：指诸侯。式：因此。典：常。集：会合，指朝会。[29] 丕：乃，于是。[30] 肆：今。[31] 和怿：和悦。先后：指导。迷民：指殷商遗民中的顽固分子。[32] 怿：通"致"，完成。[33] 惟：思考。欲：将。[34] 惟：使。

【译文】

王说:"封啊,从殷的老百姓和它的大臣到卿大夫,从它的官员到诸侯和国君,你都要让他们遵守常典。

"你要告诉我们的众位官长、司徒、司马、司空、大夫和众士说:'我不会滥杀无辜。'要先恭谨地慰劳邦君,然后再努力让他们去恭谨地慰劳臣民。

"过去内外作乱、杀人、虏人的罪犯,现在都要赦免;过去泄露国家大事、残害他人身体的罪犯,也要宽恕。

"王者设立诸侯,大都是为了教化百姓。他说:'不要相互残害,不要相互虐待,对于鳏夫寡妇和孕妇,要同样教导和宽慰他们。'君王教导诸侯国君和诸侯国的官员,他的诰命是什么呢?那就是'不断地教化万民,不断地安抚万民'。自古以来,做君主的都是如此,你去监督时不要有所偏差。

"我想,这就好比种田,既然已经勤劳地开垦、播种,就要想到整治土地,修筑田界,开挖水沟。又好比建造房屋,既然已经辛苦地筑起了墙壁,就要继续涂泥和盖顶。又好比用贵重木材制作器具,既然已经辛苦地剥去树皮并做成了家具,就要完成彩饰工作。

"现在我们王家考虑:先王已经努力施行明德,营造了洛邑,建立了国家,四方的异邦都来进贡,兄弟之国也都来归附。如今我们也要像先王那样施行明德,那么诸侯也会依据常例来朝见,众多的邦国也会前来进贡。

"上天既已把天下的臣民和疆土赐予先王,当今的国君就只能施行德政,来和悦、教导殷商那些迷惑的人民,用以完成先王所承受的天命。唉!像这样来监督治理殷民,我想你的国运将延续万年而不衰,使王家的子子孙孙长久地拥有殷民。"

召 诰

【原文】

成王在丰,欲宅洛邑[1],使召公先相宅[2],作《召诰》。
惟二月既望,越六日乙未[3],王朝步自周,则至于丰[4]。

惟太保先周公相宅。越若来三月，惟丙午朏[5]。越三日戊申，太保朝至于洛，卜宅[6]。厥既得卜，则经营[7]。越三日庚戌，太保乃以庶殷攻位于洛汭[8]。越五日甲寅，位成。

若翼日乙卯[9]，周公朝至于洛，则达观于新邑营[10]。越三日丁巳，用牲于郊[11]，牛二。越翼日戊午，乃社于新邑[12]，牛一，羊一，豕一。越七日甲子，周公乃朝用书命庶殷侯甸男邦伯[13]。厥既命殷庶，庶殷丕作[14]。

太保乃以庶邦冢君出取币[15]，乃复入锡周公[16]。曰："拜手稽首旅王，若公诰告庶殷越自乃御事[17]。

"呜呼！皇天上帝改厥元子，兹大国殷之命[18]。惟王受命，无疆惟休，亦无疆惟恤[19]。呜呼！曷其奈何弗敬[20]？

"天既遐终大邦殷之命[21]，兹殷多先哲王在天，越厥后王后民，兹服厥命[22]。厥终，智藏瘝在[23]。夫知保抱携持厥妇子[24]，以哀吁天，徂厥亡，出执[25]。呜呼！天亦哀于四方民，其眷命用懋[26]。王其疾敬德[27]！

"相古先民有夏[28]，天迪从子保[29]，面稽天若[30]，今时既坠厥命[31]。今相有殷，天迪格保[32]，面稽天若，今时既坠厥命。今冲子嗣[33]，则无遗寿耇[34]，曰其稽我古人之德[35]，矧曰其有能稽谋自天[36]？

"呜呼！有王虽小，元子哉。其丕能诚于小民[37]。今休[38]：王不敢后[39]，用顾畏于民碞[40]；王来绍上帝[41]，自服于土中[42]。

"旦曰：'其作大邑，其自时配皇天[43]，毖祀于上下[44]，其自时中乂[45]；王厥有成命治民。'今休：王先服殷御事[46]，比介于我有周御事[47]，节性惟日其迈[48]。

"王敬作所[49]，不可不敬德。

"我不可不监于有夏[50]，亦不可不监于有殷。我不敢知曰[51]：有夏服天命，惟有历年[52]；我不敢知曰：不其延[53]。惟不敬厥德，乃早坠厥命。我不敢知曰：有殷受天命，惟有历年；我不敢知曰：不其延，惟不敬厥德，乃早坠厥命。今王嗣受厥命，我亦惟兹二国命，嗣若功[54]。

"王乃初服[55]。呜呼！若生子[56]，罔不在厥初生，自贻哲命[57]。今天其命哲[58]，命吉凶，命历年；知今我初服，宅新邑。肆惟王其疾敬德[59]！王其德之用，祈天永命。

"其惟王勿以小民淫用非彝[60]，亦敢殄戮用乂民，若有功[61]。其惟王位在德元[62]，小民乃惟刑用于天下，越王显[63]。上下勤恤，其曰我受天命[64]，丕若有夏历年[65]，式勿替有殷历年[66]。欲王以小民受天永命[67]。"

拜手稽首，曰："予小臣，敢以王之仇民百君子越友民[68]，保受王威命明德[69]。王末有成命[70]，王亦显。我非敢勤[71]，惟恭奉币，用供王能祈天永命[72]。"

【主旨讲解】

周公摄政七年以后，把朝政交给了已长大成人的周成王。随后，成王决定重建洛邑，委派召公主持营建工程。在营建过程中，周公和成王先后到洛邑视察，于是召

周成王决定重建洛邑，于清晨全面视察了新邑的区域。

公率领各国诸侯朝见成王和周公，并发表诰词。史官据此写成了《召诰》。

《召诰》的内容可分六部分：第一部分是序。第二部分史官记述营建洛邑的过程。第三部分召公分析了当时周王朝的形势，希望成王继续倚重周公。第四部分赞美成王营建洛邑的决定。第五部分总结夏商灭亡的教训，勉励成王施行德政。第六部分表明拥戴成王的心意。

【注解】

[1] 丰：周文王时的国都，后来武王迁都镐京，但文王庙仍在丰地。宅：居住。[2] 召公：曾辅佐武王灭商，成王时任太保，与周公分陕而治。相：勘察。宅：指宗庙、宫室、朝市的位置。[3] 二月：指成王七年的二月。既望：指阴历十六日。越：到。[4] 王：指周成王。朝：早晨。周：指镐京，在今西安市西南。至于丰：到丰地文王庙祭告。[5] 越若：句首语助词。来：表示将来，未来。朏：新月初生，一般代指每月初三。[6] 卜宅：卜问所选地址的吉凶。[7] 得卜：

卜得吉兆。经营：指测量地基。古代称直径为经，周长为营。[8] 以：率领。攻位：测定宗庙、宫室、朝市的位置。洛汭：指洛水流入黄河的地方。[9] 若：到。翼日：指第二天。[10] 达观：通看一遍。营：所经营的区域。[11] 用牲：指祭祀。郊：都邑的南郊，古代祭天在南郊。[12] 社：祭祀土神。[13] 用书：发布文告。[14] 丕：大。作：指动工兴建。[15] 以：与。冢君：大君。币：玉帛之类的礼物。[16] 锡：进献。[17] 旅王：向成王陈述。旅：陈述。若：顺从。诰告：发表诰词来告谕。越：与。自：用。乃：其。[18] 元子：指天子。兹：通"已"，终止。[19] 无疆：指无穷无尽。休：吉祥。恤：忧患。[20] 曷其、奈何：同义复用，意在加强语气。[21] 遐：远，久。[22] 服：受。[23] 厥终：后王之终，指纣王末年。瘝：病，这里指作恶的人。[24] 夫：男子。保：背负。[25] 吁：呼告。徂：通"诅"，诅咒。出执：指脱离困境。[26] 哀：哀怜。眷：顾念，关怀。用：因此。懋：转移。[27] 疾：加速。[28] 相：观察。[29] 迪：教导。从：顺从。子保：慈保，指贤人。[30] 面：通"勔"，努力。稽：考察。天若：天之所顺。[31] 坠：丧失。[32] 格保：嘉保，指贤人。[33] 冲子：稚子，年轻人，指成王。嗣：即位。[34] 遗：多余。[35] 曰：语助词。[36] 矧：何况。[37] 丕：大。諴：和。[38] 休：美事。[39] 后：迟缓。[40] 用：因。民嵒：指殷民参差不齐，难以治理。嵒：通"岩"，险峻，参差不齐。[41] 绍：卜问。[42] 服：治。土中：指九州的中心洛邑。[43] 自时：从此。配：配享。配皇天：指祭天时用周的祖先配天受祭。[44] 毖：谨慎。上下：指天地神灵。[45] 时中：这个中心，指洛邑。[46] 先：重视。服：用。[47] 比介：亲近。[48] 节：和顺。迈：进。[49] 所：居所，指新邑。作：建造。[50] 监：鉴戒。[51] 敢：表敬副词。[52] 历年：多少年。[53] 其：助词。延：延续，长久。[54] 若：他们的。[55] 初服：初理政事。[56] 生：养，教养。[57] 贻：传授。哲：明。[58] 命：给予。[59] 肆：所以。疾：加速。[60] 其：希望。以：使。淫：过度。彝：法。[61] 若：就。[62] 位：居。元：首。[63] 刑：同"型"，效法。用：行。越：发扬。显：显德。[64] 上下：指君臣。其：或许。[65] 丕：语助词。[66] 式：语助词。替：废止。[67] 以：与。[68] 予小臣：召公谦称。仇民：指殷商遗民。百君子：指殷的众官员。越：与。友民：顺从周王朝的臣民。[69] 保：安。[70] 末：终。[71] 勤：慰劳。[72] 供：进献。能：善

【译文】

周成王在丰邑祭祀文王，打算迁都到洛邑，于是派召公到洛邑去考察地址。史官把这件事记录下来，写成《召诰》。

二月十六日以后，到第六天乙未日，成王早晨从镐京出发，到丰邑去祭告文王。

召公分析周王朝形势，希望成王继续倚重周公。

太保召公在周公之前，到洛邑视察营建的地址。这是三月的丙午日，新月初现光辉。到了第三天戊申日，太保召公于清晨到达洛地，卜问所选的地址是否合适。卜得吉兆之后，就开始筹划测量地基。到了第三天的庚戌日，太保便率领众多殷民，在洛水与黄河汇合的地方测定新邑的位置。过了五天，到了甲寅日，新邑的地址确定下来了。

到了第二天乙卯日，周公于清晨到达洛地，于是就全面视察新邑的区域。又过了三天，到了丁巳日，在南郊用牲祭祀上帝，祭品用了两头牛。第二天戊午日，又在新邑举行祭地的典礼，祭品为牛、羊、猪各一头。到了第七天甲子日，周公就在早晨宣读诰书，命令殷民以及侯、甸、男各国诸侯营建洛邑。向殷民下达命令之后，殷民就开始大举动工了。

太保于是同众国君长出来取了币帛，再入内进献给周公。大保向成王说："请接受我的跪拜之礼，我要向你禀告，请顺从周公的意见发布诰词，告诫殷民并任用殷商的旧臣。

"啊！上帝更换了天下的帝王，结束了大国殷商的国运。所以周朝接受了天命，美好无穷无尽，但忧患也无穷无尽。啊！我怎能不谨慎行事呢？

"上帝早就想结束大邦殷国的国运了，但是殷商众多圣明的先王还在天上，所以殷商后来的君王和臣民，还能继续承受天命。到了纣王末年，圣贤的人都隐遁了，在位的都是些奸邪之徒。人们只知道携妻抱子，悲哀地呼告天帝，诅咒商纣灭亡，以求脱离苦海。啊！上帝也怜悯四方的百姓，它眷顾民众而使周朝接受了天命。大王要赶快认真地施行德政啊！

"回顾古代的夏族先民，上帝教导他们顺从贤人，努力考察天意，可是现在它已经失去了天命。现在再看看殷人，上天也教导他们顺从贤人，努力考察天意，现在殷人也失去了天命。今天你这年轻人继承了王位，却难以得到德高望重之士的辅佐，以考察先王的德政，何况说能够考察天意（以顺应天命）呢？

"啊！王虽然年轻，却是一朝天子啊！您要好好地和悦百姓。现在值得庆幸的是：大王没有迟疑，就在洛地建造新城邑，因为您担心殷民难以治理；您卜问上天，打算亲自在洛邑治理四方。

"姬旦对我说过：'要营建洛邑，要从这里以始祖后稷配祭上帝，谨慎地祭祀天地神灵，要从这个中心地带治理天下；君王已经有定命治理万民了。'现在值得高兴的是：君王重视任用殷商的旧臣，并使他们亲近我们周朝的治事官员，他们的性情逐渐变得和顺起来。

"您虽重视建造新邑，但不可不重视施行德政。

"我们不可不借鉴夏代，也不可不借鉴殷代。我不知道夏代承受天命该有多长时间；我也不敢断言夏朝的国运不会长久。我只知道因为他们不恭谨地施行德政，所以才过早地失去了他们的福命。我不知道殷商承受天命该有多长时间；我也不敢断言殷商的国运不会长久，但我知道因为他们不恭谨地施行德政，所以才过早地失去了他们的福命。现在大王接受了治理天下的大命，我们也该思考这两个国家的命运，以继承他们的功业。

"君王您刚刚处理政事。啊！这就好像教小孩子一样，没有不在他接受启蒙教育时就亲自传授给他明智教导的。现在上天赐给我们贤人，赐给我们美好的事物，赐给我们长久的福命；上帝知道我王初理国事，建造新邑。所以你要认真恭谨地施行德政！希望你明德修政，向上帝祈求周朝国运长久。

"但愿君王不要让老百姓肆意作乱，也不要任意杀戮百姓，这样才会有功绩。愿王能够居于德政的首位，让老百姓能够效法施行，发扬君王的美德。君勤政于上，民忧患于下，也许可以说，我们接受的大命会像夏代那样久远，该不止像殷代那样短暂。愿君臣及百姓共同接受上帝的永久大命。"

召公跪拜叩头，说："我和殷商的臣民以及友善的民众，一定会坚定地接受你的威命，宣扬王的大德。君王你终于做出营建洛邑的决定了，你的圣德也会得到显扬的。我不敢用这微薄的礼品慰劳你，只想恭敬地奉上币帛，以供你好好地祈求上天赐予周国永久福命。"

洛 诰

【原文】

召公既相宅，周公往营成周[1]，使来告卜[2]，作《洛诰》。

周公拜手稽首曰："朕复子明辟[3]。王如弗敢及天基命定命[4]，予乃胤保大相东土[5]，其基作民明辟[6]。

"予惟乙卯，朝至于洛师[7]。我卜河朔黎水[8]，我乃卜涧水东、瀍水西，惟洛食[9]；我又卜瀍水东，亦惟洛食。伻来以图及献卜[10]。"

王拜手稽首曰："公不敢不敬天之休[11]，来相宅，其作周匹[12]，休！公既定宅，伻来，来，视予卜，休恒吉[13]。我二人共贞[14]。公其以予万亿年敬天之休[15]，拜手稽首诲言。"

周公曰："王，肇称殷礼[16]，祀于新邑，咸秩无文[17]。予齐百工[18]，伻从王于周[19]，予惟曰：'庶有事[20]。'今王即命曰：'记功，宗[21]，以功作元祀[22]。'惟命曰：'汝受命笃弼[23]，丕视功载[24]，乃汝其悉自教工[25]。'

"孺子其朋[26]，孺子其朋，其往！无若火始焰焰[27]；厥攸灼叙，弗其绝[28]。厥若彝及抚事如予[29]，惟以在周工往新邑[30]。伻向即有僚[31]，明作有功，惇大成裕[32]，汝永有辞[33]。"

公曰："已！汝惟冲子，惟终[34]。汝其敬识百辟享[35]，亦识其有不享。享多仪[36]，仪不及物，惟曰不享[37]。惟不役志于享[38]，凡民惟曰不享，惟事其爽侮[39]。乃惟孺子颁，朕不暇听[40]。

"朕教汝于朕民彝[41]，汝乃是不蘉[42]，乃时惟不永哉[43]！笃叙乃正父罔不若予[44]，不敢废乃命。汝往敬哉！兹予其明农哉[45]！彼裕我民，无远用戾[46]。"

洛邑建成后,周公与成王讨论定都大事。

王若曰:"公!明保予冲子。公称丕显德[47],以予小子扬文武烈[48],奉答天命,和恒四方民[49],居师[50];惇宗将礼,称秩元祀[51],咸秩无文。惟公德明光于上下,勤施于四方,旁作穆穆[52],迓衡不迷[53]。文武勤教,予冲子夙夜毖祀[54]。"

王曰:"公功棐迪,笃罔不若时[55]。"

王曰,"公!予小子其退,即辟于周[56],命公后[57]。四方迪乱未定[58],于宗礼亦未克敉[59],公功迪将[60],其后监我士师工,诞保文武受民,乱为四辅[61]。"

王曰:"公定[62],予往已。公功肃将祗欢[63],公无困哉!我惟无斁其康事[64],公勿替刑[65],四方其世享。"

周公拜手稽首曰:"王命予来,承保乃文祖受命民,越乃光烈考武王弘[66],朕恭。孺子来相宅,其大惇典殷献民[67],乱为四方新辟,作周恭先[68]。曰[69]:'其自时中乂[70],万邦咸休,惟王有成绩。予旦以多子越御事笃前人成烈[71],答其师,作周孚先[72]。'考朕昭子刑,乃单文祖德[73]。

"伻来毖殷[74],乃命宁予以秬鬯二卣[75]。曰[76]:'明禋,拜手稽首休享[77]。'予不敢宿[78],则禋于文王、武王。'惠笃叙[79],无有遘自疾[80],万年厌于乃德[81],殷乃引考[82]。'王伻殷乃承叙万年,其永观朕子怀德[83]。"

戊辰,王在新邑烝[84]。祭岁,文王骍牛一[85],武王骍牛一。王命作册逸祝册[86],惟告周公其后[87]。王宾杀禋咸格[88],王入太室,祼[89]。王命周公后,作册逸诰[90],在十有二月。

惟周公诞保文武受命[91],惟七年[92]。

【主旨讲解】

　　洛邑建成以后,由谁来居洛治理此地是周王朝面临的重大问题。周公和召公都希望成王居洛主持政事,成王则根据当时殷民不稳的形势，仍要倚重周公治洛，威服天下，安定殷民。君臣反复商讨，最后决定周公继续居洛，治理东方。在成王七年洛邑的冬祭大会上，成王宣布了这一重大决策。史官把君臣的对话和冬祭时的情况记录成篇，写成《洛诰》。

《洛诰》的内容繁杂，大致可分五部分：第一部分是序。第二部分记述周公与成王在洛邑讨论定都大事。第三部分记述在镐京周公劝勉成王赴洛听政，成王接受意见去洛邑。第四部分成王在洛邑分析形势，恳求周公居洛执政，周公接受王命。第五部分记述成王在洛邑举行冬祭，大会诸侯，册告天下周公继续居洛治事。

《洛诰》是巩固周王朝统治的重要诰命，奠定了成康之治的基础，它对于我们研究周代的政治史具有很高的史料价值。

【注解】

[1] 营：营建。成周：指洛邑。[2] 使来：使成王来洛邑。告卜：报告卜得的吉兆。[3] 复：告诉。子：你。明辟：明法，这里指治理洛邑的办法。[4] 如：似乎。及：参与。基：开始。命：告诉。[5] 胤：继。保：太保，指召公。东土：指洛邑。[6] 其：乃，就。基：谋，商量。作：振作。[7] 洛师：指洛邑。[8] 河朔：黄河的北边。黎水：卫河和淇水合流到黎阳故城叫黎水。黎阳故城在今河南省浚县东北。[9] 涧水：发源于河南渑池县，到洛阳西南流入洛水。瀍（chán）水：发源于洛阳西北，到洛阳东流入洛水。惟：仅。食：吉兆。[10] 伻（bēng）：使。图：谋。[11] 休：善。[12] 周：指镐京。匹：匹配。[13] 恒：全都。[14] 贞：承当。[15] 其：希望。以：率领。[16] 肇：始。称：举行。殷礼：会见众诸侯的大礼。殷：众。[17] 秩：次序，这里指安排。文：通"紊"，乱。[18] 齐：率领。百工：百官。[19] 周：指镐京。[20] 庶：或许。事：指祭祀。[21] 宗：宗人，官名，管礼乐的官。[22] 以：按。作：助。元祀：大祀。[23] 受命：受武王顾命。笃：厚。弼：辅助。[24] 视：阅读。功载：记功的书。[25] 乃：于是。悉：尽心。[26] 孺子：小孩，这里指成王。朋：振奋。[27] 焰焰：火微微燃烧的样子。[28] 灼：烧。叙：残余。绝：灭。[29] 若：顺从。抚事：主持政事。[30] 在周工：在镐京的官员。[31] 向即：趋就。僚：官职。[32] 悼：重视。裕：大事。[33] 辞：赞誉。[34] 惟终：考虑完成先王未竟的大业。[35] 识：察识。百辟：众诸侯国君。享：享礼，

朝见的礼节。[36] 多：重视。仪：仪礼。[37] 惟：应该。[38] 役志：用心。[39] 事：政事。爽：差错。侮：轻慢。[40] 暇：通"假"，摄理政务。听：听政。[41] 于：以。棐：辅助。[42] 乃：如果。[43] 时：善，指善政。永：远，推广。[44] 笃：通"督"，督察。叙：升降。正：官长。父：同姓官长。[45] 明农：努力的意思。[46] 用：因此。戾：至。[47] 称：发扬。[48] 以：使。扬：继续。烈：功业。[49] 和恒：和悦。[50] 师：指洛邑。[51] 惇：厚。宗：尊。将：大。称：举行。秩：安排。[52] 旁：普遍。穆穆：美好。[53] 迓：御，掌握。衡：权力。[54] 毖：恭谨。[55] 笃：笃信。若：顺从。[56] 即辟：就君位。[57] 后：继续。[58] 迪：教导。乱：治理。[59] 敉：完成。[60] 将：扶持。[61] 乱：通"率"，语助词。四辅：辅助天子处理政务的四种辅臣，即前疑、后丞、左辅、右弼。[62] 定：止，留下。[63] 肃：通"速"，快速。将：行。祗欢：恭敬和悦。[64] 致：厌倦，懈怠。康：安定。[65] 替：废止。刑：通"型"，示范。[66] 越：弘扬。烈：功业。考：先父。弘：宏大。[67] 惇：纯厚。典：礼。献民：贤臣。[68] 周恭：周家的大法。先：先导。[69] 曰：追述之辞。[70] 时：这。中：中央之地。乂：治理。[71] 多子：众卿大夫。笃：理。[72] 周孚：周王城的外城，这里指洛邑。[73] 单：光大。[74] 毖：慰劳。[75] 宁：问候。秬鬯：用黑黍酿成的香酒，多用于祭祀。卣（yǒu）：酒器。[76] 曰：使者转述成王的话。[77] 休：善。享：献。[78] 宿：经宿，隔夜。[79] 叙：顺。[80] 覯：遇。[81] 厌：同"餍"，饱。[82] 引：长久。考：成功。[83] 朕子：我的臣民。怀：思。[84] 烝：祭祀名，指冬祭。[85] 骍（xīn）：赤色。[86] 作册：官名。逸：人名。祝：读。[87] 其：将。后：续。[88] 王宾：助祭的诸侯。杀：杀牲。格：至。[89] 祼（guàn）：祭祀仪式，用酒献尸，然后灌入土地之中。[90] 诰：告谕天下。[91] 保：担任。[92] 七年：指成王七年。

【译文】

　　召公勘察了宗庙、宫室和朝市的地址以后，周公前往洛地营建洛邑，并派使者请成王来洛邑，把卜得的吉兆禀告给成王。史官把诰词记录下来，写成《洛诰》。

　　周公跪拜叩头说："我告诉你治理洛邑的方法。你似乎不敢接受上天从前告诉我们的成命，我继太保召公之后，全面视察了洛邑，就与召公制定了使百姓振作起来的重大决策。

"我在乙卯日的清晨到达了洛邑。我先占卜了黄河以北的黎水地区，又占卜了涧水以东、瀍水以西的地区，结果仅有洛地是吉利的；我还占卜了瀍水以东的地区，也只有洛地是吉利的。于是我才请您来商量，并献上卜兆。"

成王跪拜叩头说："周公你不敢不敬重上帝赐予的福泽，亲自前来勘察新都的地址，将营建与镐京相匹配的新邑，这很好啊！你既然已经选定地址，让我来，我就来了，又让我看了吉兆，我看到

成王恳求周公居洛执政，周公接受王命。

卜兆全都是吉利的，感到很高兴。让我们一起承受这一吉祥吧。愿你辅佐我永远敬重上帝赐给的大命！我跪拜叩头接受你的教诲。"

周公说："王啊，你先举行大礼接见诸侯，在新邑举行祭祀，一切都准备就绪了。我率领百官，让他们在镐京跟随你来到新邑，我对他们说：'或许就要举行祭祀了。'现在你就下命令，说：'记下功绩，宗人率领功臣举行大祭祀。'又命令说：'你接受先王遗命，督导辅助君王，你全面查阅记功的册书，然后你要亲自悉心指导这件事。'

"君王你要振奋，要振奋，要到洛邑去！不要像刚点燃的火那样微弱；那燃烧的余火，决不能让它熄灭。你要像我那样恭谨地顺从常法，认真地处理政事，率领在镐京的百官到洛邑去。使他们各就其职，勉励他们建立功勋，完成先王的大业，这样你就能永享美誉。"

周公说："唉！你虽然是个年轻人，却也该考虑完成先王未完成的大业。你应该认真考察诸侯君长的朝见之礼，也要识察那些不注重礼节的。进献朝见注重礼节，假如礼节赶不上礼物，应该叫作不享。因为诸侯对享礼不尽心，没有诚意，老百姓就会认为可以不享。这样，政事就会荒废。我急想你来分担政务，我没有闲暇管这么多事情了。

"我教给你导引百姓的法则,假如你不努力做这些事,你的善政就不会得到推广啊!你要像我那样监督、升降你的官员和同姓邦君,这样他们就不敢废弃你的政教法令了。你到新邑去,要认真啊!现在我们要奋发努力啊!去教导我们的臣子和百姓,不论远近,四方的民众都会前来归附我们的。"

王这样说:"公啊!请你努力保护我这个年轻人吧!你发扬伟大光显的美德,使我继承文王、武王的大业,承受天命,使天下的百姓和悦地居住在洛邑;你光大礼仪,举行盛大的祭祀仪式,一切都进行得有条不紊。你的美德照耀天地,你辛勤地治理天下,普遍推行美好的德政,掌握大权却没有犯下过失。你以文王、武王的德业引导我,我这年轻人就从早到晚恭谨地进行祭祀好了。"

王说:"你善于辅导,我真的无不顺从。"

王说:"周公啊!我就要回镐京了,在镐京就位了,请你继续留下来治理洛邑。四方经过治理,还没有完全安定下来,宗礼也没有完成,你擅长教导和扶持百姓,要继续监督我们的各级官员,安定文王、武王所接受的殷民,做我的辅政之臣。"

王说:"你留下来吧,我要前往镐京了。你要安定好殷民,使他们生活和悦,你不要以为困苦啊!我回到镐京之后,一定会努力熟悉政事,你要不停地为我做出示范,四方诸侯将会世世代代来到周国朝贡。"

周公跪拜叩头说:"君王你命令我到洛邑来,继续保护你的先祖文王所接受的殷民,宣扬光大你的先父武王的伟大德业,我遵从你的命令。王来视察洛邑,考虑到要使殷商贤良的臣民都敬德守法,于是制定了治理四方的新法,做创立周法的先导。我曾说过:'要是从这九州的中心地带开始治理,各国都会高兴,君王也会取得功绩。我姬旦率领众位卿大夫和治事官员,经营先王

成王在洛邑册告天下,周公继续居洛治事。

的成业，集合众人，做修建洛邑的先导。'如果你能实现以上所说的法则，你就能发扬光大先祖文王的美德。

"你派使者来洛邑慰问殷民，又送来两卣黍香酒问候我。使者传达王命说：'举行隆重的祭天活动时，须在跪拜叩头之后好好地进献。'我不敢停留过夜，于是立即用香酒祭祀文王、武王。我祷告说：'愿我们一切顺利，不要遇上什么罪疾，使我们能够长久地享受你的恩德，殷事就能长久，最终取得成功。'但愿君王你能让殷民永远顺从我，那么你将会永远看到臣民思念你的盛德。"

戊辰这天，成王在洛邑举行冬祭，向先王报告岁事，用一头红色的牛祭祀文王，还用一头红色的牛祭祀武王。成王命令史官逸宣读册文，报告文王、武王周公将继续留下来治洛。助祭诸侯在杀牲祭祀先王的时候都来到了，成王走进太室，举行灌祭仪式。成王命令周公继续治理洛邑，史官逸诰谕天下，时间在十二月。

周公继续留在洛邑承担文王、武王所赐予的大命，时间是成王七年。

多 士

【原文】

成周既成[1]，迁殷顽民，周公以王命诰[2]，作《多士》。

惟三月[3]，周公初于新邑洛，用告商王士。

王若曰："尔殷遗多士！弗吊旻天[4]，大降丧于殷[5]。我有周佑命，将天明威[6]，致王罚，敕殷命终于帝[7]。肆尔多士[8]！非我小国敢弋殷命[9]，惟天不畀允罔固乱[10]，弼我，我其敢求位[11]？惟帝不畀，惟我下民秉为，惟天明畏[12]。

"我闻曰：'上帝引逸[13]。'有夏不适逸则[14]，惟帝降格，向于时夏[15]。弗克庸帝，大淫泆有辞[16]。惟时天罔念闻[17]，厥惟废元命，降致罚[18]；乃命尔先祖成汤革夏，俊民甸四方[19]。

"自成汤至于帝乙，罔不明德恤祀[20]。亦惟天丕建保乂有殷[21]，殷王亦罔敢失帝[22]，罔不配天其泽[23]。在今后嗣王[24]，诞罔显于天，矧曰其有听念于先王勤家[25]？诞淫厥泆，罔顾于天显民祗[26]，惟时上帝不保，降若兹大丧[27]。

"惟天不畀不明厥德[28]，凡四方小大邦丧，罔非有辞于罚。"

王若曰："尔殷多士，今惟我周王丕灵承帝事[29]，有命曰'割殷[30]，告敕于帝。'惟我事不贰适[31]，惟尔王家我适。予其曰惟尔洪无度[32]，我不尔动，自乃邑。予亦念天，即于殷大戾[33]，肆不正[34]。"

王曰："猷[35]！告尔多士，予惟时其迁居西尔，非我一人奉德不康宁[36]，时惟天命。无违，朕不敢有后[37]，无我怨。

"惟尔知，惟殷先人有册有典[38]，殷革夏命。今尔又曰：'夏迪简在王庭，有服在百僚[39]。'予一人惟听用德[40]。肆予敢求于天邑商[41]，予惟率肆矜尔[42]。非予罪，时惟天命！"

王曰："多士，昔朕来自奄[43]，予大降尔四国民命[44]。我乃明致天罚，移尔遐逖[45]，比事臣我宗多逊[46]。"

王曰："告尔殷多士，今予惟不尔杀，予惟时命有申[47]。今朕作大邑于兹洛，予惟四方罔攸宾[48]，亦惟尔多士攸服奔走臣我多逊[49]。

"尔乃尚有尔土，尔乃尚宁干止[50]。尔克敬，天惟畀矜尔[51]；尔不克敬，尔不啻不有尔土[52]，予亦致天之罚于尔躬[53]！

"今尔惟时宅尔邑，继尔居[54]；尔厥有干有年于兹洛[55]。尔小子乃兴[56]，从尔迁。"

王曰："又曰时予[57]，乃或言尔攸居[58]。"

【主旨讲解】

《多士》是周公告诫殷商遗民中的贵族人士的训导之词。

【注解】

[1] 成周：地名，故址在今河南洛阳东南，距当时的王城有十八里远。[2] 以：用，按。[3] 三月：成王七年三月。[4] 吊：善。旻（mín）天：秋天，这里指上天。[5] 降丧：降下灾祸。[6] 将：奉行。[7] 敕：告。终于帝：被上帝终绝。[8] 肆：现在。[9] 弋：取代。[10] 畀（bì）：给予。允：信。罔：诬。固：通"怙"，仗恃。[11] 其：岂，怎么。[12] 天明：天命。[13] 引：制止。逸：淫逸。[14] 适：合。则：法。[15] 向：劝导。时：这。[16] 淫：游乐。泆：乐。有：又。辞：怠慢。[17] 惟时：于是。念：顾念。闻：通"问"，恤问，怜悯。[18] 致：报，大。[19] 俊民：杰出的人才。甸：治。[20] 恤：谨慎。[21] 保乂：安治。[22] 失：违反。[23] 泽：恩泽。[24] 后嗣王：指纣王。

[25] 矧：何况。听：从。[26] 天显：天意。民祗：人民的疾苦。[27] 若兹：如此。大丧：指亡国之祸。[28] 明：努力。[29] 灵：善。[30] 割：夺取。[31] 适：敌。[32] 予其曰：我怎么会想到。洪：大。度：法度。[33] 即：则。庡：定。[34] 肆：所以。正：治罪。[35] 猷：感叹词。[36] 奉德：秉性。康宁：安定。[37] 后：迟缓。[38] 册、典：记载史实的典籍。[39] 服：职务。百僚：百官。[40] 听用：任用。德：有德的人。[41] 肆：今。求：招来。天邑商：指商都。[42] 肆：宽大。矜：怜惜。[43] 奄：国名，在今山东省曲阜市东。[44] 四国：指管、蔡、商、奄四国。[45] 遐、逖：遥远。[46] 比：近。宗：指周室。逊：恭顺。[47] 申：申述。[48] 惟：考虑。宾：朝贡。[49] 服：服务。臣：臣服。[50] 尚：还。干：安宁。止：语末助词。[51] 畀矜尔：赐予你们怜爱。[52] 不啻：不但。[53] 躬：身。[54] 居：指事业。[55] 有干：有安乐。有年：有丰年。[56] 小子：指子孙。兴：兴旺。[57] 又曰：重申。时：顺从。[58] 乃：才。居：安居。

【译文】

成周建立以后，周王朝就把不服从统治的殷商旧臣迁移到成周，周公依照成王的命令对殷商遗民进行告诫，史官把告诫之辞记录下来，写成《多士》。

周公初到新都洛邑，按成王的命令告诫殷商旧臣。

成王七年三月，周公第一次来到新都洛邑，按照成王的命令告诫殷商旧臣。

周王这样说："殷商遗民们听着！商纣不敬重上天，上天把亡国之祸降给了殷商。我们周国帮助执行了上天的命令，奉行上天的威严，施行王者的诛罚，宣告殷朝的天命在上帝那里终绝了。如今，你们这般旧臣听着！这不是我们周国敢于取代殷朝的国运，只是上天不愿意再把大命给予怙恶不悛之徒，决心要你们灭亡，因此上天才帮助周国；我们哪里敢妄求王位呢！上帝不愿意再把大命交给你们，这是因为我们万民的所作所为符合天意并顺应天命。

周公向殷商旧臣说明迁移殷民是顺从天命。

"我听说:'上帝不让人们淫乐。'然而夏桀的行为不合于游乐之道,所以上帝就布下了教命,对夏桀进行劝导。夏桀没有接受上帝的教命,反而更加狂荡起来,处处表现了他的罪状。于是上天就不再顾念怜悯他,毅然废掉了夏朝的国运,降下亡国的惩罚。于是就命令你们的先祖成汤取代夏桀,并选用贤能之士治理四方。

"从成汤到帝乙,没有不努力施行德政和谨慎祭祀的。也因为上天扶持商朝,安定殷商的民众,所以殷商的君王都不敢违反天意,无不配合上帝施行恩泽。可是到了最后的一位嗣王纣,他完全不明天道,何况说他听从顾念先王为国勤劳的教导呢?他放纵淫乐,绝对不顾念上天的旨意及人民的疾苦,所以上帝就不再保佑他,降下了这样大的灾祸。

"上天不把天命赐予那些不致力于施行德政的人。所有四方大小国家的灭亡,没有一个不是因为怠慢上天而招致惩罚的。"

王说:"殷商的旧臣们!现在,因为我们周国的先王能好好地顺承天命,所以上帝降下命令说:'你们去惩罚殷商,并告诉上天。'我们讨伐殷商但不把你们当作敌人,只是和商朝的王室敌对起来。我怎么能料到你们这么不守法度,我并没有对你们采取行动,可是你们却先从你们的封地发动了叛乱。我也考虑了天意,所以在平定叛乱之后,不再治你们这些人的罪。"

王说:"啊!我告诫你们!我在这时把你们迁移到西方来居住,不是我的秉性好动,因为这是上天的命令,违背不得!我不敢延误上天的命令,你们不要怨恨我!

"如你们所知:殷的先人传下来的典册,上面记载着殷革夏命的事迹。现在你们中间有人根据这段历史,说道:'当年有许多夏人被任用选拔到商朝,百官之中少不了他们的职位。'我只任用有德之人。现在我把你们从商都招来，只是想怜悯你们。这不是我的罪过，实在是要顺从上天的命令啊！"

王说："殷朝的众位臣子们！前些时候我从奄国回来，曾对你们管、蔡、商、奄四地的臣民下了一道命令，然后我才努力施行上天的惩罚，把你们移到遥远的地方，让你们亲近我们的管事官吏，臣服于我们周室，恭顺地为周室效劳。"

王又说："告诉你们这些殷商的遗民！现在我不杀你们，但我还是把以前的命令重申一下。现在我在洛水旁造起这座大城，为的是四方的民众都聚集到这里而没有一个被拒绝，也为了你们众臣能恭顺地臣服于我们周室。

"你们还可以有自己的封地，你们还可以享受安宁的生活。如果你们对周室恭敬，上天就会赐予你们怜爱。如果不能，那么你们不但不能保住你们的封地，我还要把上天的责罚施加到你们的身上。

"如今你们应该好好地住在城邑之中，然后继续你们的事业；在洛邑也有安乐和丰年。从你们迁来之后，你们的后代也会兴旺发达起来的。"

最后，王说："我再次重申，你们要顺从我，这样才可以说你们安居下来了。"

无 逸

【原文】

　　周公作《无逸》。

　　周公曰："呜呼！君子所，其无逸[1]！先知稼穑之艰难，乃逸[2]，则知小人之依[3]。相小人[4]，厥父母勤劳稼穑，厥子乃不知稼穑之艰难[5]，乃逸乃谚[6]。既诞[7]，否则侮厥父母曰[8]：'昔之人无闻知[9]。'"

　　周公曰："呜呼！我闻曰：昔在殷王中宗[10]，严恭寅畏[11]，天命自度[12]，治民祗惧[13]，不敢荒宁[14]。肆中宗之享国七十有五年[15]。

　　"其在高宗[16]，时旧劳于外，爰暨小人[17]。作其即位，乃或亮阴[18]，三年不言。其惟不言，言乃雍[19]。不敢荒宁，嘉靖殷邦[20]。至于小大，无时或怨[21]。肆高宗之享国五十有九年。

"其在祖甲[22]，不义惟王，旧为小人[23]。作其即位。爰知小人之依，能保惠于庶民[24]，不敢侮鳏寡。肆祖甲之享国三十有三年。

"自时厥后，立王生则逸[25]。生则逸。不知稼穑之艰难，不闻小人之劳，惟耽乐之从[26]。自时厥后，亦罔或克寿[27]，或十年，或七八年，或五六年，或四三年。"

周公曰："呜呼！厥亦惟我周太王、王季，克自抑畏[28]。文王卑服，即康功田功[29]。徽柔懿恭[30]，怀保小民，惠鲜鳏寡[31]。自朝至于日中昃[32]，不遑暇食，用咸和万民[33]。文王不敢盘于游田[34]，以庶邦惟正之供[35]。文王受命惟中身[36]，厥享国五十年。"

周公还政于成王之后，告诫成王不要贪图享乐。

周公曰："呜呼！继自今嗣王[37]，则其无淫于观、于逸、于游、于田[38]，以万民惟正之供。无皇曰[39]：'今日耽乐。'乃非民攸训，非天攸若[40]，时人丕则有愆[41]。无若殷王受之迷乱[42]，酗于酒德哉！"

周公曰："呜呼！我闻曰：'古之人犹胥训告[43]，胥保惠，胥教诲，民无或胥诪张为幻[44]。'此厥不听，人乃训之，乃变乱先王之正刑[45]，至于小大。民否则厥心违怨[46]，否则厥口诅祝[47]。"

周公曰："呜呼！自殷王中宗及高宗，及祖甲，及我周文王，兹四人迪哲[48]。厥或告之曰[49]：'小人怨汝詈汝[50]。'则皇自敬德[51]，厥愆，曰：'朕之愆，允若时[52]。'不啻不敢含怒，此厥不听，人乃或诪张为幻。曰：'小人怨汝詈汝。'则信之，则若时：不永念厥辟[53]，不宽绰厥心，乱罚无罪，杀无辜。怨有同，是丛于厥身[54]。"

周公曰："呜呼！嗣王其监于兹[55]。"

【主旨讲解】

周公在以《召诰》《洛诰》两篇吸取夏商教训谆谆告诫成王之后，

又以《无逸》一篇，沿用前两文同样的精神，进一步教诲成王不要贪图逸乐而要知稼穑艰难和小民之疾苦，发表了这篇语挚情殷的告诫之词。

【注解】

[1] 其：表祈使。[2] 乃：才，然后。[3] 小人：指民众。依：通"隐"，疾苦。[4] 相：看。[5] 乃：却。[6] 乃：就。谚：通"喭"，粗野不恭敬。[7] 诞：长久。[8] 否则：于是。侮：轻慢。[9] 昔之人：指老年人。[10] 中宗：太戊，殷代第五世贤君。[11] 严恭：外貌庄重恭谨。寅畏：内心谦敬谨慎。[12] 度：制约。[13] 祗惧：敬畏。[14] 荒宁：荒废政事而求安逸。[15] 肆：所以。享国：指在帝位。[16] 高宗：武丁，殷代第十一世贤君。[17] 爰：于是。暨：惠顾，爱护。[18] 或：又。亮：信任。阴：沉默。[19] 雍：和顺。[20] 嘉：善。靖：治理，安定。[21] 时：此人，指高宗。或：有。[22] 祖甲：武丁的儿子帝甲，殷代第十二世贤君。[23] 旧：久。[24] 保：发。惠：爱护。[25] 立王：在位的君王。生：产生，确立。[26] 耽：沉溺。从：追求。[27] 罔或：无有。克：能够。寿：长寿。[28] 抑：谨慎。畏：敬畏。[29] 即：就，从事。康功：指开垦荒地。[30] 徽：和。懿：美。[31] 鲜：善。[32] 日中：指正午。昃（zè）：太阳偏西。[33] 用：以。咸：和。[34] 盘：乐，沉溺。游：游乐。田：打猎。[35] 正：赋税。供：进献。[36] 受命：接受天命，即君位。中身：中年。[37] 继自今：从今以后。[38] 淫：过分。观：观赏。[39] 皇：通"偟"，宽慰。[40] 若：善。[41] 丕则：于是。愆：过错。[42] 受：指纣王受。[43] 胥：互相。训告：劝导。[44] 诪（zhōu）张：欺诈。幻：诈骗。[45] 正刑：政策法令。[46] 否则：于是。违：恨。[47] 诅祝：诅咒。[48] 迪哲：通达明智。[49] 或：有人。[50] 詈（lì）：骂。[51] 皇：更加。[52] 允：确实。时：这样。[53] 辟：法。[54] 丛：聚集。[55] 监：通"鉴"，鉴戒。

【译文】

周公发表诰词，史官把周公的这段诰词记录下来，写成《无逸》。

周公说："啊！君主居于上位，就不该贪图安逸啊！先了解耕种和收获的艰难，之后再去享受安逸的生活，就能明白民众的疾苦了。看那些小民，他们的爹娘在田地上用尽了劳力，可是他们的儿子却不知道耕种与收获的艰难，只知道贪图享乐，对父母不恭不敬。时间久了，就轻慢无礼地对爹娘说道：'老一辈的人懂得些什么！'"

周公说："啊！我听说：从前殷王中宗，外表庄重恭谨，内心谦恭谨慎，以天命约束自己的言行，怀着敬畏之心治理国家，安抚百姓，不敢荒废政事而贪图安逸。所以中宗享国七十五年。

"到了高宗，他早年做太子时，长期在外劳作，（懂得民众的艰辛，）所以他爱护民众。后来他做了天子，就又信任冢宰而沉默不语，三年之内他不轻易谈论政事。由于他不轻易说话，所以话语一出就会成为四方的法则；他不敢懈怠安逸，能够很好地治理殷商。殷商上至群臣，下至百姓，没有一个对他有怨言的。所以高宗享国五十九年。

"祖甲认为代兄称王不合情理，于是就逃到民间，做了很长时间的平民。后来祖甲即位，他了解民众的疾苦，能够安抚和爱护民众，连那些孤苦无依的人都不敢轻慢。所以祖甲享国三十三年。

"从此以后，嗣立王位的人选一旦确立了，就只知道安逸享乐，不知道种田的艰辛，不了解民众的疾苦，只是寻欢作乐。从这以后，殷商的王也没有一个能够长期主政的，在位的时间或十年，或七八年，或五六年，或只有三四年。"

周公说："啊！也只有我们周室的太王和王季能够谨慎敬畏地处理政事。文王秉承这两位先王的德行，也曾做过卑下的工作，不但开过荒，也种过地。他的性格又仁爱恭敬，始终关怀爱护百姓，并亲善那些孤苦无依的人。从早晨到日中，再到日斜，常常腾不出空闲工夫吃饭，这是为了使民众关系和睦。文王不敢沉溺于游玩和打猎，不敢享用各国进献来的赋税。因此，他即位的时候虽已到了中年，但还能在位五十年之久。"

周公说："啊！从今以后继位的君王，千万不要沉溺于玩赏、安逸、游乐、田猎，不要只让民众进献赋税供自己享乐。不要自我安慰说：'只在今天玩乐一下。'须知道这不是人民所允许的，也不是上天所赞成的，（如果这样，）这个人就犯下过失了。（再叮咛一句话，）千万不要像殷王纣那样迷惑昏乱，把酗酒作为酒德啊！

周公说："啊！我听说：'古时的君主和臣民常互相劝导，互相爱护，互相教诲，所以人们也就没有互相诈骗欺瞒的。'如果不听从这些话,(不接受别人的劝导,)人们就会只顺着自己的私愿,就会变更先王的正法,延及大大小小的一切法令。人们于是就会在心里怨恨你,就会从嘴里咒骂你。"

周公说:"啊!从殷王中宗到高宗、到祖甲,再到我们周族的文王,这四个人都是圣明的君主。如果有人告诉他们说:'有些民众在怨你骂你呀!'他们就更加谨慎地省察自己的德行了。如果发现在某些事情上犯了过错,就连忙自我承认,说:'我的过错确实是这样啊!'他们不但不生气,还认为如果不能听到这些话,人们就会互相欺瞒诈骗。有人说:'民众在怨你骂你呢!'如果相信这些话,就不能长久考虑国家的法度,不能使自己胸怀宽阔,一定把那些无罪的人轻则乱罚、重则乱杀,那么沸腾的怨气必有所归,自然集中到你一个人身上了!"

最后,周公说:"啊!继位的王要以此为借鉴啊!"

周公认为君子要了解耕种收获的艰难,不可贪图安逸。

君 奭

【原文】

　　召公为保,周公为师[1],相成王为左右[2]。召公不说[3],周公作《君奭》。

　　周公若曰:"君奭!弗吊天降丧于殷[4],殷既坠厥命[5],我有周既受。我不敢知曰:厥基永孚于休[6]。若天棐忱[7],我亦不敢知曰:其终出于不祥。

　　"呜呼!君已曰:'时我[8],我亦不敢宁于上帝命[9],弗永远念天威越我民;罔尤违[10],惟人。在我后嗣子孙[11],大弗克恭上下,遏佚前人光在家[12],不知天命不易,天难谌[13],乃其坠命,弗克经历[14]。嗣前人，恭明德，在今。

"予小子旦非克有正[15]，迪惟前人光施于我冲子[16]。又曰：'天不可信。'我道惟宁王德延[17]，天不庸释于文王受命[18]。"

公曰："君奭！我闻在昔成汤既受命，时则有若伊尹[19]，格于皇天[20]。在太甲[21]，时则有若保衡[22]。在太戊[23]，时则有若伊陟、臣扈[24]，格于上帝；巫咸乂王家[25]。在祖乙，时则有若巫贤[26]。在武丁，时则有若甘盘[27]。

"率惟兹有陈[28]，保乂有殷，故殷礼陟配天[29]，多历年所[30]。天惟纯佑命[31]，则商实百姓王人[32]，罔不秉德明恤[33]。小臣屏侯甸，矧咸奔走[34]。惟兹惟德称，用乂厥辟[35]，故一人有事于四方，若卜筮罔不是孚[36]。"

公曰："君奭！天寿平格[37]，保乂有殷，有殷嗣，天灭威[38]。今汝永念，则有固命，厥乱明我新造邦[39]。"

公曰："君奭！在昔上帝割申劝宁王之德[40]，其集大命于厥躬[41]？惟文王尚克修和我有夏[42]；亦惟有若虢叔，有若闳夭，有若散宜生，有若泰颠，有若南宫括[43]。"

又曰："无能往来，兹迪彝教[44]，文王蔑德降于国人[45]。亦惟纯佑秉德，迪知天威，乃惟时昭文王迪见冒[46]，闻于上帝，惟时受有殷命哉。

"武王惟兹四人尚迪有禄[47]。后暨武王，诞将天威，咸刘厥敌[48]。惟兹四人昭武王惟冒，丕单称德[49]。

"今在予小子旦，若游大川，予往暨汝奭其济[50]，小子同未在位[51]，诞无我责收，罔勖不及[52]，耇造德不降[53]，我则鸣鸟不闻，矧曰其有能格[54]？"

公曰："呜呼！君肆其监于兹[55]！我受命无疆惟休，亦大惟艰。告君，乃猷裕我[56]，不以后人迷[57]。"

公曰："前人敷乃心[58]，乃悉命汝，作汝民极[59]。曰：汝明勖偶王[60]，在亶乘兹大命[61]，惟文王德丕承，无疆之恤[62]！"

公曰："君！告汝，朕允保奭[63]。其汝克敬以予监于殷丧大否[64]，肆念我天威[65]。予不允惟若兹诰[66]，予惟曰：'襄我二人，汝有合哉[67]？'言曰：'在时二人，天休滋至[68]；惟时二人弗戡[69]，'其汝克敬德，明我俊民[70]，在让后人于丕时[71]。"

"呜呼！笃棐时二人[72]，我式克至于今日休[73]。我咸成文王功于[74]！不怠丕冒，海隅出日[75]，罔不率俾[76]。"

公曰："君！予不惠若兹多诰[77]，予惟用闵于天越民[78]。"

公曰："呜呼！君！惟乃知民德亦罔不能厥初[79]，惟其终[80]。祇若兹[81]，往敬用治[82]。"

【主旨讲解】

周成王年幼，周公旦长期摄政，为了搞好和同时当政辅国的大臣召公奭的团结，特意阐述了大臣对治国的重要性，而大臣之间和衷共济尤为重要，因而总结了历史教训，对召公奭做了这样一篇讲话。由于周公直呼"君奭"，故以此为篇名。

天降丧于殷。

【注解】

[1]师：太师，官名，三公之一。[2]相：辅佐。左右：这里指君王身边的辅弼大臣。[3]说：通"悦"，高兴。[4]吊：善。[5]坠：丧失。[6]基：始。孚：通"付"，给予。休：美。[7]若：顺从。棐（fěi）：辅助。忱：诚信。[8]时：通"恃"，依靠。[9]宁：安。[10]尤：过失。违：违误。[11]在：考察。[12]遏：止。佚：失。[13]谌（chén）：信。[14]经历：长久。[15]旦：周公旦。正：改正。[16]施：延及，传给。冲子：童子，指后辈。[17]道：同"迪"，语助词。宁王：文王。[18]庸释：舍弃。[19]时：当时。若：这。伊尹：成汤的大臣。[20]格：嘉许。[21]太甲：成汤的孙子。[22]保衡：指伊尹。伊尹名衡，任太保之职。[23]太戊：太甲的孙子。[24]伊陟、臣扈：都是太戊的贤臣。[25]巫咸：太戊的大臣。乂：治理。[26]巫贤：祖乙的大臣。[27]甘盘：武丁的贤臣。[28]率：语助词。有陈：有道的贤臣。陈，道。[29]陟：升，指帝王之死。[30]所：时。[31]纯：专心。佑：帮助。[32]百姓：指王室的异姓官员。王人：王室的同姓官员。[33]恤：谨慎。[34]矧：也。奔走：指效劳。[35]乂：同"艾"，辅助。辟：君王。

[36] 孚：信。[37] 平格：中正和平。[38] 灭：断绝。威：罚。[39] 乱：治理。明：光大。造：建。[40] 割（hé）：通"曷"，为什么。申：重复。劝：劝勉。[41] 集：降下。[42] 修：治理。和：和谐。有夏：指中国，中央之国。[43] 若：此。南宫括：文王时的贤臣。[44] 兹：通"孜"，努力。迪：开导。彝：常。[45] 蔑：无。[46] 惟时：于是。昭：通"诏"，帮助。迪：治道。见：显著。冒：进。[47] 四人：武王时，虢叔已死，还剩闳夭、散宜生、泰颠、南宫括四人。迪：犹，还。有禄：指活着。[48] 刘：杀。[49] 单：尽。称：称赞。[50] 其：谋求。[51] 小子：周公谦称。同未：通"恫昧"，无知。[52] 勖：勉励。[53] 耇造德：老成有德之臣。[54] 矧：何况。格：嘉许。[55] 肆：今。监：看。[56] 猷裕：教导。[57] 以：使。[58] 前人：指武王。敷：表明。乃：其。[59] 悉：详尽。极：表率。[60] 明勖：努力。偶：通"耦"，辅助。[61] 亶：诚心。乘：承受。[62] 恤：忧虑。[63] 允：信任。保：太保。[64] 其：表祈请。以：与。大否：大祸。[65] 肆：长。[66] 允：语助词。惟：只。[67] 合：合意，志同道合。[68] 滋：更加。[69] 戡：胜任。[70] 明：显用，提拔。[71] 在：终。让：通"襄"，帮助。丕时：继承。[72] 笃：确实。棐：通"匪"，不是。[73] 式：还。休：美。[74] 咸：共同。于：乎。[75] 隅：边远之地。[76] 率俾：顺从。[77] 惠：通"惟"，想。[78] 闵：忧虑。越：与。[79] 德：行为。能：善。初：开头。[80] 终：结尾。[81] 若：善。[82] 往：勤劳。用：以。

【译文】

周成王时，召公任太保，周公任太师，他们一起辅佐成王，成为成王身边的辅弼大臣。召公在处理朝政时感到不悦，周公对他谈了自己的意见。史官把周公的谈话记录下来，写成《君奭》。

周公这样说："君奭啊！由于殷人不能很好地奉行天命，所以上天把丧亡之祸降给了殷人。现在殷人已经丧失了他们的福命，而我们周室承受了天命。但是我不敢说我们周室已开始的基业就能永久地延续下去。顺从上天，诚信地顺从天意，我也不敢断言王业的结局将是不美好的。

"啊！你曾经说过：'依靠我们自己，就能治理好国家，但是我们也不敢安于天命，也不敢不长久地顾念上天的威严和安抚我们的人民。要想没有过错，全在于人。考察我们的后嗣子孙，大多不能奉承恭顺上天，不能继承发扬先王的光辉事业，不知道天命难得，天意也难以信赖，他们将失去天命，不能长久。继承文王、武王的德业，恭敬地施行德政，就在今天了！'

"我姬旦无法纠正你的错误看法，只想把文王的光辉德业传给我们的后辈。你还说过：'上天是不可信赖的。'我们只有继承和发扬文王的美德，才会使上天不厌弃文王所承受的福命！"

周公说："君奭啊！我听说昔日商王成汤受了天命后，当时就有伊尹这样的贤臣辅助他，受到了上天的嘉许。殷王太甲即位后，则有贤臣太保衡（的辅佐）。太戊时有贤臣伊陟、臣扈，也得到了上帝的嘉许；还有贤臣巫咸辅助他治理周朝。祖乙即位后，当时就有贤臣巫贤。武丁时期，则有贤臣甘盘（的辅佐）。

"因为有了这些贤臣处理殷商的朝政，所以殷礼规定，君王死后，其神灵能够配享上天的祭祀，这种礼制延续了很多年，未曾改变。上天专心帮助教导下民，于是商朝所有异姓之臣和同姓之臣莫不秉承其德业，明恤其政事了。君王身边的亲近重臣及诸侯官员，也都奔走效命。诸臣因为有美德而被推举，来辅佐我们的君王，所以君王施政于四方，天下的臣民就像信奉卜筮的灵验一样，没有不信奉君王的教令的。"

周公说："君奭啊！上天使中正平和的官员长寿，让他们安心治理殷商，于是商王世代相继，上天也不给殷商降下灾祸。现在你可以深入思考这些问题，并探知天命，以治理我们这个新建的国家。"

周公说："君奭啊！上帝以前为什么再三勉励文王修德，把大命集中在他的身上呢？因为只有我们文王能够使华夏的部落团结起来，也因为当时有虢叔、闳夭、散宜生、泰颠、南宫括等贤臣辅佐他。"

周公表示要倚重召公，同心协力辅佐成王。

周公又说:"如果没有这些贤臣辅佐文王,努力施行常教,文王也就无法施恩惠给民众了。也因为上天全力帮助文王保持美德,了解上天的威严,于是诸位贤臣辅佐文王治道显著,上帝知道了,因此才使文王承受了殷的天命!

周公勉励召公共同完成文王的功业。

"武王的时候,这五位贤臣中还有四人健在,他们四位后来跟随武王敬奉天威,诛杀敌人商纣。因为他们四人辅佐武王很努力,所以天下人都称赞他们的美德。

"现在我姬旦像是在大江大河中游行,我需要和你一起渡河才能取得成功。现在我无知却登上大位,如果你不能提出匡正我的意见,也就没有人纠正我的不足了。你这老成有德的人不指导我,我就听不到凤凰的叫声,更何况说受到上天的嘉许呢?"

周公说:"啊!阁下,您现在要看到这些!我们承受天命,虽然有着无穷的好处,却也面临着极大的困难。请你谋划出可以使周室兴盛的种种措施,不要让后人迷惑啊!"

周公说:"我们的前人武王表明了他的心愿,他悉心教导你,命你做民众的表率。并且说:'你要勤勉地辅佐君主,尽心尽力地承担起这个重要的使命啊!要继承文王的圣德,要知道还有无穷的祸患啊!'"

周公说:"君啊!请求你,我所深信的太保奭啊!希望你能恭谨地和我一道吸取殷人亡国的教训,长久地顾虑上天的惩罚。我不但这样向你告请,我还想说:'除了我们两个人,还有与我们同心同德的人吗?'你会说:'正是有我们二人共辅王室,上天才降下更多的喜庆。不过我二人不能独自承担如此重大的天命。'希望你能敬重贤良之士,提拔贤能之人,帮助我王继承先王的德业。

"啊!如果真的没有我们二人,我们周朝能有今日这样的美好吗?我和你都应该成就文王的功业而不懈怠,要使那海边日出之地,也没有人不顺从我们。"

周公说:"君啊!我不愿再三劝说了,我只想关心天命和安抚我们的人民啊。"

周公说:"啊!君!你知道民众行事,开始时没有不好好干的,但是却很少有人能够始终如一,坚持到底。我们要恭谨地善待他们,勤劳恭敬地治理国家!"

蔡仲之命

【原文】

蔡叔既没[1],王命蔡仲,践诸侯位[2],作《蔡仲之命》。

惟周公位冢宰[3],正百工[4],群叔流言[5]。乃致辟管叔于商[6];囚蔡叔于郭邻,以车七乘[7];降霍叔于庶人,三年不齿[8]。蔡仲克庸祗德,周公以为卿士。叔卒,乃命诸王邦之蔡[9]。

王若曰:"小子胡,惟尔率德改行[10],克慎厥猷[11],肆予命尔侯于东土[12]。往即乃封,敬哉!

"尔尚盖前人之愆[13],惟忠惟孝;尔乃迈迹自身[14],克勤无怠,以垂宪乃后[15]。率乃祖文王之彝训[16],无若尔考之违王命[17]。皇天无亲,惟德是辅[18]。民心无常,惟惠之怀[19]。为善不同,同归于治;为恶不同,同归于乱。尔其戒哉!

"慎厥初,惟厥终,终以不困[20]。不惟厥终,终以困穷。懋乃攸绩[21],睦乃四邻,以蕃王室[22],以和兄弟,康济小民[23]。率自中[24],无作聪明乱旧章[25]。详乃视听[26],罔以侧言改厥度[27]。则予一人汝嘉[28]。"

王曰:"呜呼!小子胡,汝往哉!无荒弃朕命[29]!"

【主旨讲解】

蔡仲,名胡,蔡叔的儿子。周公东征平定叛乱后,杀死管叔,把蔡叔囚禁于郭邻,直到蔡叔死后,都没有赦免他。蔡叔的儿子蔡仲能够敬行贤德,于是周公请成王封蔡仲为蔡国的国君。史官记录成王册命,写成《蔡仲之命》。

《蔡仲之命》内容可分三部分:第一部分是序。第二部分史官说明册命蔡仲为国君的原因。第三部分成王表彰蔡仲忠诚孝顺,勉励他慎始谋终，施行德政。

《蔡仲之命》是伪古文。

【注解】

[1]没：通"殁"，死亡。[2]践：登上。[3]冢：大。宰：治。冢宰：周代官名，为百官之长。[4]正：长，百官之长，这里是统领的意思。工：官。[5]群叔：指管叔、蔡叔、霍叔等人。流言：散布谎言。[6]致辟：行法，这里指杀戮。[7]郭邻：地名，在边远地区。乘（shèng）：四匹马拉的车。[8]齿：录用。[9]诸：之于。邦：封。[10]率：遵循。行：指蔡叔的行为。[11]猷：道。[12]肆：所以。侯：做诸侯。[13]盖：掩盖。愆：罪过。[14]迈迹：迈步前进。自：从。身：自己。[15]垂：流传。宪：法。后：后代。[16]率：遵从。彝：常。[17]若：像。考：死去的父亲。[18]是：结构助词。[19]惠：爱。之：结构助词。怀：归附。[20]以：因此。[21]懋（mào）：勉，努力。攸：所。[22]蕃：同"藩"，屏障，这里是保卫的意思。[23]康：安。济：成。[24]自：用。中：不偏不倚的中正之道。[25]旧章：先王的成法。[26]详：审察。视听：所见所闻。[27]侧言：偏颇而不合正道的话。度：法度。[28]予一人：成王自指。嘉：赞许。[29]荒弃：荒废舍弃。

【译文】

蔡叔死后，周成王册命蔡仲为蔡国的国君，蔡仲登上侯位。史官记录这件事，写成《蔡仲之命》。

在周公担任冢宰、统帅百官的时候，他的几个弟弟散布谣言，恶意中伤周公。于是周公把管叔杀死在商地；把蔡叔囚禁在郭邻，用七辆车押送他；把霍叔贬为平民，并规定三年内不得起用他。蔡叔的儿子蔡仲能够恭行美德，周公任用他为卿士。蔡叔死后，周公就请求成王把蔡仲封为蔡国国君。

成王这样说："年轻的姬胡！你能够遵循德教，改正你父亲的恶行，能够谨守臣子之道，所以我命令你到东方做诸侯。你去你的封地以后，要恭敬谨慎啊！

"你应当洗掉你父亲的罪过，思忠思孝；你要从自身开始，迈步向前，并能够勤劳不懈，为你的后代留下值得效法的榜样。你要遵循你祖父文王的常训，不要像你父亲那样违抗王命。上天没亲疏，无偏爱，只佑助贤德的人。民心向背无常主，它只归附惠爱他们的君主。行善的方法各不一样，但都归于天下安治；作恶的方式各不相同，但都归于天下大乱。你要警戒这些啊！

周成王表彰蔡仲忠诚孝顺，封其为蔡国国君。

"无论做什么事情，都慎重对待事情的开端，也要考虑事情的结局，这样，最终不会陷入困境。如果不考虑事情的结局，最终将陷入困迫之中。你要努力做好你所做的事情，与四邻友邦和睦相处，来保卫周王朝，来和谐同姓诸侯，使人民安居乐业。你要遵循并奉行中正之道，不要自作聪明而扰乱了先王的成法。要审慎对待你的所见所闻，不要以偏颇之辞改变法度。如果能做到这些，我就会赞美你。"

成王说："啊！年轻的姬胡，你去吧！到了那里，可不要丢弃我的教导啊！"

成王政

【原文】

成王东伐淮夷，遂践奄[1]，作《成王政》[2]。

将蒲姑

【原文】

成王既践奄，将迁其君于蒲姑[3]，周公告召公，作《将蒲姑》。

【主旨讲解】

《成王政》和《将蒲姑》载于《蔡仲之命》后，只有序，无正文。

【注解】

[1] 遂：于是。践：灭。奄（yǎn）：古国名，在淮夷之北，今山东曲阜附近。[2] 政：同"征"，征伐。[3] 将：行将。迁：迁徙。蒲（bó）姑：地名，在今山东省西南部。

【译文】

周成王东征讨伐淮夷，于是消灭了奄国。史官据此写成《成王政》。

周成王灭亡了奄国以后，行将迁徙奄国的国君到蒲姑，周公把这件事告诉给召公。史官据此写成《将蒲姑》。

多　方

【原文】

成王归自奄[1]，在宗周，诰庶邦[2]，作《多方》。

惟五月丁亥[3]，王来自奄，至于宗周。

周公曰："王若曰：猷[4]！告尔四国多方惟尔殷侯尹民[5]，我惟大降尔命[6]，尔罔不知。洪惟图天之命[7]，弗永寅念于祀[8]，惟帝降格于夏[9]。有夏诞厥逸[10]，不肯戚言于民[11]，乃大淫昏，不克终日劝于帝之迪[12]，乃尔攸闻[13]。厥图帝之命，不克开于民之丽[14]，乃大降罚，崇乱有夏[15]。因甲于内乱[16]，不克灵承于旅[17]。罔丕惟进之恭[18]，洪舒于民[19]。亦惟有夏之民叨懫日钦[20]，劓割夏邑[21]。天惟时求民主[22]，乃大降显休命于成汤[23]，刑殄在夏[24]。

"惟天不畀纯[25]，乃惟以尔多方之义民[26]，不克永于多享[27]；惟夏之恭多士[28]，大不克明保享于民[29]，乃胥惟虐于民[30]，至于百为[31]，大不克开[32]。

"乃惟成汤克以尔多方简[33]。代夏作民主。慎厥丽，乃劝[34]；厥民刑，用劝；以至于帝乙，罔不明德慎罚，亦克用劝；要囚殄戮多罪[35]，亦克用劝；开注无辜，亦克用劝。

"今至于尔辟[36]，弗克以尔多方享天之命[37]，呜呼！"

王若曰："诰告尔多方[38]，非天庸注有夏，非天庸释有殷[39]，乃惟尔辟以尔多方大淫，图天之命屑有辞[40]。乃惟有夏图厥政，不集于享[41]，天降时丧，有邦间之[42]。乃惟尔商后王逸厥逸[43]，图厥政不蠲烝[44]，天惟降时丧。

周成王灭奄国，返回镐京。

"惟圣罔念作狂[45]，惟狂克念作圣。天惟五年须暇之子孙[46]，诞作民主[47]，罔可念听。天惟求尔多方，大动以威，开厥顾天[48]。惟尔多方罔堪顾之[49]。惟我周王灵承于旅[50]，克堪用德，惟典神天[51]。天惟式教我用休[52]，简畀殷命[53]，尹尔多方[54]。

"今我曷敢多诰[55]？我惟大降尔四国民命。尔曷不忱裕之于尔多方[56]？尔曷不夹介乂我周王[57]，享天之命？今尔尚宅尔宅[58]，畋尔田[59]，尔曷不惠王熙天之命[60]？

"尔乃迪屡不静[61]，尔心未爱[62]，尔乃不大宅天命[63]，尔乃屑播天命[64]，尔乃自作不典[65]，图忱于正[66]。我惟时其教告之[67]，我惟时其战要囚之[68]，至于再，至于三[69]。乃有不用我降尔命，我乃其大罚殛之[70]。非我有周秉德不康宁，乃惟尔自速辜[71]！"

王曰："呜呼！猷告尔有方多士暨殷多士[72]。今尔奔走臣我监五祀[73]，越惟有胥伯小大多正[74]，尔罔不克臬[75]。

"自作不和，尔惟和哉！尔室不睦[76]，尔惟和哉！尔邑克明[77]，尔惟克勤乃事。尔尚不忌于凶德[78]。亦则以穆穆在乃位[79]，克阅于乃邑谋介[80]。

"尔乃自时洛邑[81]，尚永力畋尔田[82]。天惟畀矜尔[83]，我有周惟其大介赉尔[84]，迪简在王庭[85]，尚尔事[86]，有服在大僚[87]。"

王曰："呜呼！多士，尔不克劝忱我命[88]，尔亦则惟不克享[89]，凡民惟曰不享。尔乃惟逸惟颇[90]，大远王命[91]，则惟尔多方探天之威[92]，我则致天之罚，离逖尔土[93]。"

王曰："我不惟多诰，我惟祗告尔命[94]。"

又曰："时惟尔初[95]，不克敬于和[96]，则无我怨。"

【主旨讲解】

《多方》篇是成王在位第三年，即周公摄政的第三年（武王即位后没有改元,一直沿用文王的纪年),周公平定奄之乱后回到宗周,对有计划迁来的参加管蔡之乱和奄之乱的各族人员,以及原来殷商遗老发表的讲话,叫他们认清天命,老老实实服从周的统治。从时间上看,此篇应在《康诰》《酒诰》《梓材》(四年作);《多士》《召诰》(五年作)、《洛诰》(七年作)之前。此处沿用西汉本的顺序(此序有误),故仍排于此。

【注解】

[1]归:返回。自:从。[2]庶:众。[3]五月:指周成王亲政的第二年五月。[4]猷:感叹词。[5]四国:指管、蔡、商、奄四国。多方:众国。惟:和。殷:众。殷侯:众位诸侯。尹民:指治民的官员。[6]降:下达。命:教命。[7]洪惟:语首助词。图:大。[8]寅:敬。[9]格(è):通"𢓜",教令。[10]诞:大。逸:淫乐。[11]感:忧。言:问。感言:慰问,恤问。[12]劝:劝勉,努力。迪:教导。[13]闻:闻知,听说。[14]开:明白。丽:附,归附。[15]崇:充,大。[16]甲:通"狎",习惯。内乱:指桀妃妹喜恃宠乱政。[17]灵:善。承:顺从。旅:众人。[18]丕:不。进:财货。恭:通"供",进献。[19]洪:大。舒:通"荼",毒害。[20]叨(tāo):贪婪。懫(zhì):凶横无理。钦:兴。[21]劓割:残害。[22]民主:指君主。[23]显休:光明美好。[24]殄:灭绝。[25]畀:给予。纯:美,善。[26]以:因为。义民:贤人,这里指邦君。[27]享:劝导。[28]恭:通"供",供职。[29]明:努力。保:安。[30]乃:却。胥:都。[31]百为:各种作为。[32]开:开展。[33]简:选拔,推举。[34]劝:劝勉。[35]要:通"幽",监禁。[36]辟:君,指纣王。[37]以:与,和。[38]诰告:告诉。[39]庸释:舍弃。[40]图:大。屑:通"逸",逸乐。有:又。辞:通"怠",懈怠。[41]集:在。享:劝导。[42]间:代替。[43]逸厥逸:安于他的安乐生活。[44]图:谋划。蠲(juān):显示。烝:美好。[45]圣:明哲的人。念:思考。作狂:成为狂妄无知的人。[46]五年:从文王七年到武王十一年讨伐纣王。武王即位后,没有改元,仍沿用文王年号。须:等待。暇:宽暇。子孙:指成汤的子孙商纣王。[47]诞:延续,延长。[48]开:启示。[49]堪:能。[50]灵:善。承:顺从。[51]典:主持祭祀。[52]式:用。[53]简:明。畀:给予。殷命:大命。[54]尹:治理。[55]曷:怎么。多:重复。[56]忱:诚。裕:劝导。[57]夹介:

亲善。乂：通"艾"，辅助。[58] 尚：还。宅尔宅：居住在你们的住处。[59] 畋：平治土地。[60] 惠：顺从。熙：光大。[61] 乃：竟然。迪：教导。屡：多次。静：安定。[62] 爱：顺。[63] 宅：度，考虑。[64] 屑：尽。播：弃。[65] 典：法。[66] 图：图谋。忱：攻击。正：长。[67] 惟时：因此。[68] 戕：讨伐。[69] "至于再"两句：再：指三监与淮夷叛乱。三：指成王亲政后，淮夷与奄叛乱。[70] 殄：诛杀。[71] 速：招致。辜：罪。[72] 献告：告诉。[73] 臣：臣服。监：侯国。五祀：五年。[74] 胥：徭役。伯：赋税。正：政事。[75] 臬：法度，守法。[76] 室：家庭。[77] 明：政治清明。[78] 尚：大体。忌：畏忌。凶德：指曾参与叛乱的行为。[79] 穆穆：恭敬的样子。[80] 阅：容。介：善。[81] 乃：如果。自：用。[82] 力：尽力。[83] 惟：则。畀：给予。矜：怜悯。[84] 其：将。赉：赏赐。[85] 迪：引进。简：选拔。[86] 尚：通"上"，提高。事：职位。[87] 服：职务。僚：官。[88] 劝：努力。忱：相信。[89] 享：享有禄位。[90] 逸：放荡。颇：邪恶。[91] 远：弃。[92] 探：取。[93] 逖(tì)：远。[94] 祗：敬。[95] 时：这。初：新的起点。[96] 于：与，和。

【译文】

周成王从奄地返回，周公在镐京代替成王告诫各国君臣，史官把诰词记录下来，写成《多方》。

在五月丁亥这一天，摄政王周公从奄地归来，到了镐京。

周公说："成王这样说：'啊！告诉你们四国、各邦国的诸侯

周成王分析殷亡周兴的原因，谴责不安命的诸侯。

以及各国治理民众的官员们，我要郑重地下达教令，你们不可不听从。夏桀夸大天命，又不恭敬地处理祭祀之事，于是上帝就降下严令给夏朝。夏桀不知道畏惧，还大肆享乐，不肯忧念人民，竟然肆意淫乱，不能整日力行上帝之道，这是你们所知道的。夏桀既然夸大天命，又不懂得使民众归附的道理，反而大施刑罚，使夏国发生

大的祸乱。夏桀习惯于让妇人处理朝政，不能妥善地顺从民意。他无时不想让民众进献财物，深深地毒害自己的百姓（致使生灵涂炭，民不聊生）。夏民的贪婪和凶横无礼盛行起来了，使夏国遭受了严重的损害。于是上天为民众寻求一个较好的君主，就大降光显嘉命于成汤，让他灭掉夏国。

"上帝之所以不赐予你们美好的使命，就是因为夏桀不能常常劝勉民众，而你们多方诸侯也不能长久享国；夏朝的官员，不能努力去保护和劝导民众，却大都对民众施行暴政，以至于很多工作都不能顺利进行。

"（正是因为这个，）成汤才会得到你们各国邦君的支持，取代夏桀成为百姓的君主。他谨慎地对待归附的人，劝勉他们从善；他惩罚犯罪之人，也是努力劝勉他们从善。从成汤到祖乙，没有一个君王不明德慎罚，也都能劝勉人们从善。他们幽禁、杀戮罪犯时，也能劝勉人们从善；释放无罪者的时候，亦能劝勉人们从善。

"现在到了纣王，竟不能与你们共享天命了，唉！这实在可悲啊！"

成王这样说："告诉你们各位邦君，并不是上天厌弃夏朝，也不是上天厌弃殷朝，实在是由于你们君主和你们各国邦君大肆淫乐，夸大天命，贪图享乐而又懈怠。夏王谋划政事时，不注意劝勉民众，上天就降下灾祸，致使夏朝亡国，并让商朝取代了夏朝。但是后来商纣王荒淫逸乐，败坏朝政，上天就对殷商降下了亡国之祸。

"聪明的人不考虑天意就会成为狂昧之人，而狂昧之人肯考虑天意也会成为圣人。上天用了五年的时间等待商朝的子孙悔过自新，继续让他做四方之民的君主。可是他根本不顾念、不顺从天意。上天唯有寻求你们各方诸侯（的帮助），大降灾异以启示你们顺应天意。但你们各国没有人能仰承天意，唯有我周王

周成王勉励各国诸侯服从周王室统治。

能够承受上天的美意，能够施行德政，主持对上天神灵的祭祀。上天就以吉祥的征兆教导我们，明显地授予天命，我们就依天命治理各国诸侯。

"现在我怎敢再反复告诫你们呢？我只是普遍地发布命令给你们各国臣民而已。你们各国诸侯为什么不诚心诚意地去教导各自的臣民？你们为什么不靠拢亲近我周王以共享天命呢？现在你们仍安居在自己的住处，平治自己的田地，你们为什么不依顺我周王以光显上天的美命呢？

"你们多次接受教导，却仍不安定，你们打心底就没有顺爱之意，你们竟敢不和我们一道好好地顺应天命，还完全抛弃天命，你们竟然做乱法之事，试图攻击你们的君长。我在这里只好严肃地告诫你们，我因此征伐、囚禁你们竟至于一次不行就来两次，两次不行就来三次。如果仍有人不遵从我的命令，那么我就要诛杀这些人。并不是我周国秉德不安宁，实在是由于你们自己招致灾祸啊！"

王说："啊！告诫你们多方首领和殷商的大小官员。现在你们奔走效劳、臣服于我已经五年了，对于各种徭役赋税以及大大小小的政事，你们没有不按准额应征和缴纳的。

"你们之间有自己造成不和的，就应该和睦起来！你们家庭有不亲睦的也应该和睦起来！如果你们的居邑能够治理得很好，那就是你们能勤于职事的结果。你们不必因为曾参加叛乱而心存畏忌。你们就以恭谨的态度处理职事，这样就能够住在各自的居邑里谋求美好的生活了。

"你们在洛邑这个地方住下来，长期致力于耕田劳作，上天就会给予你们怜悯，我们周室也会重重地赏赐你们，把你们中的先进之士提拔到周朝中来，提高你们的职位，甚至可以到重要部门来担任职务。"

王说："啊！众位官员，倘若你们不致力于顺从我的命令，你们就不能享有俸禄，所有的民众也会觉得你们不配享有爵禄。你们如果偏邪放荡，严重地违抗王命，那么你们就是自食恶果，我就会施行上天降给你们的惩罚，让你们远离自己的故土。"

王说："我不想多说了，我只是恭敬地告诉你们所当承受的天命。"

王又说："这是你们重获新生的良好开端，如果你们不能恭敬地遵守天命并和睦相处,那我就只好执行上天的惩罚,那时候别再怨我了!"

立 政

【原文】

周公作《立政》。

周公若曰:"拜手稽首,告嗣天子王矣[1]。"用咸戒于王曰[2]:"王左右常伯、常任、准人、缀衣、虎贲[3]。"

周公曰:"呜呼!休兹知恤[4],鲜哉[5]!古之人迪惟有夏[6],乃有室大竞[7],吁俊尊上帝迪[8],知忱恂于九德之行[9]。乃敢告教厥后曰[10]:'拜手稽首后矣!'曰:'宅乃事[11],宅乃牧[12],宅乃准[13],兹惟后矣[14]。谋面[15],用丕训德[16],则乃宅人[17],兹乃三宅无义民[18]。'

"桀德[19],惟乃弗作往任[20],是惟暴德[21],罔后[22]。

"亦越成汤陟[23],丕釐上帝之耿命[24],乃用三有宅[25],克即宅[26],曰三有俊[27],克即俊。严惟丕式[28],克用三宅三俊。其在商邑[29],用协于厥邑[30],其在四方,用丕式见德[31]。

"呜呼!其在受德[32],暋为羞刑暴德之人[33],同于厥邦;乃惟庶习逸德之人[34],同于厥政。帝钦罚之[35],乃伻我有夏[36],式商受命[37],奄甸万姓[38]。

"亦越文王、武王,克知三有宅心[39],灼见三有俊心[40],以敬事上帝,立民长伯[41]。立政:任人、准夫、牧作三事[42];虎贲、缀衣、趣马、小尹、左右携仆、百司庶府[43];大都小伯、艺人、表臣百司[44];太史、尹伯[45]、庶常吉士[46];司徒、司马、司空、亚旅[47];夷、微、卢烝[48],三亳阪尹[49]。

"文王惟克厥宅心,乃克立兹常事司牧人[50],以克俊有德[51]。文王罔攸兼于庶言[52];庶狱庶慎[53],惟有司之牧夫是训用违[54];庶狱庶慎,文王罔敢知于兹[55]。亦越武王,率惟敉功[56],不敢替厥义德[57],率惟谋从容德[58],以并受此丕丕基[59]。

"呜呼!孺子王矣[60]!继自今我其立政[61]。立事、准人、牧夫,我其克灼知厥若[62]，丕乃俾乱[63]；相我受民[64]，和我庶狱庶慎[65]。时则勿有间之[66]，自一话一言。我则末惟成德之彦[67]，以乂我受民。

"呜呼！予旦已受人之徽言咸告孺子王矣[68]。继自今文子文孙，其勿误于庶狱庶慎[69]，惟正是乂之[70]。

"自古商人亦越我周文王立政，立事、牧夫、准人，则克宅之[71]，克由绎之[72]，兹乃俾乂[73]。国则罔有立政用憸人[74]，不训于德[75]，是罔显在厥世[76]。继自今立政，其勿以憸人，其惟吉士。用劢相我国家[77]。

"今文子文孙，孺子王矣！其勿误于庶狱，惟有司之牧夫[78]。其克诘尔戎兵以陟禹之迹[79]。方行天下[80]，至于海表[81]，罔有不服。以觐文王之耿光[82]，以扬武王之大烈[83]。呜呼！继自今后王立政，其惟克用常人[84]。"

周公若曰："太史！司寇苏公式敬尔由狱[85]，以长我王国[86]。兹式有慎[87]，以列用中罚[88]。"

【主旨讲解】

"立政"意为"立正"，建立官长之意。这是周公对成王讲建立官长、组织政权机构、如何用人行政等事。篇中总结了夏商任用官员的得失，自己摄政任用官员的经验，提出今后要怎样设

周公向周成王总结夏商两代任用官员的经验教训。

置和任用高级官员，并提出周初官职建制系统，实际上是一张详细的官名清单。在周公告诫成王关于设官分职所有应注意事项中，特别强调了君主不要干预干涉刑狱司法，而是要由司法负责人员全权处理。是周初筹建国家机器的一篇重要文献。

【注解】

[1]嗣天子：继承天子之位的人。[2]用：于是。咸：都，全面。[3]左右：教导。常伯：官名，治民的官，就是下文的牧和牧人。常

任：官名，治事的官，就是下文的事和任人。准人：官名，执法之官，就是下文的准。缀衣：掌管君王衣物的官。虎贲：守卫王宫的武官。[4] 休：美善。兹：则，连词。恤：忧虑。[5] 鲜：少。[6] 迪：语气助词。[7] 乃：其，他的。有室：指卿大夫。竞：强。[8] 吁：呼吁。俊：贤能的人。迪：教导。[9] 忱恂：诚信。九德：九种德行。[10] 后：君主。[11] 宅：度量，考察。事：就是常任。[12] 牧：就是常伯。[13] 准：就是准人。[14] 兹：这样。[15] 谋面：以貌取人。[16] 丕通"不"。训：顺。[17] 则：象。乃：如此，这样。宅人：考察人，任用人。[18] 义：贤。[19] 德：升，指即帝位。[20] 作：行，采用。往：往昔。任：任人之道。[21] 暴德：暴行。[22] 罔后：意思是亡国绝后。[23] 越：及，到。陟：升，指即帝位。[24] 釐（xī）：受福，引申为受。耿：明。[25] 三有宅：指上文的事、牧、准。[26] 即：就，这里指胜任。[27] 曰：通"越"，和。三有俊：指三宅的属官都用贤能的人。[28] 严惟：敬念。丕式：大法。[29] 其：他，代指成汤。商邑：指商都。[30] 协：和谐。[31] 见：显扬。[32] 受：纣王名。[33] 暋：强行。羞刑：为刑所辱，这里代指刑徒、罪犯。[34] 庶：众多。习：近习，指左右亲幸的人。逸德：失德。[35] 钦：重，严厉。[36] 俾：使。有夏：周人自称为夏。[37] 式：代替。[38] 奄：安抚。甸：治理。万姓：万民。[39] 心：心思，思想。克知三有宅心：就是能够知道事、牧、准三宅的心。[40] 灼：明白，清楚。[41] 长伯：官长。[42] 作：为，负责。三事：指治事、执法、治民三事。[43] 趣马：负责养马的官。小尹：趣马的属官。左右携仆：君王的近侍官员。百司庶府：负责王室杂务的官员。[44] 大都小伯：大都小都的官长。大都为公的封地，小都为卿的封地，大都称都，小都称伯。艺人：征收赋税的官。表臣百司：指外臣百官。[45] 太史：史官之长。尹伯：泛指各官之长。[46] 庶常：常务、常事。吉：善。士：指普通官员。庶常吉士：指众多主管常务的官员。[47] 司徒、司马、司空：合为三卿，又称三公。亚旅：大夫。[48] 夷：东方的国家。微：南方的国家。卢：西方的国家。[49] 三亳：殷商故都。一在今河南商丘东南，又名南亳，相传为成汤居住地。一在今河南商丘北，又名北亳，相传为诸侯拥戴成汤为盟主的地方。一在河南偃师西，相传为成汤攻夏时的居住地。这里的三亳是指殷商遗民居住的地方。阪：夏的故都。尹：官长。[50] 常事司牧人：指上述各官员。[51] 以：且，并。俊：用为动词，选拔。有德：有德之人。[52] 攸：所。兼：兼包，兼管。言：教言，号令。[53] 庶狱：各种狱讼案件。庶慎：各种敕戒的事。[54] 惟：只。之：和。训：顺从。用违：用与不用。[55] 知：过问。兹：这。[56] 率惟：语气词。敉（mǐ）：终，完成。功：事业，指文王的事业。[57] 替：废弃。厥：其，指文王。义德：善德。[58] 谋：谋求。从：顺。容德：宽容的美德。[59] 并：共同。受：承受，接受。丕丕：大而又大。基：基业。[60] 孺子：指成王。[61] 继自今：从今以后。[62] 若：善。[63] 丕：语气助词。俾：使。乱：治。[64] 相：治理。受民：接受上天和祖先赐予的民众。[65] 和：理顺，平治。[66] 时：是，这。指代上文的"相我受民，和我庶狱庶慎"。有：可以，能够。间：代替。[67] 末：终。彦：美士。[68] 旦：姬旦，周公自称名。徽言：美言。[69] 其：祈使副词，表示期望。误：自误。[70] 惟：只。正：治狱之官。[71] 宅：量能授职。[72] 由：从，从而。绎（yì）：引，引发。[73] 兹：这样。乃：才。[74] 憸（xiān）人：奸佞之人。[75] 训：顺。[76] 是：这样。显：先显。世：时代，指其在位的历史时期。[77] 劢（mài）：努力。相：治理，辅助。[78] 之：和，与。[79] 诘：治，整治。戎兵：军队。陟：循。[80] 方：遍，普遍。[81] 海表：海外。[82] 觐：见，显现，显扬。耿：明，明亮。光：光辉。[83] 扬：弘扬。烈：功业，业绩。[84] 常人：指吉士。常，通"祥"。[85] 司寇：官名。苏公：即苏忿生，周武王时作司寇。式：规定，法定。由：修，治。[86] 长：延长。国：国运。[87] 有：又，更。[88] 以：按。列：例。

【译文】

　　周公曾向成王阐述设官理政的法则，史官把告诫之辞记录下来，写成《立政》。

　　周公这样说："我拜首叩头，敬告即位为天子的君王。"于是以立政之事全面告诫成王说："君王要教导常伯、常任、准人、缀衣、虎贲等大臣。"

　　周公说："唉！在顺境中懂得忧患的人很少啊！古代的有道之君，只有夏国的君王他的卿大夫很贤明，夏王还呼吁贤能的人尊重上帝的教导，使他们诚实地遵循九德的准则。于是大臣们才敢敬告他们的君主说：'我们谨拜首叩头来敬告陛下！'又接着说：'选择任命好您

周公告诫周成王设官用官的准则。

的执事大臣常任、常伯、准人,这正是君王应该做的啊!以貌取人,不依循德行,像这样任用人,那样您的常任、常伯、准人就没有贤人了!'

"夏桀德性悖戾,即位后不用以往任用官员的法则,他所任用的都是暴虐之人,最终导致绝后亡国。

"接下来到了成汤,他能承受上帝的明命,善于选拔事、牧、准三宅官员,使他们各尽其职。而三宅的属官,务必选用俊德之士。他敬畏并遵循上帝选用官员的大法,能够谨慎地从贤俊中选择任用各级官员,他在商都用这些官员和谐都城的臣民,在天下四方,用这种大法显扬了自己的圣德。

"唉!等到商纣即位,强行把罪人和暴虐之人聚集在国家里,只知道任用亲信和失德之人,共同治理国家。上帝对纣的恶行给予了严厉的惩罚,这才让我们周朝取代商朝承受了天命,抚治万民。

"到了文王、武王,他们能够知道三宅的想法,也能了解三宅部属的想法,以敬奉上帝的诚心,承上帝之德,为民众设立官长。设立的官职有:任人、准夫、牧,分别掌管治政、执法、治民三事;虎贲、缀衣、趣马、小尹、左右携仆、百司、庶府(这些官员为君王的近臣);大都小伯、艺人、表臣百司;太史、尹伯、庶常吉士(这些官员是府中之官,为王执行政务);司徒、司马、司空、亚旅(这些是诸侯的三卿及次于卿的大夫,负责处理侯国事务);夷、微、卢烝(这些是封疆之臣,负责处理边疆事务);三亳阪尹(这些是管理夏商遗民的官员)。

"文王深知三宅的想法,所以设置常任、常伯等官职,并选用胜任官职的有为才俊。文王不兼管各种教令,也不兼管各种狱讼案件及敕戒之事,全部只由主管官员和理民之官决定用与不用。对于各种狱讼案件和敕戒之事,文王不敢过问这些,一任主管官员去处理。接下来到了武王,只一心依循文王的治国之道,不敢丢弃文王的大义和明德，谋求顺从文王的大德。因此，文王和武王一起承受了这伟大的王业。

"啊！年轻的君王啊！从现在起，我们要设官理政，设置司政事的立事、司刑狱的准人、司民政的牧夫等官职。我们要了解他们的长处，使他们好好处理政事，管理我们所接受的上帝和先人赐予的民众，平治各种狱讼案件和敕戒之事。这些事情不可代替，即便是一句话的小事都要谨慎注意。我们必须自始至终都要重用有德之士，让他们来治理周朝的民众。

"啊，我本人已把听到的关于禹、汤等先王任用贤人的美言都告诉君王了，从今天开始，我们周室的贤子贤孙，千万不要在狱讼案件和敕戒之事上犯错误，只让司政事的立事、司民政的牧夫、司刑狱的准人去治理。

"从古时的商代先王到我们的周文王设立官员，设立事、牧、准人，都能量能授职，充分发挥他们的才能，这样使政事得以治理。要想立国就不能任用奸佞之人，不遵循首先原则，否则，在位期间就不会有显耀的政绩。从今以后设立官员，千万不可任用贪利奸佞的小人，应当只用善良贤能的人，来努力治理我们的国家。

"现在，先王的子孙，您已经做君王了！可不要在各种狱讼案件上犯错误，只让主管官员和牧夫去治理。您要整治好武备，循着大禹的足迹，遍行天下，直到海滨，所到之处没有不臣服于我们的。以此显示文王的盛德光辉，弘扬武王的丰功伟绩。啊！从今以后，嗣位之王选拔官员时，务必要任用有德有才的贤人良士。"

周公（召来苏忿生）这样说："太史！司寇苏公规定要认真地处理狱讼案件，以使我们周朝长治久安。现在规定更要慎重，如果需要施刑，就要依据常例，使用中罚。"

周 官

【原文】

成王既黜殷命[1]，灭淮夷，还归在丰[2]，作《周官》。

惟周王抚万邦[3]，巡侯甸[4]，四征弗庭[5]，绥厥兆民[6]。六服群辟[7]，罔不承德[8]。归于宗周[9]，董正治官[10]。

王曰："若昔大猷[11]，制治于未乱[12]，保邦于未危。"

曰："唐虞稽古[13]，建官惟百。内有百揆四岳[14]，外有州牧侯伯[15]，庶政惟和，万国咸宁。夏商官倍[16]，亦克用乂。明王立政，不惟其官，惟其人。

"今予小子，祗勤于德，夙夜不逮[17]。仰惟前代时若[18]，训迪厥官[19]。立太师、太傅、太保，兹惟三公。论道经邦[20]，燮理阴阳[21]。官不必备，惟其人。少师、少傅、少保，曰三孤。贰公弘

周成王消灭淮夷，返回王都丰地。

化[22]，寅亮天地[23]，弼予一人[24]。冢宰掌邦治[25]，统百官，均四海[26]。司徒掌邦教[27]，敷五典[28]，扰兆民[29]。宗伯掌邦礼[30]，治神人[31]，和上下。司马掌邦政[32]，统六师[33]，平邦国。司寇掌邦禁[34]，诘奸慝[35]，刑暴乱。司空掌邦土[36]，居四民[37]，时地利[38]。六卿分职，各率其属，以倡九牧[39]，阜成兆民[40]。

"六年，五服一朝[41]。又六年，王乃时巡[42]，考制度于四岳[43]。诸侯各朝于方岳[44]，大明黜陟[45]。"

王曰："呜呼！凡我有官君子[46]，钦乃攸司[47]，慎乃出令，令出惟行，弗惟反。以公灭私，民其允怀[48]。学古入官[49]。议事以制[50]，政乃不迷。其尔典常作之师[51]，无以利口乱厥官[52]。蓄疑败谋，怠忽荒政，不学墙面[53]，莅事惟烦[54]。

"戒尔卿士[55]，功崇惟志[56]，业广惟勤，惟克果断，乃罔后艰。位不期骄[57]，禄不期侈。恭俭惟德，无载尔伪[58]。作德，心逸日休[59]；作伪，心劳日拙[60]。居宠思危，罔不惟畏[61]，弗畏入畏[62]。推贤让能，庶官乃和，不和政庞[63]。举能其官[64]，惟尔之能。称匪其人[65]，惟尔不任[66]。"

王曰："呜呼！三事暨大夫[67]，敬尔有官[68]，乱尔有政[69]，以佑乃辟。永康兆民，万邦惟无斁[70]。

【主旨讲解】

　　周成王消灭了淮夷，回到王都丰邑以后，向群臣宣告了设官、分职、用人的法则。史官记录下这件事，写成《周官》。

　　《周官》的内容可分四部分：第一部分是序。第二部分史官叙述周成王发布官制诰令的时代背景。第三部分成王阐述前代旧制，宣布周官新制的具体内容。第四部分说明居官为政的法则，勉励各级官员勤于政事。

　　本篇叙述的周代官制，与《立政》略有不同，我们可以参考它来研究周代官制的沿革。

　　《周官》是伪古文。

【注解】

　　[1] 黜（chù）：废除，罢免。殷命：指殷国的国运。[2] 丰：西周都城，文王庙在此。周制，重要诰令，必须在祖庙宣布。[3] 周王：指周成王。抚：占有。万邦：众多国家。[4] 巡：巡狩，天子视察诸侯国。侯甸：侯服和甸服诸侯国。这里泛指众诸侯国。[5] 四征：四面征讨。弗庭：不来朝见天子。这里指叛乱的诸侯。庭，通"廷"。[6] 绥：安定。兆：多。兆民：指普天下的民众。[7] 六服：指侯服、甸服、男服、采服、卫服、蛮服。辟：君王，这里指诸侯。[8] 承德：奉承周天子的德政。[9] 宗周：指丰都。[10] 董：督导。正：治理。治官：治事官员。[11] 若：顺。猷：道，这里指大法。[12] 制治：制订政教。[13] 稽：考核，考察。[14] 百揆（kuí）：尧时官名，周代改为冢宰。四岳：尧、舜时的四方部落首领。[15] 州牧：官名。古代州的军政长官。侯伯：若干个或一方诸侯国的首领。[16] 倍：增加一倍。[17] 夙夜：早晚。逮：及，赶上。[18] 时：是。若：顺从。[19] 训：说，阐明。迪：作，设立。[20] 道：这里指治国的法则和途径。经：治理。[21] 燮（xiè）理：调和。阴阳：世间一切相反的现象和一切现象的正反两方面，古代思想家统称为阴阳。[22] 贰：协助。弘化：弘扬道化。[23] 寅：敬。亮：信。[24] 弼：辅佐。[25] 冢宰：又称太宰，百官之长。[26] 均：平均，平衡。[27] 司徒：官名，掌管国家教育之官。[28] 敷：布，传播。五典：也叫五教、五常。即父义、母慈、兄友、弟恭、子孝。[29] 扰：安抚。[30] 宗伯：官名，掌管祭祀礼仪之官。[31] 神：这里指祖先神灵和

上天。[32] 司马：官名，掌管军事之官。[33] 六师：即六军。周制，一万二千五百人为一军。天子拥有六军，大国有三军，次国有二军，小国有一军。[34] 司寇：官名，掌管刑狱之官。[35] 诘：究办，查办。奸慝（tè）：指奸邪不正的人。[36] 司空：官名，掌管土地之官。[37] 居：安居。这里是使安居。四民：指士、农、工、商。[38] 时：善。[39] 倡：倡导，带动。九牧：指九州的州牧侯伯。[40] 阜：富，厚。成：安定。[41] 五服：指侯服、甸服、男服、采服和卫服。朝：朝会，朝觐。[42] 时：四时。巡：巡狩。周制，天子十二年出巡一次，春巡东方、夏巡南方、秋巡西方、冬巡北方，故称时巡。[43] 考：考察，考正。四岳：指东岳泰山、南岳衡山、西岳华山、北岳恒山。[44] 方：当地。[45] 黜陟：升降。[46] 有官君子：指在位担任官职的各级官员。[47] 钦：恭谨。攸：所。司：主持的职事。[48] 允：信，真诚。怀：归向，归附。[49] 学古：学习古训。此指学习古代的典章制度。入官：步入仕途。[50] 议事：议论政事。制：指典章制度。[51] 典常：旧典常法。作：为。师：师法、学习的对象。[52] 利口：巧言。[53] 不学墙面：指不学古制，犹如面向墙壁无所见闻。[54] 苞：遇到。烦：烦乱。[55] 卿士：执政大臣。[56] 崇：高。志：立志。[57] 骄：骄傲。期：希望，这里是应当的意思。[58] 载：这里是行或做的意思。伪：欺诈。[59] 逸：安宁。日：一天天。休：美善。[60] 劳：辛劳。拙：笨拙。[61] 畏：敬畏，警惧。[62] 入畏：陷入可怕的困境。[63] 和：和谐。庞：杂乱，混乱。[64] 举：举荐。能其官：能够称其职。[65] 称：举，推举。匪：不。[66] 不任：不能胜任。[67] 三事：即《立政》篇中的任人、准人、牧作三事。[68] 官：职事，官职。[69] 乱：治理。[70] 斁（yì）：厌弃。

【译文】

周成王在废止了殷商的国运，灭掉了淮夷之后，返回王都丰地，发表了设置周国官制的诰令。史官记录下诰词，写成《周官》。

周成王即位并拥有万邦后，就巡行各诸侯国，四面征讨不来朝觐的诸侯，安定天下民众。六服的诸侯没有人敢不奉承周天子的德政。成王返回王都丰地，督导整顿治事的官员。

王说："顺从过去的大法，在国家尚未出现动乱时，就制订政教；没有出现危险的时候，就注意安定国家。"

王说:"尧和舜考察古代的典章制度,设立了上百个官职。朝廷之内设有百揆、四岳,朝廷之外设有州牧、侯伯。国家各种政事和顺,万国安宁。到了夏、商二朝,官职增加了一倍,也能用来治理国家。贤明的君王设立官长,不考虑官员数量的多少,而考虑要得到贤人。

"现今我恭谨勤勉地修养德行,虽然起早贪黑,仍赶不上古人。我想顺从前代之法,阐述我们周朝的官制。设立太师、太傅、太保,这是三公。三公的职责是阐明重要道理,平治国家,调和阴阳。三公

周成王告诫公卿大夫敬守职位。

的官位不必齐备,要考虑适当的人。设立少师、少傅、少保,叫作三孤。协助三公弘扬道化,敬信天地,辅助我一人。冢宰掌管国家的政治,统辖百官,平衡四海。司徒掌管国家的教化,传布五典之教,安定天下万民。宗伯掌管国家礼仪,治理神和人的感通,协调尊卑贵贱的关系。司马掌管国家的军事,统帅王家六军,平治诸侯。司寇掌管国家的禁令,查办奸邪之人,刑杀暴乱之徒。司空掌管国家的土地,安置士、农、工、商,善用地利。六卿分管职事,各自统领他的部属,倡导九州的州牧侯伯,使百姓富足安宁。

"每隔六年,五服诸侯在京师朝会一次。再隔六年,天子巡狩天下,在四岳考正制度礼法。诸侯在各自所属的方岳朝见,天子对他们大行升降赏罚。"

王说:"啊!凡是在职的大小官员们,都要恭谨地对待你们所管理的工作,发号施令要慎重,号令一出,就必须执行,不得违抗。要用公心消灭私欲,民众就会真诚地信任归附。先学习古代的典章制度,之后再进入仕途,依据古代的典章制度议论政事,政治就不会迷乱。你们要师法旧典常法,不要凭借利口巧言扰乱职事。积疑不决,必定败坏计谋;懈怠轻忽,必定荒废政事。人不学习如

同面对墙壁而无所见闻,遇事就会烦乱。

"告诫你们各位执政的卿士,功高在于立志,业广在于勤勉,只要能够果敢决断,就没有后来的艰难。位尊不应当骄傲,禄厚不应当奢侈。恭敬勤俭是美德,为人不可行诈作伪。做好事,就会心安而一天天显示出休美;作伪,就会费心而一天天显示出笨拙。处在尊宠的地位,要想到危险。无论什么事都应该敬畏,不知道敬畏,就会陷入可怕的困境。推举贤明而让能者,百官就会和谐;百官不和,政事就会陷入混乱。选拔官员如果能使之各称其职,这才是你们的才能;选拔的官员如果不称职,就是你们不能胜任。"

王说:"啊!公卿大夫们,敬守你们的职位,治理你们的政事,来辅佐你们的君王。使万民永远安康,天下才不会厌弃我们周国。"

贿肃慎之命

【原文】

成王既伐东夷,肃慎来贺[1]。王俾荣伯作《贿肃慎之命》[2]。

亳姑

【原文】

周公在丰,将没[3],欲葬成周。公薨[4],成王葬于毕[5],告周公[6],作《亳姑》。

【主旨讲解】

《贿肃慎之命》和《亳姑》均载于《周官》之后,有序无文。

【注解】

[1]肃慎:西周时的北方诸侯国。[2]俾:使。荣:国名,周室的同姓诸侯。贿:以财物赠人。[3]没:同"殁",死。[4]薨(hōng):指古代诸侯死亡。《礼记·典礼》:"天子死曰崩,诸侯死曰薨。"[5]毕:地名,在今陕西省咸阳市北,文王墓在此

地。[6]告周公：把迁奄君到亳姑的事告诉周公的在天之灵。

【译文】

周成王征伐东夷以后，肃慎国前来庆贺。成王赏赐财物，使荣伯写了《贿肃慎之命》。

周公在丰邑，临死的时候，他希望死后葬在成周，以表明自己不离成王的心意。周公死后，成王把他葬在毕地的文王墓旁，来表明自己不敢把周公视为臣的心意，并把迁奄君到亳姑的事情告诉周公的在天之灵。史官记录这件事，写成《亳姑》。

君 陈

【原文】

周公既没，命君陈分正东郊成周[1]，作《君陈》。

王若曰："君陈，惟尔令德孝恭[2]。惟孝友于兄弟[3]，克施有政[4]。命汝尹兹东郊[5]，敬哉！昔周公师保万民[6]，民怀其德。往慎乃司[7]，兹率厥常[7]，懋昭周公之训[8]，惟民其乂[9]。

"我闻曰：'至治馨香[10]，感于神明。黍稷非馨，明德惟馨。'尔尚式时周公之猷训[11]，惟日孜孜[12]，无敢逸豫[13]。凡人未见圣，若不克见；既见圣，亦不克由圣，尔其戒哉！尔惟风[14]，下民惟草。图厥政[15]，莫或不艰[16]，有废有兴，出入自尔师虞[17]，庶言同则绎[18]。尔有嘉谋嘉猷，则入告尔后于内[19]，尔乃顺之于外，曰：'斯谋斯猷[20]，惟我后之德。'呜呼！臣人咸若时[21]，惟良显哉[22]！"

王曰："君陈，尔惟弘周公丕训。无依势作威，无倚法以削[23]，宽而有制[24]，从容以和[25]。殷民在辟[26]，予曰辟[27]，尔惟勿辟；予曰宥[28]，尔惟勿宥；惟厥中[29]。有弗若于汝政[30]，弗化于汝训[31]，辟以止辟[32]，乃辟。狃于奸宄[33]，败常乱俗[34]，三细不宥[35]。尔无忿疾于顽[36]，无求备于一夫[37]。必有忍，其乃有济[38]；有容，德乃大。简厥修[39]，亦简其或不修；进厥良[40]，以率其或不良。惟民生厚[41]，因物有迁[42]。违上所命，从厥攸好。尔克敬典在德[43]，时乃罔不变[44]。允升于大猷[45]，惟予一人膺受多福[46]，其尔之休[47]，终有辞于永世[48]。"

【主旨讲解】

周公东征平叛后，把殷商遗民迁到洛邑的东郊成周，亲自监督教化。周公死后，成王命令君陈继任周公之职。史官记录成王的策书，写成《君陈》。

周公死后，周成王命令君陈治理成周。

《君陈》的内容可分四部分：第一部分是序。第二部分表彰君陈的美德，任命他治理成周。第三部分告诫君陈要遵行周公的遗法。第四部分具体说明教化殷民的方法，勉励君陈敬德慎罚，实行德政。

《君陈》为伪古文。

【注解】

[1] 君陈：人名，周公之子，伯禽之弟。分：分居殷民。正：治理。东郊：指周王都洛邑的东郊。[2] 令：美，善。孝：敬事父母为孝。恭：敬事兄长为恭。[3] 友：善待兄弟为友。[4] 施：移。[5] 尹：治理。[6] 师：教导。保：安抚。[7] 率：遵循，循行。常：常法。[8] 懋：努力。昭：发扬光大。[9] 乂：安。[10] 至治：最美好的政治。馨：散布很远的香气。[11] 式：效法。时：这种。猷：道。训：教。[12] 孜孜：勤勉不怠的样子。[13] 逸豫：安逸享乐。[14] 惟：是。[15] 图：图谋，治理。[16] 莫或：没有什么事情。艰：艰难。[17] 出入：反复。师：众。虞：商量，度量。[18] 庶言：众言，指众人的意见。绎：探究，深思。[19] 后：君王。[20] 斯：这。[21] 臣人：人臣。[22] 良显：指臣子良善，君王显耀。[23] 倚：凭借。削：苛刻，指苛刻之政。[24] 宽：宽容。制：法制，分寸。[25] 从容：举止行动。和：和谐。[26] 辟：罪行。[27] 辟（bì）：惩罚，处罚。[28] 宥：宽恕。[29] 中：中正，合理。[30] 若：顺从。[31] 化：感化。[32] 辟以止辟：前一个辟是刑罚，后一个辟是罪行。用刑罚来制止犯法。[33] 狃（niǔ）：习以为常。奸宄（guǐ）：犯法作乱。[34] 常：伦常。俗：礼俗，风俗。[35] 三细：奸宄、败常、乱俗三者中的细小罪行。宥：

赦免。[36]忿疾：愤恨。顽：顽冥不化。[37]求备：求全责备。一夫：一人。[38]济：成功。[39]简：选择，鉴别。修：指修养德行的人。[40]进：进用，任用。良：贤良的人。[41]生：同"性"。厚：淳厚。[42]迁：变化。[43]敬典在德：敬守常法，讲求德行。[44]时：这，指殷民。[45]允：信，真正。大猷：大道。[46]膺：受，获得。[47]休：美，这里指美名。[48]辞：称颂。

【译文】

周公死后，周成王命令君陈按照善恶分居殷民，治理东郊成周。史官记录下成王的策书，写出《君陈》。

成王这样说："君陈啊，只有你具有美好的品德，孝顺父母，恭敬兄长，这种品德就能够转移而用于从政了。现在任命你治理这王都的东郊成周，要谨慎啊！从前，周公教导、安抚万民，民众都怀念他的恩德。去吧，谨慎地主持你的职事，遵循周公的常法，努力发扬光大周公的遗训，百姓就会安定了。

"我曾听周公说：'最好的政治，馨香远播，能感动上天的神明。黍稷的香气不是远闻的馨香，只有明德才是远闻的馨香。'你要效法周公这一教诲，每天孜孜不倦地努力，不要贪图安逸享乐。大凡常人没有见过圣道，好像也见不到，等见了圣道，也不能遵循圣道行事，你可要戒慎啊！你是风，民众是草，风吹草动，上行下效，不可不谨慎啊！治理政事，没有一件不是艰难的，有废除，有兴办，要反复和众人商量，众人的意见相同，也要探求深思，然后施行。你有了佳计良策，就要进入内廷禀告你的君主，你要在外面拥护实行。并且说：'这些佳计良策得以实行，都是我们君主的德惠。'唉！臣子要都能这样，就会臣良君显了！"

成王说："君陈，你要弘扬光大周公的伟大教导，不要依仗权势作威作福，不要凭借法制施行苛刻的政治，应当宽容有度，举措和谐有致。殷民犯了罪，我说要处罚，你不要盲目处罚；我说要赦免，你不要盲目赦免；应当公平合理地判决。有人不顺从你的政令，不为你的教导所感化，惩罚能够制止犯法，就惩罚。有人习惯于犯法作乱，败坏纲常，扰乱礼俗，即使是这三方面的小罪，也不赦免。对于冥顽不化的人，不要愤怒嫉恨，对于一个人不要求全责备。一定要有所忍耐，才能成功；有所宽容，德才算大。鉴别那些修德的人,也要鉴别那些不修德的人;任用那些贤良的人,来劝勉那些不贤良的人。百姓本性淳厚,因外物的影响有所改变,以致违抗君命,来满足他们的私欲。只要你敬守常法,讲求德行,殷民就没有不改变的。你的政教真的能够上升到大道境界,我将享受厚福,而你的美名,也终将为万世称颂。"

周成王勉励君陈敬德慎罚,实行德政。

顾 命

【原文】

成王将崩[1],命召公、毕公率诸侯相康王[2],作《顾命》。

惟四月[3],哉生魄[4],王不怿[5]。甲子,王乃洮颒水[6]。相被冕服[7],凭玉几[8]。乃同[9],召太保奭、芮伯、彤伯、毕公、卫侯、毛公、师氏、虎臣、百尹、御事[10]。

王曰:"呜呼!疾大渐[11],惟几[12],病日臻[13]。既弥留[14],恐不获誓言嗣[15],兹予审训命汝[16]。昔君文王、武王宣重光[17],奠丽陈教[18],则肄肄不违[19],用克达殷集大命[20]。

"在后之侗[21],敬迓天威[22],嗣守文、武大训[23],无敢昏逾[24]。今天降疾,殆弗兴弗悟[25],尔尚明时朕言[26],用敬保元子钊弘济于艰难[27],柔远能迩[28],安劝小大庶邦[29],思夫人自乱于威仪[30],尔无以钊冒贡于非几兹[31]!"

既受命,还,出缀衣于庭[32]。越翼日乙丑[33],王崩。

太保命仲桓、南宫毛俾爰齐侯吕伋[34],以二干戈、虎贲百人逆子钊于南门之外[35]。延入翼室[36],恤宅宗[37]。丁卯,命作册度[38]。越七日癸酉,伯相命士须材[39]。

狄设黼扆、缀衣[40]。牖间南向[41]，敷重篾席[42]，黼纯[43]，华玉[44]，仍几[45]。西序东向[46]，敷重底席[47]，缀纯[48]，文贝[49]，仍几。东序西向，敷重丰席[50]，画纯[51]，雕玉[52]，仍几。西夹南向[53]，敷重笋席[54]，玄纷纯[55]，漆，仍几。

越玉五重[56]、陈宝[57]、赤刀[58]、大训[59]、弘璧[60]、琬琰[61]、在西序。大玉[62]、夷玉[63]、天球[64]、河图[65]、在东序。胤之舞衣[66]、大贝、鼖鼓[67]、在西房。兑之戈、和之弓、垂之竹矢、在东房。

大辂在宾阶面[68]，缀辂在阼阶面[69]，先辂在左塾之前[70]，次辂在右塾之前[71]。

二人雀弁[72]，执惠[73]，立于毕门之内[74]。四人綦弁[75]，执戈上刃[76]，夹两阶戺[77]。一人冕[78]，执刘[79]，立于东堂。一人冕，执钺[80]，立于西堂。一人冕，执戣[81]，立于东垂[82]。一人冕，执瞿，立于西垂。一人冕，执锐[83]，立于侧阶[84]。

【主旨讲解】

《顾命》是周成王病危将终，召集召公、毕公等诸大臣，嘱咐其辅立太子姬钊嗣位时所作的遗嘱。次日成王死后，召、毕二公率诸侯迎立太子钊于先王庙，即位为康王。篇中详细记载了康王见于先王庙受顾命之戒而后举行即位这一隆重典礼中各种陈设，君臣诸侯站位，兵卫布列与典礼过程，记录之详，超过了东周后礼书的记载。

【注解】

[1] 崩：古时天子死叫崩。[2] 召公：周文王之子，当时官居太保。毕公：周文王之子，当时官居太师。相：辅佐。康王：名钊，周成王的太子。[3] 四月：周成王二十八年四月。[4] 哉生魄：月亮开始发光之时，即阴历每月的月初。[5] 怿：喜悦。不怿：这里是身体不适、患病的意思。[6] 洮：洗头。頮（huì）：洗脸。[7] 相：君王的侍从官员。被：披。冕：王冠。服：朝服。[8] 凭：依，靠。玉几：用玉镶嵌的几案。[9] 同：周代众诸侯朝见天子。[10] 太保奭（shì）：即召公。当时和芮伯、彤伯、毕公、卫侯、毛公为六卿。师氏：官名，负责军队的官员。虎臣：就是虎贲，守卫王宫的官员。百尹：百官之长。御事：一般的治事官员。[11] 渐：进，剧。[12] 几：危险。[13] 臻：至，这里是发展的意思。[14] 弥留：最

终奄留人世。弥：终。[15] 誓：谨慎。嗣：后嗣。[16] 审：详细。[17] 宣：显扬。重光：日月般的光辉。[18] 奠：定。丽：法律。陈：发布。教：教令。[19] 肄肄（yì）：努力的意思。[20] 用：因而，从而。达：即"挞"，挞伐，引申为讨伐，征伐。集大命：指建立周王朝。集：成就。[21] 在后之侗：成王自谦之词。侗：未成器之人。[22] 迓（yà）：迎接。这里是奉行的意思。[23] 嗣：继续。[24] 昏：昏乱。逾：改变。[25] 殆：几乎。兴：起。悟：通"寤"，引申为说话。[26] 明：勉，努力。时：承受。[27] 元子：太子。钊：康王名。弘：大。济：渡过。[28] 柔：安抚，安定。能：亲善。[29] 劝：教导。[30] 夫人：众人。威仪：礼法。[31] 以：使。冒：冒犯。贡：陷。几：法。兹：通"哉"，语末助词。[32] 出：拿出。缀衣：成王的冕服。庭：朝廷的王位。意思是君王生病不能视朝，便将朝服置于王位之上，供群臣参拜。[33] 越：到了。翼日：明天。[34] 仲桓、南宫毛：都是人名。俾：从。爰：于。齐侯吕伋：即丁公，太公吕尚之子。[35] 以：用。二干戈：指仲桓、南宫毛二人各执一干一戈。逆：迎接。[36] 延：请。翼室：侧室。[37] 恤宅宗：指太子钊忧居侧室主持丧事。恤：忧。宅：居。宗：主。[38] 作册：官名，就是太史。度：法则，这里指丧仪。[39] 伯相：指当时辅佐周室的二伯召公和毕公。士：众官员。须：这里是准备的意思。材：指下文所述的各种器物。[40] 狄：狄人，主持祭礼之官。黼（fǔ）扆（yǐ）：安放在王位后面饰有斧形花纹的屏风。[41] 牖（yǒu）间：门窗之间。牖：窗。[42] 敷：布置，铺设。重：双层。篾席：竹席。[43] 黼纯：黑白相间的丝织花边。[44] 华玉：五色玉。[45] 仍几：未经油漆装饰的几案。仍：凭本质而不加文饰。[46] 序：堂上的东西墙。西序：堂西墙。[47] 底席：用细竹篾编成的席子。[48] 缀：这里指画饰。纯（zhǔn）：席子的镶边。[49] 文贝：有花纹的贝。[50] 丰席：用莞草编的席子。[51] 画纯：席边画着云气。[52] 雕玉：刻有花纹的玉。[53] 西夹：堂西边的夹室。[54] 笋席：用青竹皮编成的席子。[55] 玄纷纯：黑丝绳镶饰的席边。[56] 越玉：越地进献的玉。五重：五种。[57] 陈宝：陈列宝器。[58] 赤刀：武王伐纣时用的刀，赤色。[59] 大训：记载先王训诫的典籍。[60] 弘璧：大玉璧。弘：大。[61] 琬琰（yǎn）：圆顶玉圭和尖顶玉圭。[62] 大玉：华山出产的玉。[63] 夷玉：东北出产的美玉。[64] 天球：玉磬。[65] 河图：地图。[66] 胤：与下文的兑、和、垂都是人名。[67] 鼖（fén）：大鼓，古代的一种军鼓。[68] 辂（lù）：国君乘坐的车辆。天子乘的车有五种：玉辂、金辂、象辂、革辂、木辂。大辂：即玉辂。宾阶：宾客站立的台阶，就是西阶。[69] 缀辂：即金辂，用金属装饰的车。阼（zuò）阶：主人站立的台阶，就是东阶。[70] 先辂：即象辂，用象牙装饰的车。塾：门侧堂屋。[71] 次辂：即木辂，木质无饰的车。[72] 雀：赤黑色。弁（biàn）：帽子。[73] 惠：矛一类的兵器。[74] 毕门：祖庙门。[75] 綦（qí）：青黑色。[76] 上刃：刃外向。[77] 陴（shì）：夹阶的斜石。[78] 冕：比雀弁高级的礼帽。[79] 刘：一种斧类兵器。[80] 钺（yuè）：大斧。[81] 癸（kuí）：与下句的"瞿"都指三锋矛。[82] 垂：堂的旁边叫垂，也称堂廉。[83] 锐：矛一类的武器。[84] 侧阶：北堂北下阶。

【译文】

周成王在临终之际，命令召公、毕公率领诸侯辅佐周康王，史官把成王的遗命记录下来，写成《顾命》。

成王二十八年四月，开始见到月亮那天，成王的病体更觉不适。甲子那天，成

周成王临终之际，命令召公、毕公率众诸侯辅佐周康王。

王洗了头和脸，由侍候的臣下给他戴上王冠、披上朝服，成王靠着玉几。于是举行诸侯朝见之礼。成王同时召来太保召公奭、芮伯、彤伯、毕公、卫侯、毛公、诸臣师氏、虎臣、百官之正长以及王室内供奉职务的官员们。

王说："唉，疾病加重了，已经到了危险的程度。在这弥留之际，恐怕来不及郑重地安排后嗣的事了，所以我现在谨训命你们，以前我们的先君文王、武王，显扬他们日月般的光辉，定下法令，敷陈德教，人民都努力奉行，不敢违背，因此最终打败殷商，建立了周朝。

"先君之后，幼稚的我，恭敬而谨慎地遵从上天的威命，继续

遵循文王、武王的伟大教诲，不敢昏乱变更。现在上天降下疾病，使我几乎不能起床不能神志清醒了。你们要领会我现在所说的话，以敬保我的长子姬钊度过这艰难时刻，怀柔远方，亲善近邻，安抚大大小小的邦国。我想众人都应该用礼法自制。你们不要让姬钊触犯礼法，陷入非法的境地啊！"

成王传授了顾命之词之后，还归寝宫。拿出成王的朝服放在王庭上，供群臣瞻拜。到第二天乙丑日，成王就去世了。

太保命令仲桓、南宫毛二人跟随齐侯吕伋，两人分别手执干和戈，率领一百名虎贲武士，来到南门外迎接太子姬钊。请太子姬钊进入侧室，太子忧伤地居住在那里，以主持丧礼仪式。丁卯那天，命令太史预备好册书，拟定丧礼的法则。过了七天，到癸酉日那天，召公和毕公便命令众人准备好丧礼中所需用的各种器物。

主祭官狄人下令布置礼堂，摆放斧纹的屏风和先王的礼服。在两个牖窗之间朝南的方向，铺设两层用黑白纹的缯作饰边的竹席，席上摆放着用五色玉装饰的成王生前曾用过的凭几。在西墙朝东的方向，铺设两层以杂彩镶边的篾竹席，席上摆放着用文采装饰的成王曾用过的凭几。在东墙朝西的方向，铺设两层用五彩画帛饰边的莞席，席上摆放着用雕玉装饰的成王曾用过的凭几。西夹室朝南的方向，铺设两层用黑色丝绳镶边的青皮竹席，席上摆放着漆器和成王曾用过的凭几。

还陈列了宝器：越玉五种、赤刀、大训、大璧、琬、琰，摆放在西墙向东的席前；夏族地域所产的大玉、东夷族地域所产的夷玉，以及名为天球、河图的玉，这四种玉器摆放在东墙向西的席前。古代能工巧匠胤所制的舞衣、大贝壳和长八尺的鼖鼓摆放在西房。兑制作的戈，和制作的弓，垂制作的竹矢，摆放在东房。

天子的玉车放置在宾客行走的台阶的前面，金车放置在主人走的台阶的前面，象车放置在左侧堂的前面，木车放置在右侧堂的前面。

两个武士头戴赤黑色礼帽，手执叫作"惠"的三刃戟站在祖庙门内。四个武士头戴青黑色礼帽，手执刃口向上的戈，分别夹立在阼阶和宾阶这两阶边石两侧。一名武士头戴冕冠，手执叫作"刘"的斧钺，站在东堂的前面。一名武士头戴冕冠，手执大斧，站在西堂的前面。一名武士头戴冕冠，手执三锋矛，站在东堂的外边。一名武士头戴冕冠,手执三锋矛,站在西堂的外边。一名武士头戴冕冠,手执叫作"锐"的武器,站在北面的台阶之上。

【原文】

王麻冕黼裳[1],由宾阶隮[2]。卿士邦君麻冕蚁裳[3],入即位。太保、太史、太宗皆麻冕彤裳[4]。太保承介圭[5],上宗奉同瑁[6],由阼阶隮[7]。太史秉书,由宾阶隮,御王册命[8]。曰:"皇后凭玉几[9],道扬末命[10],命汝嗣训[11],临君周邦[12],率循大卞[13],燮和天下[14],用答扬文、武之光训[15]。"王再拜,兴[16],答曰:"眇眇予末小子[17],其能而乱四方以敬忌天威[18]?"

乃受同瑁[19],王三宿[20],三祭[21],三咤[22]。上宗曰:"飨[23]!"太保受同[24],降[25],盥[26],以异同秉璋以酢[27]。授宗人同[28],拜[29]。王答拜。太保受同,祭,哜[30],宅[31],授宗人同,拜。王答拜。太保降,收[32]。诸侯出庙门俟[33]。

【注解】

[1] 王:指周康王。麻冕:麻制的礼帽。黼裳:绣着虎形图案的礼服。[2] 由宾阶隮:当时康王还没有受册命即位,太保代成王居主位,所以康王为宾,从宾阶升。隮:升,登上。[3] 蚁裳:色黑如蚁的礼服。[4] 太宗:就是大宗伯。彤裳:红色礼服。[5] 承:捧着。介圭:大圭。[6] 上宗:即太宗。同:酒杯。瑁:一种玉器。上文的"介圭"和"瑁"都是天子的吉祥物。[7] 阼阶:东阶。与上文"宾阶"相对,为主阶。此时太保代主,所以由主阶上。[8] 御王册命:迎着康王宣布册命。御:迎接。[9] 皇后:大王,指周成王。皇:大。[10] 道扬:宣布。末命:临终遗命。[11] 训:指先王的大训。[12] 临:这里是治理的意思。[13] 卞:法,法度。[14] 燮:和谐。[15] 答:对,扬。光训:明训。[16] 兴:起。[17] 眇眇:微小。末:微末。[18] 其:岂,怎么。而:和。乱:治理。忌:畏。[19] 受:接受。[20] 宿:进。[21] 祭:将酒洒入地下。[22] 咤:奠爵酒。[23] 飨:饮。[24] 太保受同:指太保接过王喝酒的酒杯。[25] 降:走下台阶。[26] 盥(guàn):洗手。[27] 异同:另一种酒杯。璋:大臣所用的酒器,就是上文"异同"。酢(zuò):报答。这里是"自酌"的意思。[28] 宗人:大宗伯的助手。[29] 拜:指太保拜君王。[30] 哜(jì):尝。[31] 宅:奠酒。[32] 收:撤去,指撤去各种陈设。[33] 诸侯:泛指诸侯卿士等。俟(sì):等待。

【译文】

康王头戴宗庙祭祀用的麻制礼帽,身穿绣着斧形图案的吉服,从西阶上来。卿士、诸侯头戴麻冕,穿着黑色礼服,入庙来各就其位。太保、太宗、太史也都戴着麻冕,穿着红色礼服。太保捧着天子信物介圭,太宗捧着酒爵和瓒,由东边的阼阶走上

周康王接受册命的仪式后,诸侯卿士们走出祖庙大门,恭候康王视朝。

堂。太史秉着写有成王顾命的册命之词的命书,由西边宾阶走上堂,迎着康王宣读策书。说:"大王当日凭着玉几发布临终之命,命你承受遗训,即位治理周朝,遵守大法,协和天下,用以弘扬文王、武王圣明的大训。"康王再拜,起身后恭敬地说道:"我这个微不足道的小子,怎么能使四方和谐安治,使万民敬畏天威呢?"

于是康王接受了酒杯和瓒,前进三次,祭酒三次,奠酒三次。上宗对康王说:"请飨福酒。"康王喝完酒后,把酒爵交给太保。太保接过酒杯,走下堂,洗手,又走上堂。取另一个酒杯自斟自饮作答。然后把酒杯交给宗人,自己下拜,告以完成顾命之事。康王也回了一拜,作为答谢。太保又从太宗手里接过酒杯,祭酒,尝酒,然后把酒杯交给宗人,又下拜,康王又答拜。然后太保走下堂,礼毕,诸执事官收酒器、册书等器物,典礼完毕,诸侯走出庙门,等候拜见新君康王。

康王之诰

【原文】

　　康王既尸天子[1],遂诰诸侯,作《康王之诰》。
　　王出,在应门之内[2]。太保率西方诸侯入应门左[3],毕公率东

方诸侯入应门右[4]，皆布乘黄朱[5]。宾称奉圭兼币[6]，曰："一二臣卫敢执壤奠。"皆再拜稽首。王义嗣[7]，德答拜。

太保暨芮伯咸进，相揖。皆再拜稽首曰："敢敬告天子，皇天改大邦殷之命，惟周文、武诞受羑若[8]，克恤西土。惟新陟王毕协赏罚，戡定厥功[9]，用敷遗后人休[10]。今王敬之哉！张皇六师[11]，无坏我高祖寡命[12]！"

王若曰："庶邦侯甸男卫[13]！惟予一人钊报诰[14]。昔君文、武丕平富[15]，不务咎[16]，厎至齐[17]，信用昭明于天下[18]。则亦有熊罴之士，不二心之臣，保乂王家[19]，用端命于上帝。

"皇天用训厥道[20]，付畀四方[21]。乃命建侯树屏[22]，在我后之人。今予一二伯父尚胥暨顾，绥尔先公之臣服于先王[23]。虽尔身在外，乃心罔不在王室，用奉恤厥若[24]，无遗鞠子羞[25]！"

群公既皆听命，相揖，趋出[26]。王释冕，反，丧服[27]。

【主旨讲解】

康王，成王的儿子。康王即位以后，群臣和诸侯对康王提出告诫，康王致答词。史官记录这件事，写成《康王之诰》。

《康王之诰》可分三部分：第一部分是序。第二部分叙述太保和芮伯劝勉康王继承文王遗志，发扬光大文王、武王开创的基业。第三部分康王勉励诸侯君臣继续忠于周室，勤劳王事。

《康王之诰》中记载了周康王即位后的第一篇诰词。因为本篇与前文《顾命》的内容联系紧密，所以伏生的今文《尚书》把二者合为一篇。今依阮元刻本《十三经注疏》，以《康王之诰》独立成篇。

【注解】

[1] 尸天子：主天子之位。尸：主。[2] 应门：周制，天子五门，由外向内依次为皋门、库门、雉门、应门、路门。宗庙在路门之外、应门之内。[3] 太保：这里指召公，当时为西伯，是西方诸侯之长。[4] 毕公：当时为东伯，是东方诸侯之长。[5] 布乘：诸侯的礼服。[6] 宾：接待诸侯、导行仪节的官员。称：呼。奉：献。圭：命圭。币：贡物。[7] 义嗣：礼辞。以礼辞谢，不坚决拒绝。嗣：通"辞"。[8] 诞：大。羑（yǒu）若：福祥。[9] 戡：能够。[10] 敷：普遍。休：美，善。[11] 张皇：扩充。张：夸大。皇：大。[12] 无：不要。寡：大。[13] 侯甸男卫：指侯、甸、男、卫的诸侯。[14] 钊：

康王名。报：答。[15]丕平：公平。富：仁厚。[16]咎：过失，这里指刑罚。[17]厎：致。至：施行。齐：适中。[18]用：因而。[19]保乂：安治。[20]训：顺，依据。[21]付畀(bì)：赐予。[22]建侯：分封诸侯。屏：屏障，指保卫力量。[23]绥：继承。先公：指诸侯的先辈。[24]奉：助。恤：忧念。若：理顺。[25]鞠子：稚子。康王自谦之词。[26]趋：快步而行。[27]释：脱去。丧服：穿上丧服。

【译文】

　　康王即位为天子，于是就诰命诸侯，史官把诰词记录下来，写成《康王之诰》。

　　康王出来，在应门之内。西伯召公率西方诸侯从左侧入应门，东伯毕公率东方诸侯从右侧入应门，这些诸侯全都穿着黄红二色的诸侯礼服。由承命传话的官员代为禀告，诸侯都按照享礼敬奉圭、币，并进奏说："我们一二藩卫之臣，各自向大王奉献土产。"诸侯皆再拜叩头。康王按礼节辞谢，然后升位回礼向诸侯答拜。

　　太保召公和芮伯都走上前去，相互作揖，又一同向康王再拜稽首，说："谨敢敬告天子，伟大的上帝更改了大邦殷的命运，让我们大周的文王、武王承受了福祥，能安恤治理好西土。而刚刚去世的成王，施行严明的赏罚，发扬光大文、武的德业，所以能留给子孙后代以无穷无尽的美好和幸福。现在大王要特别谨慎呀！应该加强和扩充军备，不要毁坏我高祖所建的大命！"

　　康王这样说道："诸位邦、侯、甸、男、卫各级诸侯们，我姬钊特向你们答以诰词。当年我们的先君文王、武王公平仁厚，从不滥用刑罚，一切措施都恰到好处，因而圣德昭明于天下。还有勇如熊罴的战士和忠贞不贰的贤臣，共同治理我们的国家，因而能始终获得上帝的天命。

　　"上天顺应文、武的治国之道，把天下交给先王治理。于是在天下分封诸侯，树立护卫力量，眷顾我们的后世子孙。现在，我期望我们这些同姓诸侯还能互相顾念，继续像你们的祖先那样臣服于周朝的先公。虽然你们身在外地为诸侯，你们的心不可不在王室，要辅佐我理顺王业，不要使我这稚子负羞于先王。"

　　群臣诸侯听了康王的诰命之后，相揖而退，快步走出应门。康王回到侧室守丧，脱去冕服，穿上丧服。

毕 命

【原文】

康王命作册毕[1]，分居里[2]，成周郊[3]，作《毕命》。

惟十有二年[4]，六月庚午朏[5]，越三日壬申，王朝步自宗周[6]，至于丰[7]。以成周之众，命毕公保厘东郊[8]。

王若曰："呜呼！父师[9]，惟文王、武王敷大德于天下[10]，用克受殷命。惟周公左右先王[11]，绥定厥家，毖殷顽民[12]，迁于洛邑，密迩王室[13]，式化厥训[14]。既历三纪[15]，世变风移，四方无虞[16]，予一人以宁。道有升降，政由俗革[17]，不臧厥臧[18]，民罔攸劝[19]。惟公懋德[20]，克勤小物[21]，弼亮四世[22]，正色率下[23]，罔不祗师言[24]。嘉绩多于先王[25]，予小子垂拱仰成[26]。"

王曰："呜呼！父师，今予祗命公以周公之事[27]，往哉！旌别淑慝[28]，表厥宅里[29]，彰善瘅恶[30]，树之风声[31]。弗率训典[32]，殊厥井疆[33]，俾克畏慕[34]。申画郊圻[35]，慎固封守[36]，以康四海。政贵有恒，辞尚体要[37]，不惟好异[38]。商俗靡靡[39]，利口惟贤，余风未殄[40]，公其念哉！

"我闻曰：'世禄之家[41]，鲜克由礼[42]。以荡陵德[43]，实悖天道。敝化奢丽[44]，万世同流。'兹殷庶士，席宠惟旧[45]，怙侈灭义[46]，服美于人。骄淫矜侉[47]，将由恶终[48]。虽收放心[49]，闲之惟艰[50]。资富能训[51]，惟以永年。惟德惟义，时乃大训[52]。不由古训，于何其训？"

王曰："呜呼！父师，邦之安危，惟兹殷士。不刚不柔，厥德允修[53]。惟周公克慎厥始[54]，惟君陈克和厥中，惟公克成厥终。三后协心[55]，同底于道[56]，道洽政治[57]，泽润生民[58]，四夷左衽[59]，罔不咸赖[60]，予小子永膺多福[61]。公其惟时成周[62]，建无穷之基，亦有无穷之闻[63]。子孙训其成式[64]，惟乂[65]。呜呼！罔曰弗克[66]，惟既厥心[67]；罔曰民寡[68]，惟慎厥事。钦若先王成烈[69]，以休于前政[70]。"

【主旨讲解】

毕，指毕公。殷民迁往成周以后，经过周公和君陈的治理教化，虽然多数已服从周王朝的统治，但周王朝仍然不敢放松对他们的改造。君陈死后，周康王又任命四朝元老毕公继续治理殷民。史官记录下康王的诰命,写成《毕命》。

《毕命》的内容可分五部分:第一部分是序。第二部分史官记录康王册命毕公的时间、地点。第三部分康王赞美毕公治理国家的德业。第四部分康王阐述教化殷民的具体策略和方法。第五部分勉励毕公勤于教化,以德惠民。

《毕命》是伪古文。

【注解】

[1] 作册:拟写册书。[2] 分:分别,区别。居里:住处。[3] 成:安定。周郊:指成周。[4] 十有二年:指周康王十二年。[5] 朏(fěi):新月初放光明。[6] 朝:早晨。步:行。宗周:指镐京。[7] 丰:文王时的王都。[8] 厘:治理。[9] 父师:对同姓尊者的敬称。[10] 敷:布。[11] 左右:辅佐。[12] 毖:告诫。[13] 密迩:接近,亲近。[14] 式:因而。化:感化。训:教训。[15] 纪:古时记时单位,十二年为一纪。[16] 虞:忧虑。[17] 由:顺,依。[18] 臧:善。[19] 攸:所。劝:勉。[20] 懋:盛大。[21] 小物:小事。[22] 弼亮:辅佐。四世:指文王、武王、成王、康王四世。[23] 正色:指态度庄重。率:统率。[24] 祗:敬。师言:指毕公的教导。[25] 多:重视。于:被。[26] 垂拱:垂衣拱手。仰:依赖。成:成功。[27] 命:托付。[28] 旌别:区别。淑:善。慝(tè):恶。[29] 表:旌表,以某种方式表彰善行。[30] 瘅(dàn):斥责。[31] 风声:风气。[32] 率:遵从。训典:教令。[33] 殊:异,这里是区分、分别的意思。井:古制八家为井,引申为乡里家宅。疆:界。[34] 俾:使。畏慕:畏惧行恶之祸,敬慕行善之福。[35] 申:申明。画:划分。郊圻(qí):封邑内外的界域。[36] 封:指封邑。守:守备。[37] 尚:崇尚。体:体现。[38] 好:喜好。异:奇异。[39] 靡靡:娇柔而浮华。[40] 殄(tiǎn):灭绝。[41] 世禄:世代享受律禄。[42] 鲜(xiǎn):少。由:遵行。[43] 荡:放荡。陵:侵凌,欺辱。[44] 敝化:败坏的风俗。丽:华丽。[45] 席:固,凭借。席宠:凭借先人的宠荣。旧:久。[46] 怙(hù):仗恃。侈:大。[47] 骄淫:骄横,放荡。矜伐:夸耀自己。[48] 由:行。[49] 放心:放荡恣肆之心。[50] 闲:约束。[51] 资:资财。训:顺从。[52] 时:这。[53] 允:定。修:成。[54] 始:开端,与下文的"中""终"都指教化治理殷民的不同阶段。[55] 三后:指周公、君陈、毕公三君。协心:协力同心。[56] 厎:归,达到。

道：圣道。[57]政：政事。治：治理。[58]生民：百姓。[59]四夷：东夷、西戎、甫蛮、北狄的总称。古代指四方边远地区的少数民族。左衽：这里指少数民族的人民。衽（rèn）：衣襟。[60]赖：依赖。[61]永：长久。膺：受。[62]时：善。[63]闻：美誉，好名声。[64]式：法，法度。[65]乂：安。[66]罔：不。[67]既：尽。[68]寡：少。[69]钦：敬。成烈：盛大的功业。烈：功业。[70]休：美好。前政：指周公、君陈的政绩。

【译文】

周康王命令拟制册书，册命毕公治理成周，分别殷民善恶，区别居里疆界，以安定周都的城郊。史官记录下这件史实，写成《毕命》。

周康王十二年六月庚午日，新月初出。

君陈死后，周康王任命四朝元老毕公治理殷民。

到了第三天壬申日，康王清早从镐京出发到了丰邑。把成周的民众委托给毕公，命令毕公安抚治理王都的东郊。

康王这样说："啊！父师，文王和武王在天下普遍实行德政，因而能够承受殷国的福命。周公辅助先王，安定国家，告诫殷商顽民，把他们迁都到洛邑，让他们接近王室，因此，他们被周公的训导感化了。从那时到现在，已经历了三纪，时世和风俗都发生了变化，四方也没有忧虑的事，我因而感到很安宁。世道有好有坏，政教也要随着风俗的改变而变化。如果不能褒奖良善，就无法劝勉民众弃恶从善。我公盛德，不但能勤于小事，而且辅佐了四代君王，严肃地统率下属，臣民对您的教诲都很敬重。您的美善业绩被先王重视，我依赖您的辅佐也在垂衣拱手之间成就了一番功业。"

康王说："啊！父师，今天我郑重地把周公治理殷民的重任托付给您，您就去吧！您要区别善恶，对于善良的殷民，要旌表他们的住宅乡里，表扬良善，斥责邪恶，树立起美善的风气。对于不遵从教令的殷民，划出一定的区域让他们居住，使他们能够知道什么是荣辱祸福。还要申明划出郊圻的分界，慎重加固封邑的守备，从而安定天下。为政贵有常法，言辞崇尚具体简要，不要好奇求异。殷商风俗娇柔浮华，以巧辩为贤能，这种遗风至今尚未灭绝，您可不要忘记呀！

"我听说过这样一句名言：'世世代代享受俸禄的人家，很少能够遵从礼法。他们以放荡之行轻蔑德义，实在是严重违背天道。败坏的风俗，奢侈华丽，世代都是一个样子。'殷商的众士，凭借先人的宠荣很久了，仗持势大力强而灭绝德义，服饰华美过人。他们骄横、放荡、自夸自大，将行恶终身。虽然收敛了放荡之心，但要约束他们还是很困难的。资财富足而又能够遵循教化，可以延年益寿。持德行义，这是大训，不顺从古训，那么顺从什么呢？"

康王说："啊！父师，国家的安危，至今仍然在于教化这些殷商旧臣。对于他们要刚柔相济，这样德政就一定能够施行。开始，周公能够谨慎管教；中间，君臣能够和谐地治理；最终您要能够完成教化的任务。三君齐心协力，共同把国家导入圣道。圣道和洽，政事平安，你们的恩泽有如春雨，滋润着天下民众。四夷的人民没有不依赖你们的，我这个年轻人也可以永享大福了。你要治理好成周，建立固定无穷的基业，你也可以流芳后世。后代子孙顺从你的成法，天下也就安定了。啊！不要说不能胜任，要尽心尽力。不要认为那里人数不多因而不值得治理，要谨慎行事。你要恭敬地继承先王盛大的事业，并创造出比前代更加美好的功绩。"

君 牙

【原文】

穆王命君牙[1]，为周大司徒[2]，作《君牙》。

王若曰："呜呼！君牙，惟乃祖乃父，世笃忠贞[3]，服劳王家[4]，厥有成绩，纪于太常[5]。惟予小子嗣守文、武、成、康遗绪[6]，亦惟先正之臣[7]，克左右乱四方[8]。心之忧危，若蹈虎尾，涉于春冰。

"今命尔予翼[9]，作股肱心膂[10]，缵乃旧服[11]。无忝祖考[12]，弘敷五典[13]，式和民则[14]。尔身克正，罔敢弗正；民心罔中[15]，惟尔之中。夏暑雨，小民惟曰怨咨[16]；冬祁寒[17]，小民亦惟曰怨咨。厥惟艰哉！思其艰以图其易[18]，民乃宁。

"呜呼！丕显哉，文王谟[19]！丕承哉，武王烈[20]！启佑我后人[21]，咸以正罔缺[22]。尔惟敬明乃训[23]，用奉若于先王[24]，对扬文、武之光命[25]，追配于前人[26]。"

王若曰："君牙，乃惟由先正旧典时式[27]，民之治乱在兹[28]。率乃祖考之攸行[29]，昭乃辟之有乂[30]。"

【主旨讲解】

君牙，人名。周穆王任命君牙担任周国的大司徒。史官记录穆王的册命，写成《君牙》。

《君牙》的内容可分四部分：第一部分是序。第二部分穆王赞美君牙先世的功绩，说明册命君牙的原因。第三部分告诫君牙宣扬五典，体恤民生艰难。第四部分勉励君牙奉行先王法度。

【注解】

[1] 穆王：周穆王，名满，周康王之孙，昭王之子。[2] 大司徒：官名，六卿之一，掌管教化。[3] 笃：诚，厚。[4] 服劳：服侍，效劳。[5] 纪：记。太常：周代王家旌旗名。[6] 嗣：继承。遗绪：前人遗留下来的未竟事业。[7] 惟：思。先正：先王。[8] 左右：辅佐。乱：治理。[9] 翼：辅佐。[10] 股：大腿。肱（gōng）：手臂。膂（lǔ）：脊骨。股肱心膂：比喻君王左右得力的重臣。[11] 缵（zuǎn）：继承。服：服侍。旧服：祖先担任的旧职。[12] 忝（tiǎn）：辱没。[13] 敷：布，显扬。五典：即五常，指五种人伦准则：父义、母慈、兄友、弟恭、子孝。[14] 式：用。则：法则。[15] 中：中正之道，标准。[16] 怨：怨恨。咨：叹息。[17] 祁：大。寒：下雪。[18] 图：谋求。易：治理，这里指治理的方法。[19] 谟：谋略。[20] 烈：业。[21] 启：启示，开导。[22] 正：正道。[23] 乃训：指司徒掌管的"五典"的教化。[24] 若：顺。[25] 对：答。扬：颂扬。[26] 配：匹配，相称。[27] 由：行。时：善。式：法。[28] 兹：这。指上文的"旧典时式"。[29] 率：遵循。[30] 昭：显扬，光大。辟：君王。乂：治。

【译文】

周穆公任命君牙担任周王朝的大司徒，史官记录下任命册书写成《君牙》。

王这样说："啊！君牙，你的祖辈和父辈，世代对周王室都很

周穆王任命君牙担任周国的大司徒。

忠诚、坚贞,服侍、效劳王室,很有功绩,他们的政绩都记录在王家的太常旗上。我这个年轻人继守文王、武王、成王、康王的遗业,也想先王的忠臣,能够辅佐我治理天下。我心中满怀忧愁焦虑,就好像踩在老虎尾上,行走在春天的薄冰上一样。

"现在我命你辅助我,做我的得力重臣,承袭你祖先的旧职。不要辱没了你的祖辈和父辈。要广泛普遍地传播五典之教,用来作为和谐民众的准则。你自身能正,人民不敢不正;人民心中没有中正的标准,只是以你为标准。夏天炎热大雨,老百姓只知道怨恨叹息;冬天严寒大雪,老百姓也只知道怨恨叹息。他们的生计很艰难呀!你想到他们的艰难,从而谋求那些改善和治理的办法,人民就安宁了。

"啊!伟大光明啊,文王的谋略!全力继承啊,武王的功业!他们启导并佑助我们这些后代子孙,使我们都遵循正道而无差失。你只要敬守并显扬五典的教化,来奉顺先王,就能够弘扬文王、武王的光明教导,取得能与你祖辈和父辈相匹配的功绩。"

王这样说:"君牙,你应当奉行先王的旧典善法,民众的治与乱全在此中。你应当遵循你祖辈和父辈的所做所为,光大你的君王治理天下的大道。"

冏 命

【原文】

穆王命伯冏,为周太仆正[1],作《冏命》。

王若曰:"伯冏,惟予弗克于德,嗣先人宅丕后[2],怵惕惟厉[3],中夜以兴[4],思免厥愆[5]。

"昔在文、武，聪明齐圣[6]，小大之臣，咸怀忠良。其侍御仆从，罔匪正人[7]，以旦夕承弼厥辟[8]，出入起居，罔有不钦[9]，发号施令，罔有不臧[10]。下民祗若[11]，万邦咸休。

"惟予一人无良，实赖左右前后有位之士，匡其不及[12]，绳愆纠缪[13]，格其非心[14]，俾克绍先烈[15]。今予命汝作大正[16]，正于群仆侍御之臣[17]，懋乃后德[18]。交修不逮[19]。慎简乃僚[20]，无以巧言令色，便辟侧媚[21]，其惟吉士[22]。仆臣正，厥后克正；仆臣谀，厥后自圣[23]。后德惟臣，不德惟臣。尔无昵于憸人[24]，充耳目之官[25]，迪上以非先王之典[26]。非人其吉，惟货其吉[27]，若时，瘝厥官[28]，惟尔大弗克祗厥辟，惟予汝辜[29]。"

王曰："呜呼，钦哉！永弼乃后于彝宪[30]。"

【主旨讲解】

冏（jiǒng），伯冏，人名。周穆王任命伯冏担任周朝的太仆长。史官记录穆王的册命，写成《冏命》。

《冏命》的内容可分三部分：第一部分是序。第二部分追述文王、武王善用臣仆侍御官员，指出他们对国君的重大影响。第三部分告诫伯冏任用贤士，勉励他以常法辅助君王。

《冏命》是伪古文。

【注解】

[1]太仆：官名，掌管君王车马之官。正：长。[2]宅：居。后：君。丕后：大君。[3]怵（cù）惕：戒惧。厉：危险，祸患。[4]中夜：半夜。兴：起。[5]愆：罪过，过失。[6]聪：这里指博闻的意思。明：这里是广识的意思。齐：通达。圣：圣明。[7]正人：忠诚正直之人。[8]弼：辅佐。辟：君王。[9]钦：恭敬。[10]臧：完善。[11]祗：恭敬。若：顺。[12]匡：匡扶。不及：做不到的地方。[13]绳：纠正。缪（miù）：错误。[14]格：纠正。[15]俾：使。绍：继承。先烈：祖先的功业。[16]大正：即太仆正。[17]正：领导。[18]懋：劝勉。[19]交：共同。修：治理，补救。逮：及。[20]简：选择。[21]便辟侧媚：指善于阿谀奉承的人。[22]吉士：品德高尚的人。[23]自圣：自以为圣明。[24]昵：亲近。憸（xiān）人：能说会道的人。[25]充：任。耳目之官：指近侍官员。[26]迪：引导。非：违背。典：法。[27]吉：良善。货：财货。[28]瘝（guān）：败坏。[29]辜：罪，惩罚。

汝辜：惩罚你。[30] 永弼：永远辅佐。彝：常。宪：法。

【译文】

周穆公任命伯冏担任周国的太仆正。史官记录下册命，写成《冏命》。

王这样说："伯冏啊！我不能够敬修德行，自继承先王基业即位为君王以来，心里恐惧担心会有危险，甚至半夜起来，思考怎样免除过失。

"过去，文王、武王博闻广识，通达圣明，大小臣子对朝廷都怀着忠良之心。他们身边的近臣仆从，没有一个不是忠贞正直的人。他们一天到晚尽心辅助他们的君王，所以君王的出入起居，没有不恭谨的；发号施令，没有不完善的。老百姓恭敬顺服，天下万国融洽和美。

"我没有好的德行，实在需要依靠左右前后的贤士，匡正我的不到之处，纠正过错和谬误，端正不正确的思想，使我能够继承先王的功业。如今，我任命你担任太仆正之职，统领我身边的这些仆从近臣，努力促使你的君王敬修道行，共同弥补那些做得不够的地方。你要慎重地选择你的部属，不能选用那些巧言令色、阿谀奉承的人，只能任用品德高尚的贤士。君仆近臣正，他们的君主才能正；君仆近臣阿谀奉迎，他们的君主就会以圣明自居。君王有德在于臣下，君王失德也在于臣下。你不要亲近那些能说会道的小人，让他们充任近臣，引导君王去违背先王的法典。如果不以贤人为良善，只以财货为良善，像这样，就会败坏我们的官职，就是对你的君王大不敬，我就会惩罚你。"

穆王说："啊！要慎重啊，永远辅助你的君王奉行常法吧。"

周穆王告诫伯冏任用贤士，勉励他以常法辅助君王。

吕 刑

【原文】

吕命穆王训夏赎刑[1]，作《吕刑》。

惟吕命，王享国百年[2]，耄[3]，荒度作刑[4]，以诘四方[5]。

王曰："若古有训[6]，蚩尤惟始作乱，延及于平民，罔不寇贼[7]，鸱义奸宄[8]，夺攘矫虔[9]。苗民弗用灵[10]，制以刑[11]，惟作五虐之刑曰法[12]。杀戮无辜，爰始淫为劓、刵、椓、黥[13]。越兹丽刑并制[14]，罔差有辞[15]。

"民兴胥渐[16]，泯泯棼棼[17]，罔中于信，以覆诅盟[18]。虐威庶戮[19]，方告无辜于上[20]。上帝监民，罔有馨香德[21]，刑发闻惟腥[22]。皇帝哀矜庶戮之不辜[23]，报虐以威[24]，遏绝苗民[25]，无世在下[26]。乃命重、黎[27]，绝地天通[28]，罔有降格[29]。群后之逮在下[30]，明明棐常[31]，鳏寡无盖[32]。

"皇帝清问下民鳏寡有辞于苗[33]。德威惟畏[34]，德明惟明[35]。乃命三后[36]，恤功于民[37]。伯夷降典[38]，折民惟刑[39]；禹平水土，主名山川[40]；稷降播种[41]，农殖嘉谷[42]。三后成功，惟殷于民[43]。士制百姓于刑之中[44]，以教祗德。

"穆穆在上[45]，明明在下[46]，灼于四方[47]，罔不惟德之勤。故乃明于刑之中，率乂于民棐彝[48]。典狱非讫于威[49]，惟讫于富[50]。敬忌，罔有择言在身[51]。惟克天德[52]，自作元命[53]，配享在下。"

【主旨讲解】

本篇主要根据姜族神话传说写成，但反映了姜姓与姬姓合作及共同拥戴大禹为先代宗神的一些历史剪影，涉及了远古时代一些神话传说。篇中提出的"五刑"的著名论说，是中国古代最完整的自成体系的刑法纲领。

【注解】

[1] 命：劝告。训：申明。夏：夏代。赎刑：从轻处罚的刑律。[2] 享国：指在位。百年：虚指，指在位时间长。周穆王实际在位五十五年。[3] 耄（mào）：年老至八九十岁称耄。[4] 荒：大。度：谋求。[5] 诘：禁戒。[6] 若：语首助词，无意义。[7] 寇：侵犯。贼：

杀害。[8] 鸱（chī）义：轻率不正。奸宄：内外作乱。[9] 攘：窃取。矫虔：欺诈强夺。[10] 灵：通"令"，政令。[11] 制：制裁，制服，惩治。[12] 虐：杀。曰：叫作。[13] 爰（yuán）：语首助词，无意义。淫：过分。劓（yì）：割鼻子的刑罚。刵（ěr）：割耳的刑罚。椓（zhuó）：宫刑，割去生殖器。黥：在脸上刺字的刑罚。[14] 越兹：于是。丽：施行。并：废弃。[15] 差：选择。辞：讼，罪状。[16] 民：指苗民。胥：互相。渐：欺诈。[17] 泯泯棼（fén）棼：纷乱的样子。[18] 覆：反，背弃。诅盟：誓约。[19] 虐威：暴虐的惩罚。庶戮：众多被惩罚的人。[20] 方：共同。[21] 馨香德：美好的德政。馨香，散布很远的香气。[22] 发：散发。[23] 皇帝：指颛顼，传说中古代部落的首领。哀矜：怜悯。不辜：无罪的人。[24] 报虐以威：用刑罚审判暴虐的人。报：审判。[25] 遏：制裁。绝：灭绝。[26] 世：嗣。[27] 重、黎：均为人名，相传重是司天之官，黎是司地之官。[28] 绝地天通：断绝地民与天神的感通。[29] 格：升。[30] 群后：指高辛和尧、舜。逮：这里是相继的意思。[31] 明明：显用明德的人。棐：辅助。常：常道。[32] 盖：遮盖，阻塞。[33] 皇帝：指尧帝。清问：清楚地知道。辞：怨言。[34] 畏：敬畏。[35] 明：尊重。[36] 三后：指下文的伯夷、禹、稷三位大臣。[37] 恤：慎重。功：事，治事。[38] 伯夷：人名，传说曾为尧制定礼法。降：颁布。典：法典。[39] 折民：判断民事案件。[40] 主名山川：主管名山大川。[41] 稷降播种：后稷教民播种。[42] 农：勉，努力。殖：种植。[43] 殷：富，厚。[44] 士：士师。制：制御。百姓：百官。于：以。中：平。[45] 穆穆：恭敬的样子。[46] 明明：勤勉的样子。[47] 灼：光。作动词，光照。[48] 率：语助词，无意义。乂：治。棐彝：辅以常道。[49] 典：主管。讫：止。[50] 富：仁厚。[51] 择：通"斁"，败坏。[52] 克：肩负。天德：上天仁爱的美德。[53] 元：善。

【译文】

吕侯劝告周穆王申述夏朝的赎刑，史官把穆王的诰词记录下来，写成《吕刑》。

吕侯被任命为卿时，周穆王已经在位多年了，（吕侯）年纪很老了，但还是大力谋求制定刑典，用以禁戒四方。

王说："古时候有遗训，蚩尤开始起来作乱，这一恶习逐渐蔓延到平民百姓之中，他们无不抢掠杀戮，谋财害命，作奸犯科，称诈暴取。苗民不遵守政令，只知用刑罚惩治他们，并制定五种酷刑作为刑律。滥杀无辜，殃及好人，于是开始过分使用截鼻、割耳、宫刑、墨刑等酷刑，对坠入法网的人，不问其是非，不区分其有无罪状，一律施加刑罚。

"苗民互相欺诈，纷纷乱乱，不讲信义，经常违背誓言。受到虐刑和被侮辱的人，只好呼天抢地向上帝陈述冤情。颛顼帝考察苗民的状况，看不到美善的德政，只闻到刑戮散发出的腥臭气味。颛顼帝哀怜被刑戮的无辜庶民，就对那些肆行虐刑的人报以威严的惩处，灭绝行虐的苗民，不让他们有后代留在人间。尔后，颛顼帝又命令重、黎分别民、神事务，禁止下界庶民与天神相互感通，不再有民与神上下相通之事。高辛、尧、舜先后继承颛顼帝的功业，努力任用贤人，并用常道辅助治理国家，于是那些孤苦无依之人的冤情，再也不被掩盖了。

"尧帝过问民间疾苦，知道鳏寡无告的小民仍在埋怨苗人的虐刑。也知道贤人所惩罚的，人人都畏服；贤人所尊重的，人人都尊重。于是命令三后慎重治理民事。伯夷颁布刑典，依照刑律审理案件；大禹平治水土，为山川之主；后稷教民播种，勉励种植各种美味的谷物。三后大功告成，老百姓都变得富足忠厚了。士师还用公正的刑罚制御百官，以教导他们敬行道德。

"那个时候，敬行美德的尧帝在上，努力建功的三后在下，政治清明，光照四方，群臣莫不慎言慎行，所以能用刑尽得中正，循治民之道以治民，治理百姓也都能辅以常道。掌管刑狱的官员，不应以向民立威为终极目标，而应该以为民造福为终极目标。臣民们都怀着敬畏恭谨之心行事，彼此不再相互指责。由于能肩负起上天仁爱的美德，为自己造就永久

吕侯劝导穆王明德慎罚制定法律，采用中刑。

的福命，所以才能配享天禄于人间。"

【原文】

王曰："嗟！四方司政典狱[1]，非尔惟作天牧[2]？今尔何监[3]？非时伯夷播刑之迪[4]？其今尔何惩？惟时苗民匪察于狱之丽[5]，罔择吉人[6]，观于五刑之中[7]；惟时庶威夺货[8]，断制五刑[9]，以乱无辜，上帝不蠲[10]，降咎于苗[11]，苗民无辞于罚，乃绝厥世[12]。"

王曰："呜呼！念之哉。伯父、伯兄、仲叔、季弟、幼子、童孙，皆听朕言，庶有格命[13]。今尔罔不由慰曰勤[14]，尔罔或戒不勤[15]。天齐于民[16]，俾我一日[17]，非终惟终[18]，在人。尔尚敬逆天命[19]，以奉我一人！虽畏勿畏，虽休勿休[20]，惟敬五刑，以成三德[21]。一人有庆，兆民赖之[22]，其宁惟永。"

王曰："吁！来，有邦有土[23]，告尔祥刑[24]。在今尔安百姓，何择，非人[25]？何敬，非刑？何度[26]，非及[27]？

"两造具备[28]，师听五辞[29]。五辞简孚[30]，正于五刑[31]。五刑不简[32]，正于五罚[33]。五罚不服[34]，正于五过[35]。五过之疵[36]：惟官[37]，惟反[38]，惟内[39]，惟货[40]，惟来[41]。其罪惟均[42]，其审克之[43]！

"五刑之疑有赦[44]，五罚之疑有赦，其审克之！简孚有众[45]，惟貌有稽[46]，无简不听，具严天威。

"墨辟疑赦[47]，其罚百锾[48]，阅实其罪[49]。劓辟疑赦，其罚惟倍[50]，阅实其罪。剕辟疑赦[51]，其罚倍差[52]，阅实其罪。宫辟疑赦[53]，其罚六百锾，阅实其罪。大辟疑赦[54]，其罚千锾，阅实其罪。墨罚之属千[55]，劓罚之属千，剕罚之属五百，宫罚之属三百，大辟之罚其属二百。五刑之属三千。

"上下比罪[56]，无僭乱辞[57]，勿用不行[58]，惟察惟法，其审克之！上刑适轻[59]，下服；下刑适重，上服。轻重诸罚有权[60]。刑罚世轻世重[61]，惟齐非齐[62]，有伦有要[63]。

"罚惩非死，人极于病[64]。非佞折狱[65]，惟良折狱，罔非在中，察辞于差[66]，非从惟从，哀敬折狱[67]。明启刑书胥占[68]，咸庶中正。其刑其罚，其审克之！狱成而孚，输而孚[69]。其刑上备[70]，有并两刑[71]。"

【注解】

[1]司政典狱：这里指诸侯们。司、典都是主管的意思。[2]惟：为。

牧：治。[3] 监：这里是效法的意思。[4] 时：这。播：施行。迪：道理。[5] 匪：不。丽：施行。[6] 吉人：善人。[7] 中：适中，公正。[8] 庶侈，张大。夺货：强抢财货。[9] 断制：裁决。[10] 蠲：赦免。[11] 咎：灾祸。[12] 绝厥世：断绝他们的后代。[13] 庶：大约。格：大。[14] 由：用。慰：宽慰。[15] 或：有人。[16] 齐：整顿。[17] 一日：暂时，指暂时统治国家。[18] 终：成。[19] 逆：迎受，接受。[20] 休：喜悦。[21] 三德：指敬顺、正直、勤劳三种德行。[22] 赖：利，受益。[23] 有邦：指领有邦国的诸侯。有土：指有采地的大臣。[24] 祥刑：善刑。[25] 人：指道德高尚的人。[26] 度：审度，考虑。[27] 及：宜，适中。[28] 两造：诉讼的原告和被告双方。[29] 师：士师，指法官。听：审理。五辞：五刑的法律条文。[30] 简：核实。孚：诚信，这里是验证的意思。[31] 正：治，处理。[32] 不简：无法核实。[33] 正于五罚：等于说根据罪行的轻重用五等罚金来处罚。五罚：五等罚金。[34] 服：从，行。[35] 五过：五种过失。[36] 疵：弊病。[37] 官：畏惧官势。[38] 反：报恩报怨。[39] 内：谄媚内亲。[40] 货：索贿受贿。[41] 来：谒请说情。[42] 其罪惟均：意思是说刑官与犯人同罪。其：指法官。均：等。[43] 审：察。克：核。[44] 疑：怀疑。赦：从轻处理。[45] 众：众人。[46] 貌：治，这里是审理的意思。稽：同，共。[47] 墨：五刑之一。辟：罪。疑赦：指罪有疑，可以从轻处治。[48] 锾（huán）：古代重量单位，六两为一锾。[49] 阅实：检阅核实。[50] 倍：百锾的一倍，即二百锾。[51] 剕：砍去膝盖骨的刑罚。[52] 倍差：加一倍再加半倍，即五百锾。[53] 宫：五刑之一。[54] 大辟：死刑。[55] 属：指刑罚的条款。[56] 比：比照。[57] 僣：差错。乱：错乱。辞：供词。[58] 不行：指已废除的法律。[59] 适：宜。[60] 权：权变。这里指灵活掌握。[61] 刑罚世轻世重：指刑罚要根据社会情况决定轻重。[62] 齐：重罪重罚，轻罪轻罚。[63] 伦：条理。要：纲领，即规则。[64] 极：痛苦。[65] 佞：佞人，善于巧言献媚的人。[66] 差：指犯人供词中错乱、矛盾的地方。[67] 哀敬：哀怜，怜悯。[68] 启：打开。胥：相。占：度量。[69] 输：变更。[70] 上备：以慎重为上。备，慎重。[71] 有并两刑：合并两种刑罚为一种刑罚执行。

【译文】

王说："唉！四方的诸侯，你们不是身负重任为上天治理万民吗？那么现在你们应当如何取法呢？难道不是应该师法伯夷所播下的善刑之道吗？现在你们应如何借鉴呢？这些苗民不明察刑狱的施行之道，又不能选择良善之人，去考察五刑是否用得适当公正；而只是任用以威势乱政、以货贿夺法的人，任由这些人滥用五刑残害无辜。上帝不宽恕他们，便对苗民降下灾祸。苗民对于处罚无话可说，只得承受，于是他们的世系就断了。"

王说："唉！永远不要忘记啊！我的伯父、伯兄、仲叔、季弟以及子辈孙辈们，只要都听我的话，就会有吉祥美好的命运。现在你们无不自我安慰说自己已经很勤勉了，可没有一个人警戒自己的怠惰。上天治理下民，使我们暂时掌管国家的事务，最终是成功还是失败，完全取决于人事。你们要敬迎天命，以助我推行五刑之政。大家在施行五刑之政时，要不为威屈，不为势夺，虽遇权势而不畏；治狱讯得其真情本可欣喜，但应哀矜而勿喜。希望谨慎地使用五刑，养成敬顺、刚直、勤劳三种美德。君主一人办了好事，那么万民都会得福，天下的安宁就可保持长久了。"

周穆王告诫诸侯国君以及同姓官员，要公正审理诉讼。

王说："喂！过来，诸侯国君和各位大臣，我把我制定的刑罚制度详细告诉你们。现在你们要安抚百姓，应当选择什么人呢？不是选择人才吗？应当敬用什么呢？不是应当敬用刑法吗？应当考虑什么呢？不是应当追溯古圣先王伯夷、禹、稷的治道吗？

"诉讼双方都到庭了，诸狱官就审查五刑的法律条文；如果罪行核实可信，就按五刑定罪。如果用五刑惩治的罪行经复审不能核实，就用五罚来惩治；倘若用五罚惩治不能施行，就用五过来惩治。但在处理五过的过程中往往出现五种弊病：一是'官'，即利用权位挟势以凌下，不公正审判；二是'反'，即不顾案情，有意任情以抗上，破坏正常的审判程序；三是'内'，即治狱官吏听信内亲妻室说情，以改变审判结果；四是'货'，即贪赃枉法；五是'来'，受人请求，以乱审判。凡运用'五过之疵'的手段帮助犯法者逃脱罪刑的，其罪与犯法者等同，必须详细加以核查啊！

"根据五刑条文定罪而又感到有疑问的，就应该从轻处置；同样，根据五罚条文定罪而有疑问的，也可以从轻处置，一定要认真审核啊！要有众多的人核实验证，审理案件也要有共同办案的人。如果案情无法查核，便不能治罪，（审理案情）必须严肃而恭敬。

"判处墨刑而感到有疑问的，可以从轻处置，改判罚金一百锾，还要核实他所犯的罪行。判处劓刑而感到有疑问的，可以从轻处置，改判罚金二百锾，要核实罪行。判处剕刑而感到有疑问的，可以从轻处置，改判罚金五百锾，要核实罪行。判处宫刑而感到有疑问的，可以从轻处置，改判罚金六百锾，要核实罪行。判处死刑而感到有疑问的，可以从轻处置，改判罚金一千锾，要核实罪行。墨刑的条款有一千条，劓刑的条款也有一千条，剕刑的条款有五百条，宫刑的条款有三百条，死刑的条款有二百条，全部五刑的条款合计共有三千条。

"刑律上没有明文规定的罪，就要上下比照刑律以定其罪，但不得使供词错乱，不要采用已经废除的法律，要明察案情，依法断案，一定要详加审核。如果犯的是上刑，其情节较轻，就可服下刑。如果犯的是下刑，但其情节可适于重罪，就可以服上刑。量其轻重，以施行惩罚，再权衡其情况来确定刑罚的轻重。刑罚还随时世不同而或用轻用重。是重罪重罚，轻罪轻罚；还是重罪轻罚，轻罪重罚，都有一定的条理和法度。

"刑罚即便不能置人于死地，但也要使犯法者感到比身患重病还要痛苦。不要任用奸邪之人断狱，而要任用善良之人审理案件。善良之人断狱所定的刑罚才能无不合于中道，做到不偏不倚。犯者的供词可能参差不实，断狱者要善于察其情伪，以求得真实的供词。务必以怜悯之心来处理刑狱之事，打开刑书依照条文仔细斟酌，力求做到公正适当。当刑当罚，要详细查实啊！要做到案件判决了，人们都能信服。刑罚贵在慎重，如果一个人同时犯有两种罪行，也可以依照'并两刑'原则，只罚较重的一种，而不再处以轻刑。"

【原文】

王曰："呜呼！敬之哉！官伯族姓[1]，朕言多惧。朕敬于刑，有德惟刑。今天相民[2]，作配在下[3]，明清于单辞[4]，民之乱[5]，罔不中听狱之两辞[6]，无或私家于狱之两辞[7]，狱货非宝[8]，惟府辜功[9]，报以庶尤[10]。永畏惟罚[11]，非天不中，惟人在命[12]。天罚不极[13]，庶民罔有令政在于天下[14]。"

王曰："呜呼！嗣孙，今往何监[15]？非德？于民之中[16]，尚明听之哉！哲人惟刑[17]，无疆之辞[18]，属于五极[19]，咸中有庆[20]。受王嘉师[21]，监于兹祥刑[22]。"

【注解】

[1] 官伯：指诸侯。族姓：同姓大臣。[2] 相：扶助。[3] 作配：配合。[4] 明清：明察。单辞：一面之词。[5] 乱：治。[6] 中听：以公平的态度断案。两辞：即原告和被告双方的讼词。[7] 私家：谋利。私：有营。[8] 货：指贿赂。[9] 府：取。辜：罪。功：事。[10] 报：判决。庶尤：众罪。[11] 畏：敬畏。[12] 在：终止。命：指天命。[13] 天罚：上天的惩罚。极：至。[14] 令政：美政。[15] 今往：今后。[16] 中：就是狱讼的案情。[17] 哲：制，治理。[18] 无疆：无穷无尽。辞：讼词。[19] 属：符合。五极：五刑。[20] 中：公正适当。庆：善。[21] 嘉：善。师：众。[22] 监：视，重视。

【译文】

王说："哎呀！要特别敬慎啊！诸侯国君和同姓官员们，你们对我所说的话要多戒惧啊。我特别重视刑狱之事，我知道治理国家应当谨慎地施行刑罚，有德于民也必须要依靠刑律。现在上天要扶助万民，你们要顺应天意。要明察一面之词，不可偏袒一方。对百姓的治理，无不在于公正而中立地听取诉讼双方的言辞。接受贿赂不是好事，那是获罪的事情。上天将以众多罪名加以惩罚。而永远可畏的，正是上天的惩罚。天道不会有不中正，只是人们自己拒绝天命而已。如果上天对邪僻之徒的惩罚不够彻底，那么普天之下的庶民百姓就不能享受美政了。"

王说："哎呀！后嗣子孙们：从今以后，你们以什么作为借鉴呢？难道不是美德吗？要明察民众的案情啊！治理百姓要运用刑罚，使无穷无尽的狱讼之辞合于五刑的标准，都能公正适当，这样就有福庆了。你们接受治理王家的善良民众，务必要施行这种善刑啊。"

文侯之命

【原文】

平王赐晋文侯秬鬯、圭瓒[1]，作《文侯之命》。

王若曰："父义和[2]！丕显文、武[3]，克慎明德[4]，昭升于上，敷闻在下[5]。惟时上帝集厥命于文王[6]。亦惟先正克左右昭事厥辟[7]，越小大谋猷罔不率从[8]，肆先祖怀在位[9]。

"呜呼！闵予小子嗣[10]，造天丕愆[11]，殄资泽于下民[12]，侵戎我国家纯[13]，即我御事[14]，罔或耆寿俊在厥服[15]，予则罔克[16]，曰：'惟祖惟父，其伊恤朕躬[17]！'呜呼！有绩予一人永绥在位[18]。

"父义和！汝克绍乃显祖[19]，汝肇刑文、武[20]，用会绍乃辟[21]，追孝于前文人[22]。汝多修[23]，扞我于艰[24]，若汝，予嘉。"

王曰："父义和！其归视尔师[25]，宁尔邦。用赉尔秬鬯一卣[26]；彤弓一，彤矢百；卢弓一[27]，卢矢百；马四匹。

"父往哉！柔远能迩[28]，惠康小民，无荒宁[29]。简恤尔都[30]，用成尔显德。"

【主旨讲解】

本篇中的晋文侯与周王为何人，历来有两种说法。一说是《史记》及《新序》所说的周襄王（公元前651~前619年）命晋文公为侯伯，因此发布此命书；一说为《书序》、郑玄、伪孔本与《蔡传》所说为周平王（公元前770~前720年）命晋文侯为侯伯的命书。因本篇篇名为"文侯之命"而不是"文公之命"，又文中称其名为"义和"而非"重耳"（晋文公之名），因此当以后者所说为切。

【注解】

[1] 秬鬯（chàng）：用黑黍和香草酿的酒，多用于祭祀。圭瓒（zàn）：以圭为柄的灌酒器。[2] 父：周天子对同姓诸侯中尊长的称呼。周、晋同姓，所以平王称晋文侯为父。[3] 丕：大。显：光。[4] 明：勉，努力。[5] 敷：布。闻：声闻，名声。[6] 惟时：于是。集：下，降。文王：应作"文武"，不应只作文王。[7] 先正：先臣。左右：辅佐。昭：指导。辟：君。[8] 越：于。猷：谋。率从：遵从。[9] 肆：所以。怀：安。[10] 闵：不幸，可怜。嗣：继承王

位。[11]造：遭，遭受。丕愆：严厉惩罚。愆：罪过，用作动词，惩罚。[12]殄：灭绝。资泽：财物。[13]侵戎：侵伐。纯：多。[14]即：今。御事：治事大臣。[15]或：有。耆寿：老成人。俊：杰出。服：职位。[16]克：胜任。[17]"惟祖"两句：惟祖惟父：祖辈父辈诸侯。伊：语气助词。恤：忧虑。[18]绩：促成。绥：安。[19]绍：继承。显祖：指唐叔，晋国的始封君主。[20]肇：努力。刑：型，效法。[21]会：会合诸侯。绍：助。[22]孝：好。文人：指有文德的人。前文人：指祖先。[23]修：长，引申为休美。[24]扞（hàn）：同"捍"，保卫。[25]视：治理，师：众。[26]赉：赏赐。卣（yǒu）：古代的一种青铜酒器。[27]卢：黑色。[28]柔：安抚。能：亲善。[29]"惠康"两句：惠：爱。康：安定。荒宁：荒废政事，贪图安逸。[30]简：专心致志。恤：安定。

【译文】

周平王赏赐香酒和酒器给晋文侯，以嘉奖他的功绩。史官把这件史实记录下来，写出《文侯之命》。

平王这样说："族父义和啊！伟大而光辉的先祖文王、武王，能够慎重行德。德辉上达天庭，并布闻于下民。于是上帝就将天命授给了文王和武王。也由于以前的公卿大夫能够辅佐君主，对于君主的大小谋划无不一致遵行，所以我们的先祖才能安居在位。

周平王表彰晋文侯辅助平定叛乱，赐其车马弓矢。

"唉！可怜我这年轻人继嗣大位，遭到上天严厉的惩罚，没有福利恩泽施给民众，而我国遭受的侵犯却很多。在我所用的臣僚中，没有耆宿老臣的辅佐，我又没有克服灾难的能力。我要说：'祖辈父辈的诸侯们，请你们忧念我身。'唉！只要有了功绩，就能使我安居在位了。

"族父义和啊！您能发扬光大先祖唐叔的风范，又能效法文王、武王美德，会合诸侯保卫君王，追孝您具有文治功德的先祖。您的优点和美德很多，在我处于艰难困苦之时保卫我，像您这样的功勋，我是非常赞赏的。"

平王说："族父义和啊！希望您回去治理您的臣民，安定您的邦国上下吧！现在赏赐给您祭祀用的香酒一卣；红色的弓一张，红色的箭一百支；黑色的弓一张，黑色的箭一百支；良马四匹。

"族父，您回去吧！把远近之民都安抚好，造福百姓，不要荒忽，不要贪图逸乐。专心治理好您的国家，以成就您显著的德业。"

费　誓

【原文】

鲁侯伯禽宅曲阜[1]，徐、夷并兴[2]，东郊不开[3]。作《费誓》。

公曰："嗟！人无哗，听命！徂兹淮夷、徐戎并兴[4]。善敹乃甲胄[5]，敿乃干[6]，无敢不吊[7]！备乃弓矢，锻乃戈矛，砺乃锋刃，无敢不善！

"今惟淫舍牿牛马[8]，杜乃擭[9]，敜乃阱[10]，无敢伤牿[11]。牿之伤，汝则有常刑[12]！

"马牛其风[13]，臣妾逋逃[14]，勿敢越逐[15]，祇复之[16]，我商赉汝[17]。乃越逐不复[18]，汝则有常刑！无敢寇攘[19]，踰垣墙[20]，窃马牛，诱臣妾，汝则有常刑！

"甲戌，我惟征徐戎。峙乃糗粮[21]，无敢不逮[22]；汝则有大刑[23]！鲁人三郊三遂[24]，峙乃桢干[25]。甲戌，我惟筑[26]，无敢不供；汝则有无余刑[27]，非杀。鲁人三郊三遂，峙乃刍茭[28]，无敢不多；汝则有大刑！"

【主旨讲解】

《费誓》是鲁侯与徐戎淮夷相争，临战前誓众的一次誓词。《史记·鲁周公世家》中作《肸誓》。

【注解】

[1] 宅：居。[2] 徐：徐戎，古代徐州一带的戎人。夷：淮夷，淮河下游一带的夷人。兴：起，意思是作乱。[3] 东郊不开：指鲁国的东郊不安宁。[4] 徂：通"且"，今。[5] 敹（liáo）：缝制。甲：军衣。胄：头盔。[6] 敿（jiǎo）：系结。干：盾牌。[7] 吊：善。[8] 淫

大。舍:放。牿(gù):牛马圈。[9]杜:关闭。攃(huò):装有机关的捕兽器具。[10]敜(niè):塞。[11]伤牿:指伤牛马。[12]有:受到。[13]风:走失。[14]臣妾:奴仆。逋:逃跑。[15]越逐:离开队伍去追赶。[16]祇:敬。复:还,指还给原主。[17]商:赏。赍:赐。[18]乃:如果。[19]寇:抢劫。攘:偷窃。[20]踰:越过。垣:矮墙。[21]峙:具备、准备。糗粮:干粮。糗:炒熟的米麦。[22]不逮:指不够。逮:及,达到。[23]大刑:死刑。[24]郊:城市的近郊。遂:城市的远郊。[25]桢(zhēng)干:筑墙的工具。[26]筑:修筑营垒。[27]无余刑:终身监禁。余:释放。[28]刍茭:指喂养牛马的饲草。刍:生草。茭:干草。

【译文】

鲁侯伯禽居住在曲阜,徐戎、淮夷一起发动叛乱,使鲁国的东郊不得安宁。伯禽将要率军征伐,在费地发布誓词。史官把誓词记录下来,写成《费誓》。

鲁公说:"哎,大家不要喧哗了,都来听我的命令!如今徐戎、淮夷起来作乱了,赶快缝制好你们的铠甲和头盔,系紧你们的盾牌,不准不做好这样的准备。还要准备好弓箭,打制好戈矛,磨利刀刃,不许不做好准备。

"现在要把牛马从畜圈里释放出来备战,要把捕兽的工具收起来,填平你们捕兽的陷阱,使之不伤害牛马。如果伤害了牛马,就要受到常刑的惩罚。

"如果牛马走失,奴仆逃跑了,不要去追。如果牛马和奴仆失而复得,要恭恭敬敬地送还原主,这样我会给予赏赐。如果你们违纪去追逐,或是不归还原主,那么你们就要受到常刑的惩罚。不许劫掠财物,爬越墙垣,盗窃牛马,诱骗男女奴隶,如果这样做了,就要受到常刑的处罚!

"甲戌这天,我要征伐徐戎,大家应储备好干粮,不许不准备充足;如果准备不足,就处以'乏军兴罪'之刑。鲁国各地的居民,要准备好筑墙的工具。甲戌这天,我们要构筑营垒,不许不供给工具;如果不供给,就处以'无余之刑',不过不杀掉你罢了。鲁国各地的居民还得储备好牛马的草料,不许准备不足;如果储备不够,就处以死刑。"

秦　誓

【原文】

秦穆公伐郑[1]。晋襄公帅师败诸崤，还归[2]，作《秦誓》。

公曰："嗟！我士，听无哗[3]！予誓告汝群言之首[4]。

"古人有言曰：'民讫自若[5]，是多盘[6]。'责人斯无难，惟受责俾如流[7]，是惟艰哉！我心之忧，日月逾迈[8]，若弗云来[9]。

"惟古之谋人，则曰未就予忌[10]；惟今之谋人，姑将以为亲[11]。虽则云然，尚猷询兹黄发[12]，则罔所愆[13]。

"番番良士[14]，旅力既愆[15]，我尚有之[16]。仡仡勇夫[17]，射御不违[18]，我尚不欲[19]。惟截截善谝言[20]，俾君子易辞[21]，我皇多有之[22]！

"昧昧我思之[23]，如有一介臣，断断猗无他技[24]，其心休休焉[25]，其如有容[26]。人之有技，若己有之。人之彦圣[27]，其心好之，不啻若自其口出[28]。是能容之，以保我子孙黎民，亦职有利哉[29]！

"人之有技，冒疾以恶之[30]。人之彦圣，而违之俾不达[31]。是不能容，以不能保我子孙黎民，亦曰殆哉[32]！

"邦之杌陧[33]，曰由一人；邦之荣怀[34]，亦尚一人之庆。"

【主旨讲解】

《秦誓》是秦穆公潜师远袭郑国，半途被晋襄公败之于崤地，三个统帅悉数被擒。穆公悔悟，对群臣发表了这篇感想。

【注解】

[1] 郑：郑国，今河南省新郑市一带。[2] 还归：指晋国释放秦军三帅孟明视、西乞术、白乙丙还归秦国。[3] 哗：同"哗"，喧哗。[4] 首：首要，紧要处。[5] 讫：尽。若：顺。自若：随心所欲。[6] 盘：通"般"，邪僻。[7] 俾：依从。[8] 逾：过。迈：行。[9] 云：旋，回转。[10] 就：顺从。忌：志，意志。[11] 姑：姑且。将：亲。亲：亲近。[12] 猷：还。询：征询意见。黄发：老人，这里指蹇叔等老臣。[13] 愆：过失。[14] 番番：白发苍苍的样子。[15] 旅：通"膂"，脊骨。旅力：体力。愆：通"骞"，亏损。[16] 有：亲近。[17] 仡仡（yì）：壮健勇武的样子。[18] 射御：射箭和驾车。违：失误。[19] 欲：喜欢。[20] 截截：浅薄的样子。谝（piǎn）：花言巧语。[21] 俾：使。易辞：轻忽，

懈怠。[22] 皇：更，大。[23] 昧：暗。[24] 断断：精诚专一。猗：语中助词。[25] 休休：宽厚。[26] 如：能。容：容纳。[27] 彦：才能过人。圣：圣明，品德高尚。[28] 啻（chì）：但，仅仅。自：从。[29] 职：尚，当。[30] 冒疾：妒忌。[31] 违：阻止。达：通达。[32] 殆：危险。[33] 杌（wù）陧（niè）：不安。[34] 荣怀：光荣和安宁。

【译文】

秦穆公讨伐郑国。晋襄公率军在崤山大败秦军，晋国释放秦军的主帅回归秦国，（秦穆公）作了一篇《秦誓》。

穆公说："喂，我的君臣众士们，你们都听着，不要喧哗，我有重要的话告诉你们。

"古人这样说过：'人若随心所欲，就会出现很多差错。'责备别人并不是难事，被别人责备却能从善如流，这才是困难的啊！我心里所忧虑的，是往事像日月行进那样一去不复返了，（那样的话）懊悔也来不及了。

"对于以前的谋臣，我曾认为他们不顺着我的意志来谋划；对于现在的谋臣，我将要把他们当作最亲近的人。话虽如此，对于军国大事，我还是应当去征询那些德高望重的老成人的意见，这样才不会有过失。

"满头白发的忠臣良士，虽然已年老体衰，我还是要亲近他们。勇猛强壮的武夫，虽然是射御的好手，我却不大喜欢。而那些浅薄善辩的人，使君子轻忽怠惰的人，我竟然非常亲近他们。

"我默默思考，如果有这样一班臣子，他们纯正专一，没有其他技能，胸怀宽广而有容人的雅量。看到别人有技能，就像自己有一样高兴；别人品德高尚、才能出众，他从心里喜欢，不只是从口中称赞出来而已（这就真的是宽容大度了）。任用这样的臣子当政，来保护我的子孙、黎民，这应该是很有利的啊！

"（又有另一种人，）看到别人有才能，就妒忌，就厌恶；看到别人才能出众、品德高尚，就想方设法扼杀阻碍他，这是一种完全不能容忍他人（优点）的人。任用这样的人，不但不能保护我的子孙、黎民，也是很危险的啊！

"国家的不安定，就是由于君王一人的过失所致；而国家的繁荣稳定，也正是由于君王一人的善行所致啊！"

附录：《尚书》故事传说

上古先贤

帝尧传说

在我国古人的心中,最圣明、最贤良的帝王莫过于尧了。尧是古代神话传说中的上古帝王,姓伊祁,号放勋,其父为帝喾。帝喾传位于尧同父异母的兄弟挚,挚治理不善,让位于尧。尧勤俭朴素,能见微知著,任人唯贤,还非常关心百姓疾苦,在他的治理下,天下井然有序,政通人和,四海升平。在古汉语中,"尧"有"高"的意思,而人们以"尧"字作为尧的谥号,正是为了赞美他的辉煌功绩。

尧的出生

据说,高辛帝喾的第三个妃子叫庆都。庆都出嫁后,仍在娘家居住。

有一年的正月底,庆都跟随父母乘坐小船外出游玩。夜幕降临,庆都躺在船上,正要睡着时,忽然狂风大作,一条赤龙向她扑来,她顷刻间就昏了过去。

第二天,庆都发现赤龙在她身边留下了一张沾满口水的画,画上是个人像,朱红色,脸蛋上尖下圆,八彩眉,长发下垂,旁边写着:"亦受天佑。"她藏起了这幅画,很快便有了身孕。

过了足有十四个月,庆都才产下一个男孩。这个男孩长得酷似赤龙留下的画像。孩子十岁时回到帝喾身边,他就是后来的圣君大尧。

帝尧仁德,天降祥兆

尧做君王时,以艰苦朴素、勤俭节约闻名遐迩。据说,他所居住的"宫殿",就是用长短不一的茅草修葺而成,屋里的檩条和柱子都取自山下粗糙的木料;他吃粗糙的米饭,喝简单的野菜汤;穿的麻布取自"葛"这种植物。天凉了,为了抵御风寒,他就披一件破破烂烂的鹿皮。平常,他使用的土钵陶器等器皿,无一不是自己亲自动手制作的。

看到尧的贤良美德,天帝都深深感动了,因此,在尧居住的茅屋里,上天降下了十种吉利的兆头,以示对尧的褒扬。

尧的庭前台阶的缝隙里生有一种草,名字叫作蓂荚。自每月的初一起,蓂荚便一天长一个荚,到十五的时候共长成十五个荚子。接着,从十六起,蓂荚便每天落一荚,到三十则完全掉光。如果碰到小月,没有三十的时候,这剩下的一荚便不干不枯,一直悬在茎上。尧把蓂荚当成日历,称它"历草"。

在尧庭前的台阶上还生长着一种草,叫作屈佚草。假若阿谀奉承的小人从它面前走过,屈佚草便会弯下自己的腰,精确地对准佞臣。所以,人们都将屈佚草称作"指佞草"。

尧统治天下三十年的时候,西海上漂浮着一个"槎",硕大无朋。这个浮槎一会儿大一会儿小,经常环绕四海漂浮,它绕四海一周恰好便是十二年。这槎循环不止,人们称它"贯月槎"。

这些都是天降奇兆,消息不胫而走,传得沸沸扬扬,尧也远近闻名,成为人们心目中的圣君。

尧日理万机,鞠躬尽瘁,无暇顾及自己的身体。当时,槐山有个采药老汉,叫作偓佺,由于尝遍世上的仙药,浑身都布满了雪白的毛,眼圈也成为方形,可以看清遥远处很细微的东西。他虽然很老了,可是身轻如燕,跑起来大步流星。偓佺听说尧勤勤恳恳地为百姓办事,常常废寝忘食,身体也日渐消瘦,便带上许多松子和奇花异草,千里迢迢地找到尧,劝尧吃下他拿来的仙药,以求健康长寿。尧很感激采药老者的一片苦心,但是他的确繁忙,始终没有时间服食仙药。结果,尧活到一百零几岁就死去了,而宫里服食那些仙药的人都活了二三百岁。

在中国传统文化中,尧是一位最圣明、最贤良的帝王。尧在位期间四海升平,是中国人理想中的天下大治、太平盛世。

造围棋,以教丹朱

尧帝的嫡嗣长子叫丹朱。他便是祁姓朱氏的开山鼻祖。

在比较正统的儒家典籍中，丹朱被描绘成一个不忠不孝、不仁不义、奢侈腐化、不学无术、饱食终日的人。他暴戾狂横，经常聚众斗殴，惹是生非。传说尧帝时洪水猖獗，人们以舟当车，但大禹成功治水以后，丹朱也照旧坐到木船上，令船夫在岸上拉着船前进，自鸣得意地说是"陆上行舟"，玩得兴致勃勃，无暇吃饭，也无心归家。

尧看在眼里，急在心里。于是他绞尽脑汁，发明了一种新的游戏——"围棋"，并把具体的玩法教给丹朱，希望他通过下棋陶冶情操。开始的时候，丹朱对围棋的兴趣还算浓厚，但时间一长便厌倦了，又跟狐朋狗友找乐去了。帝尧对他失去了信心，再也不愿见到丹朱了，就把他送到南方，并把帝位传给了德才兼备的虞舜——这时虞舜已通过尧三年的严峻考验了。丹朱心里不服，就挑起战乱，结果兵败了，纵身跳海而亡。

后来，虞舜也效仿帝尧，教给自己的儿子商均石子棋。此后的陶器上便有了围棋方格的图案。史料上也记载着"尧造围棋，以教丹朱"。如今，在龙祠乡晋掌村西山的棋盘岭上，还有着围棋石刻图形的遗迹。

羲和制历法

传说，在帝尧时期，为了发展生产，尧命负责掌管天文历法的羲和家族制定历法。这个家族中有羲仲、羲叔、和仲、和叔四人，他们分别被尧派遣到东、南、西、北四个方向观察星象、参考物候。最终，他们确定了春分和秋分、夏至和冬至的日子，明确了四季，并编排出了历法。从此，人们清楚地知道了春夏秋冬的具体时间，生产和生活都有了可循的法度。

天文历法

在中国广袤的大地上，我们的祖先世代繁衍，生生不息。在生产与生活的实践中，人们慢慢发现日月星辰东升西落，猎物冬隐夏现和植物春荣秋枯等许多和人类自身的生存密切相关的自然现象。人们对此有兴趣，就开始留心了解和掌握这些自然规律，以便利用规律，获得自身充分的发展。长此以往，随着人们自然知识的积累，天文学便开始萌芽。

在传说中，羲和便是古代中国执掌天文历法的人，据传，他是黄帝时期的天文官。《史记·历书》就记载说："黄帝考定星历。"《史记索隐·历书》引用《系本》及《汉书·律历志》说："黄帝使羲和占日，常仪占月……容成综此六术而著《调历》。"这里的"占日"就是观察太阳、计算时日等等。

羲和制历法

据传，尧统治时期第一次制定了历法，如此一来，黎民百姓便能够按照时节从事各种生产，不至于贻误农事。汉族的农业垦殖有着悠久的历史，源远流长，汉人也非常重视农时，所以《尚书·尧典》对此有着详尽的记载。此时，羲和不再是单独一个人，而是羲仲、羲叔、和仲、和叔四人，是一个掌管天文历法的家族。

《尧典》上面说，尧吩咐羲氏、和氏依据日月星辰的运转状况制定天文历法，用来颁行天下，使农业生产有法可依，称为"敬授民时"。他派遣羲仲前往东方海滨，住在旸谷这个地方，观察日出的情况，将昼夜平分的那一天定为春分，并参照鸟星的位置来校对更正；派遣羲叔前往明都长住，察看太阳从北方移向南方的情况，将白昼时间最长的那一天定为夏至，并参照火星的位置来校对更正；派遣和仲前往西方，住在昧谷，观察日落的状况，将昼夜平分的那一天定为秋分，并参照虚星的位置来校对更正；派遣和叔前往北方，居住在幽都，观察太阳从南方移向北方的情况，将白昼时间最短的那一天定为冬至，并参照昴星的位置来校对更正。

羲氏、和氏经过刻苦努力，反复推敲，终于制定了一部初始历法，这部历法"期三百有六旬有六日，以闰月定四时成岁"，也就是说，规定了一年有三百六十六天——这应该是人们精确测量恒星的运行周期后得出的结果。因为年与月的具体时间长度不呈整数倍关系，所以这部历法已经科学地运用闰月来调整其间的差距，以使每年的农时精确无误。很明显，这是一种阴阳历，也是我国古代记载最早的长期使用的阴阳历。有鉴于此，我们完全可以将帝尧生活的时代看作农耕文化飞速发展的时代。

这部历法问世以后，老百姓便知道了春夏秋冬的准确时间，他们的生产和生活都有了可循的法度，所以天下阴阳平衡，风调雨顺，秩序井然，到处繁荣昌盛。

羲和制历法的现代解读

我们仔细斟酌这些羲和制定历法的材料，便能发现，当时的人们已经步入观象授时比较发达的时期。

在当时，人们已经使用圭表，否则就不能确认一个星辰是否处于南中天。这个时候，圭表仅仅用于确定方位，并没有用来测定日影的长度。利用星辰南中天来确定季节，能够避免或减少地平线上的折射和光渗等干扰，自然比观测星辰的升起降落要精确很多。另外，当时已有了"日中"和"宵中"、"日永"和"日短"等说法，"宵中"就是昼夜平分，"日永"就是白昼最长，"日短"便指白昼最短，由此可以推测那时已经使用了某种测量时间的工具，对此，《夏小正》的相关记载也可佐证。

"羲和"的其他含义

羲和由于观测太阳，在有的神话传说中，便被塑造成太阳的母亲。比如《山海经·大荒南经》就说，在东海之外有个羲和国，其中有个姑娘叫羲和，她与帝喾结为夫妻，生下了十个太阳，给大地送来了光明与温暖。

在历史上，由于羲和是传说中掌管天文的官员，所以倡导复古的王莽夺位以后，便将天文官改称羲和。杰出的天文学家刘歆就曾经担任过羲和这个职务。

许由洗耳

在神话传说中，关于帝尧求贤的故事有很多，其中最负盛名的当数"许由洗耳"。传说在帝尧时期，尧想将帝位禅让给贤德聪慧的许由，但他却淡泊名利，拒绝后隐居他乡。后来在尧帝再次相请时，他又用水洗耳，以表拒绝。许由以自己淡泊名利的崇高节操赢得了后世的尊敬，从而被奉为隐士的鼻祖。战国时代的思想家荀子也称赞他说："许由善卷，重义轻利行显明。"

隐居乡下，拒绝当天子

据传，尧舜时期河南阳城有个叫许由的贤者。他"为人据义履方，邪席不坐，邪膳不食"，且德高望重，学富五车，甘于清贫。帝尧统治期间，许由带领许姓部落在今天颍水区域的登封、许昌、禹州、汝州、长葛、鄢陵地区活动。后来，这个地区就成了许国的封地，许由也因此成为许姓的鼻祖。

相传，帝尧听说了许由的贤良，便想选他做自己的继承人，因此，尧便亲自去拜访许由，说："太阳升起，阳光灿烂，可是烛火还在燃烧，想和太阳比赛谁明谁暗，不是很可笑么？雨露甘霖及时滋养万物，有人却想一瓢一瓢地舀水来灌溉田地，不是白费气力么？先生如果治理天下，肯定会政绩斐然。但我还霸占着这个位子，所以深感内疚，请让我把帝位禅让给先生。"

许由回答说："您统治天下，政清治明，四海升平。而我去接替你的位置，莫非是为了名利吗？鹪鹩在密林中筑巢，只不过是想占有个树枝，偃鼠在江河中饮水，也不过是为了解渴。您请回吧，得天下对我来说毫无用处！"

许由坚辞帝位不就，他怕尧再来扰乱他的清修，便埋名隐姓，来到了颍水北岸的箕山，也就是今天河南省禹州市西北部的箕山，下田耕地，做起了农夫。

光阴荏苒，又过了好多年，尧一心逊位，步步紧逼，又遣人劝他出山，邀请他担任九州长。许由听完这番话，思忖即便是王位，自己尚且坚辞不受，更何况是九州长。他立即感到自己受到了奇耻大辱，便匆匆忙忙地来到颍河边，用瓢舀起清水来洗涤自己的耳朵，表明不想听这类话，以显示自己的超凡脱俗。

洗耳去污，遭巢父讽刺

这时，巢父恰好牵着一头小牛前来饮水，他发现了正在洗濯耳朵的许由，便感到奇怪，问他怎么了。巢父也是一个举世闻名的隐者。他淡泊名利，悠然自在，在树上搭巢居住，因此被人们称为"巢父"。

许由回答他说："尧帝又遣人来邀请我做官，那些俗言俗语弄脏了我的耳朵，所以我打算好好洗濯。"许由郁闷极了。

巢父听到许由的一番话，冷哼一声，讥笑道："既然你对尘世的俗言如此不屑一顾，又为何不搬到荒芜人迹的地方去？如此一来，谁也不会认识你、评论你，更没有人用尘世的俗语弄脏你的耳朵。你到处隐居，岂不就是为了落个好名声？你憎恶庸人的话语玷污了你的耳朵，我还讨厌你的耳朵玷污了河水呢。"巢父说完，就生气地牵着牛犊去上游的小溪饮水。

许由受到了巢父的讽刺，万分羞愧涌上心头，接着，他将瓢挂在颍河南岸的崖壁上，逃到箕山杳无人烟的地带，夏天便在树上栖息，冬天就移居到洞穴中，饥了采摘山上的野果吃，渴了就去河边饮水。他去世以后，就葬在箕山之巅。所以，人们也将箕山叫作许由山。

隐士风流，千载仍流传

后代的人非常仰慕许由，便将颍河南岸许由洗耳挂瓢的地点，取名为"许由洗耳处"；人们在那里搭起了一座六尺见方的高台，叫作"洗耳台"。台的东壁上端镶嵌着一块青石，上面镌刻着"许由洗耳台"这五个遒劲的大字。新中国成立初期，人们还可看到洗耳台，后来经历了岁月的风霜，洗耳台早已无影无踪。可是历代文人墨客吟诵此事的诗文却举不胜举，比如清代甄汝舟曾写下一首题为《许由挂瓢处》的五言诗："隐士欲逃名，后世传佳话。何如竟潜踪，并此瓢不挂。"

人们也很怀念巢父，于是把他牵牛犊饮水的小溪叫作"犊水"，这就是今天地处禹州、发源于具茨山脉的颍水支流——犊水河。犊水奔流而过的沟壑叫"犊水沟"，在沟西岸有一方石穴，据传，这是巢父放牧耕田疲倦时临时休憩的地方，被后人称作"巢父洞"。洞的下面有一个石潭，潭水清冽，透明如玉，约一丈多深。石潭对面的岸上有一个青石平台，从东到西长达数丈，将石潭盖住。相传，这个青石平台是巢父当年弹琴的地方，被人叫作"琴床"。从巢父洞向西南走两百米左右有一个土岭，相传这是巢父放养小牛的地方，被称为"牧岭"。最初，巢父洞的右上方有几间瓦屋，周围种满了树木花草，叫作"犊水园"，修建于清代，如今已荡然无存。

许由、巢父这两位隐者，虽然并没有执掌天下，也没有出将入相大展雄才，但是，历代文人墨客、仁人志士都敬佩他们的超然物外、无欲无求与淡泊宁静。许由、巢父身上体现出的高风亮节和至善至纯的文化神韵，千百年来，仿佛两面迎风招展的旗帜，飘扬在每个中华儿女的心中。

贤帝大舜

舜，也称虞舜，名叫重华，字都君，是古代神话传说中的上古帝王，在人们心中，他和尧一样是一位贤德的君主。传说，舜幼年时母亲就去世了，他的父亲和后母对他非常不好，兄妹也常常欺负他，但舜却从不记恨他们，深受人们赞许。尧帝听说舜很贤良，便将自己的两个女儿娥皇、女英嫁给了他，后来还将帝位禅让给了舜。舜帝不负众望，励精图治，使得政治清明，四海升平，人人争颂他的功德。

以德报怨，贤名远播

相传，舜降生在一个贫寒之家，父亲瞽叟是个瞎子。有天晚上，瞽叟的妻子做了一个稀奇古怪的梦，她梦到有只斑斓的凤凰金光璀璨，衔来黄澄澄的稻米给她喂食。过了不久，她就怀有身孕，生下了舜。舜诞生的时候，每只眼睛都生着两个瞳孔，因此起名叫

"重华"。等他再长大些,又起了个名字叫"舜"。

舜命运多舛。他年幼的时候母亲便病故,父亲又续了一房妻子,并生下一个男孩和一个女孩。男孩名象,女孩名敤手。后母心狠手辣,非常歹毒,让舜受尽了虐待和凌辱。弟弟与妹妹也养尊处优,野蛮顽劣,常常欺负哥哥。父亲看不见,并且不分青红皂白,不辨是非,盲目地听信后母和弟弟妹妹的一面之词,对舜也不再疼爱。舜受到如此不公的待遇,却对父母事事尊重,极其孝顺,从不怀恨在心,全心全意地想当个好儿子,做个好兄长,于是,舜孝顺的名声不胫而走。即便如此,他狠心的后母和弟弟妹妹仍是处心积虑,想要杀之为快。

后来,舜实在受不了这种折磨,便来到了历山脚下,相传就是今天的山西省永济市中条山西南,自己动手结庐而居,含辛茹苦地垦荒耕地。舜勤勤恳恳,助人为乐,具有很强的亲和力和领袖魅力。他在历山耕田种地,历山的农夫不但不排挤他,反而争着给他田地;他去雷泽也就是今天的芮城县北打鱼,渔民们纷纷邀请他住到自己家;他去陶城也就是今天的永济市蒲坂北学做陶器,学得很快,而且制成的陶器精致耐用。他尊敬别人,别人也都尊敬他,愿意和他打交道、做邻居。所以,他的居住之地,第一年就变成了村庄,第二年就变成了城镇,第三年便繁华无比,像一个热闹非凡的大都市。舜受大众欢迎和爱戴的程度由此可见一斑。

舜三十岁那年,尧已经在位七十年。尧已年迈,看到自己的儿子扶不起来,便想求访贤者来继位。各地的诸侯都众口一词地推举舜,因此,尧帝便把自己的两个女儿娥皇、女英嫁给舜,以考察舜在家中的言谈举止。尧又命令自己的九个儿子与舜共事,以查看舜在外面的表现。同时,尧还赠给舜精美的衣服和瑶琴,又命人给他修葺了一座房屋,并赐给他一群羊。

舜一下子得到如此多的赏赐,瞽叟、继母和象看了非常嫉妒,他们又萌生了杀死舜的邪念,想霸占舜的家产和尧的两个女儿。他们让舜修补房顶,象则偷偷撤去了梯子,并放火想烧死舜。可是,娥皇和女英已事先让舜穿上了自己缝制的鸟衣,所以舜穿着鸟衣腾空飞起,安全地降到地上。

瞽叟和妻子又想出一个毒计，命舜去掏井。事先，娥皇和女英让舜穿上了龙衣。舜下到井底后，象便落井下石，然后把井填死，舜却凭借龙衣从一旁的泥土中钻了出来。舜钻出后，安静地躲避了一段时间，然后才返家。

瞽叟等人都认为毒计得逞，很是高兴。象理直气壮地搬到舜的房子里居住，他正摆弄着舜的琴，没料到舜走了进来。象不由得惊诧莫名，心里又是尴尬，又是不悦，嘴里却假仁假义地说："哥哥啊，你到哪儿去了？我心里很记挂你，心情烦躁，便弹起了琴。"舜也不点破，依旧尊老爱幼，温良谦让，而且比原来还要诚实勤谨。

人心所向，百业兴旺

娥皇、女英向尧汇报了舜不计个人恩怨、一意侍奉亲人的良好品德，尧也觉得舜的确品行高洁，是继承大位的最佳人选。所以，舜被尧接到了帝都，接受尧下一轮的考验，考察他是否勇气可嘉、才华盖世。

尧帝将司徒一职授予舜，命他掌管天下的土地和人民。在舜优良品德的感化下，人民做到了父亲仗义、母亲慈爱、兄弟友好、弟弟恭敬、子女孝顺，长幼之间都相处和谐。尧帝又授予舜司空一职，掌管天下的百事工役，舜兢兢业业，所有的事情都井井有条。尧帝又赐予舜使者的身份，去各个兄弟部落出使，舜同这些部落的人相处和睦。最后，尧才定下心来，将天下大位传给了舜。

舜掌权后，将尧实行的"部落联盟议事会"变革成"贵族议事机构"。尧的议事会成员包括禹、皋陶、契、后稷、伯夷、夔、龙、倕、益、彭祖等，他们职责含混，分工不明。舜则因人而异，用其所长，委派给他们相应的职务：禹任司空一职，主平水土；后稷负责农业，播收百谷；契任司徒一职，负责教化百姓；皋陶担任司法官，掌管刑罚；倕担任共工，掌管手工业；益担任虞官，管理荒野山林的鸟兽草木；伯夷担任秩宗，掌管祭祀典礼；夔负责曲乐，担负教育贵族子弟的重任；龙的职务是纳言，专门颁布舜的命令和反映民情。舜还决定，对于官员的工作成绩，每三年考核一次，提拔政绩卓著的官员，免去不能胜任的庸吏。舜设立官职，明确其职责，让官员们"在其位，谋其政"，提高了他们的办事效率，因此，百业兴盛。

相传，尧在舜掌权二十八年后就逝世了，接着天下大丧三年。丧事一毕，舜便将王位归还给尧的儿子丹朱，自己在南河之南隐居。可是，四方的诸侯照旧去觐见舜，人们惹上了讼事，都请舜来裁决，民间流传了许多赞美舜的歌谣，大家都不把丹朱当作一回事。舜感到万民拥戴，天命难违，再也不能推卸责任，于是又回到都城，重新掌管天下。舜暮年之际，湖南九嶷山一带爆发了叛乱。舜不顾自己年迈体衰，也不管下属的纷纷规劝，亲赴南方，去平定战乱。遗憾的是，他在苍梧因病去世，葬于九嶷山脚。

据说，舜去世以后，象回忆起哥哥生前对他的百般忍让与疼爱，再想想自己的无情无义，肠子都悔青了，于是经常跪在哥哥墓前痛哭失声。很多老百姓在九嶷山下给舜开垦了祀田。因此，年年春秋，象就化身一头大象，在破晓的时候耕种舜的祀田，等天黑了再变回人形，为自己的兄长守墓。

象死后，人们在他经常休憩、守墓的地方修筑了一座亭子，供奉着象的牌位。这个亭子被人们称作"鼻亭"，象则被称作"鼻亭神"。

鲧偷息壤

上古时期，对农业生产危害最大的莫过于洪水了。传说舜统治时期洪水泛滥，人们饱受煎熬，鲧作为一名大臣，受命治水九年，始终不见成效。后来，他甘冒天险盗取了天帝的神物息壤来堵洪水，不想竟酿成了大祸。最终，他被舜帝处死。鲧虽然治洪没能成功，但他舍生忘死，为挽救人类而不惜冒犯天庭的这种凛然无畏的精神，至今仍然为世人传颂。

偷息壤治水

据传，舜统治时期曾经爆发了一场洪灾，人们举荐鲧负责治理洪水。鲧领命后，看到洪水泛滥，他先是跑到天庭，哀求天帝把洪水收回去，让人们过上幸福安定的日子，但是未能如愿；于是，鲧运用"堵"的策略治水，铲平高处的土垫到低处，将百川都堵塞了。但是他治了九年水，收效甚微，洪水仍旧泛滥。当他无比烦躁的时候，一只猫头鹰和一只灵龟结伴经过，对他说，可以偷取天庭重宝"息壤"来堵塞洪水。鲧知道这样做罪不可赦，但他看到人们生活在水深火热之中，备受煎熬，便决定铤而走险，放手一搏。他觑到天庭守卫一时大意，就乘机将息壤偷出。息壤果然无比神奇，撒到哪里，哪里就形成了高山将洪水挡住，而且水势上涨，息壤也相应变高。人们摆脱了泛滥的洪水，快乐得手舞足蹈，并着手耕地播种。

功败垂成，死不瞑目

天帝得知鲧盗取了息壤，当即派遣天兵天将把息壤追回。息壤刚一撤去，洪水便汹涌而至，冲塌了堤坝，毁掉了田园，淹死了众多百姓。

帝舜狂怒，他颁布命令说："鲧仅知道造堤堵水，一旦决堤，危害更深。他治水已九年仍未成功，当杀！"舜下令将鲧拘禁到羽山，过了三年后又处以死刑。

鲧临死之际，仍牵挂着饱受水涝之苦的黎民，心里怨恨不已。由于抱恨终天，鲧的遗体三年不腐。后来，鲧的儿子禹继承父业，着手治水，他又耗时九年，终于彻底制服了洪水。

鲧抱恨终天，是因为他念及自己的心愿未能完成，没有制服洪水，人们仍饱受洪涝之苦，而不是由于他顾惜自己的生命。鲧舍生忘死，为了挽救人类而不惜冒犯天庭，这种凛然无畏的精神令人联想到希腊神话中的普罗米修斯，他将火种带向人间以至触犯了宙斯，鲧与普罗米修斯的精神与世长存，堪与日月争辉。

原始社会，生产力非常低下，人们殚精竭虑与洪水斗争，同时，也用神话传说来表明他们克服自然灾害的强烈心愿，鲧和禹便是已经神化的英雄，反映了人们的愿望。

而神话传说中，鲧和禹治水的艰难曲折和所受的磨难挫折，无不反映了人类自身与洪水搏斗的曲折和艰险。最终，人类运用智慧，总结了经验教训，采用了"堵泄结合"的治水策略，终于将洪水制服。而鲧和禹治水的神话传说也被后世代代称颂。

大禹治水

虽然世界上许多民族都有关于大洪水的神话传说，但可能中华大地上的水患特别严重，所以才产生了"洪水猛兽"这一成语。在人们心中，洪水比猛兽更为可怕。相传，帝舜时期，鲧的儿子大禹子承父业，继续与洪水搏斗。他虚心求教，并总结了父亲失败的经验教训，一心扑在治洪上，甚至三过家门而不入，最后摸索出了一套根治洪水的方法。他通过"开""通""疏""凿""引"等策略，耗时十三年终于疏浚了河道，清除了水患和涝灾，使人们再度过上安定幸福的日子。

禹的出生

鲧治水没有成功，被杀之后，他的身体三年都没有腐烂，甚至还在不断地生长膨大，仿佛身体里孕育着一个崭新的生命。天帝闻悉后，害怕鲧化为妖怪，便派遣火神祝融手持天下最锋利的"吴刀"，割开鲧的肚子瞧个清楚。祝融走近鲧后，挥舞宝刀，一下就割开了鲧的腹部。鲧的肚子一破，奇迹便出现了。顷刻，一条虬龙跳出来，伸着两只长角，抖着两根长须，回旋奔腾，一跃冲天。这条虬龙纵横驰骋，霎时就逛遍了五湖四海，他看到洪水滔滔的大地，便沉下身子，降到地面，化成大禹。大禹继承父业，继续治理洪水。

三过家门而不入

大禹为了治水，终日奔波，足迹遍及万水千山。他每至一处，老百姓便摩肩接踵，争着奔出来欢迎，并给他端茶送饭。禹头上戴着笠帽，身上穿着粗衣，手持铁锹，以身作则，同老百姓一块干活，搬石担土，挖渠泄水，疏浚河道，导出积水……大禹在治水现场日夜操劳，奋斗了十三年。他经年累月泡在泥浆中，脚趾甲都掉光了，小腿上的汗毛也磨没了。

当年，禹结婚才四天，便告别新婚的妻子涂山氏，外出治水。治水期间，由于工作繁忙，水患未除，百姓仍受洪涝之苦，所以他曾经三次经过自己的家门，都没有进去看看。大禹一心为公，三过家门而不入，遂成为千古佳话。

涂山氏受惊化为石

后来，涂山氏坚决要求和大禹共同治水，禹只得应允。有一天，大禹走到了荸岭口附近，看到山势陡峭，知道想要凿通荸岭口非常困难，单靠应龙的力量已经难以对付。所以大禹就摇身一变，化为一头硕大的黑熊，亲手凿路开山。

大禹天天都忙着凿山开道，也没有时间回家吃饭，便叫涂山氏每天来送饭。为防涂山氏知道自己变成熊干活，大禹同她约好：只要听到鼓声，便来送饭给他吃。于是，涂山氏每天都听着丈夫的鼓声送饭。

有一天，大禹行走在陡峭的山坡上，不小心踩落了几块岩石，石头蹦跳着滚下来，恰巧落到鼓面上，传出了咚咚的鼓声。已有孕在身的妻子听到鼓声，慌忙拖着笨重的身子去山上送饭。可是她东寻西走找了半天，也不见丈夫的身影。突然，她看见一头巨大的黑熊在扒土，吃了一惊，尖叫着转身便跑。

大禹看到后，来不及变成人形就跑去追妻子。他一口气追到家门口，发现门口耸立着一块巨大的岩石，旁边还有一个送饭的竹篮。此时，大禹才明白妻子由于惊吓过度早已化为岩石了，他追悔不迭，忽然心想："妻子已经怀孕，她腹中的孩子可如何是好？没了儿子，谁来接替我治水呢？"所以他慌忙赶到巨石前面，用发抖的声音喊："孩他娘啊！你把儿子给我吧！"

话音未落，就听到"轰隆"一声震天响，巨岩随之裂开了一条大缝，从里面跑出来一个活蹦乱跳的娃娃。大禹赶紧把孩子抱在怀中，亲个不停。后来，大禹给儿子起名叫"启"，用来怀念他出身不凡，而那块石头则被叫作"启母石"。

疏导治水患

最初，大禹治水之时，也沿袭父亲的治水方法，去堵塞洪水，但是一般的泥土经受不住洪水的大力冲击，"呼啦"就被洪水卷跑了，他只好再想对策。大禹请来了治水经验丰富的长者，也邀请了同他父亲鲧共同治水的人，虚心向他们请教，总结经验，吸取教训，探索根治洪水的方法。有人说："洪水之所以泛滥，是因为来势迅猛，无法排出。"有人提议："看样子，水往低处流。我们只要搞清楚地势的高低，顺着水的流向，开渠挖河，就能把水导出去，事情便迎刃而解。"

可是怎么才能知道地势的高低、水流的起伏呢？人们正无计可施，人面鱼身的水神河伯忽然从水中钻出来，将一块滴着水的大青石递给大禹。大禹手拿石头，翻来覆去看了半晌，才恍然大悟，原来这是一幅治理洪水的地图！只见图上河流曲曲折折，湖泊星罗棋布，天下的水情清清楚楚、一目了然。

大禹稍一思索，便决定采取和原来相反的疏导之策来治水。他依据石头上的地图，让应龙在前面带路，边走边用尾巴划地，然后吩咐老百姓在应龙尾巴划过的地方挖掘河道，将洪水导入东面的大海。这个策略收到了立竿见影的效果，治好了许多地方的洪水。禹坚持不懈，他继续开沟挖渠，以疏导为主，根据地势高低来排除积水和疏通河道，使最初的沼泽"渥地"变作"桑土"良田。大禹历尽千难万险，又付出痛失爱妻的代价，才夙愿以偿，将洪水治好，让人们再度过上了幸福甜蜜的日子。

舜帝年迈后也仿效尧，求访贤者来继任。禹因为立下了治水奇功，受到万民景仰，人们便众口一词，推举禹来接任。因为社会生产力有了很大的发展，氏族贵族应运而生，再加上禹在治水中的功劳，使他在部落联盟中的威望和权势大大提高，事实上，禹已经从部落联盟首领变为一个国王了。

综合考古发现来看，氏族社会末期的仰韶文化和早期的龙山文化遗址，大都分布于浅山区和丘陵地区河谷两岸的高地上，但龙山文化中期与晚期的部落遗址，在靠近河岸两侧地势较低的区域，尤其是河南豫东大平原地区也广有分布。这种现象，大概同禹成功治水，大大促进了农业生产，进而促进了整个区域的发展有关。

夏家天下

夏禹铸九鼎

大禹姓姒，名文命，尧时被封为夏伯，故又称夏禹。他是我国传说时代与尧、舜齐名的贤圣帝王。传说，大禹治水成功，使他在部落之中建立起了极高的威望。后来"帝舜荐禹于天"，将帝位禅让给了大禹。大禹为了更好地管理各部落，便下令将土地划分为九州，还在涂山之会后，把九州州牧进献的"金"（铜）镕铸成九只大鼎，借此告诉世人自己成为天下共主，九州自此统一。

众部落离心离德

大禹当上了联盟首领后，不仅维持了之前部落并存的局面，还又册封出不少新的部落。时间一久，其中一些部落首领免不了心猿意马，另有所图。此时，恰逢各部落首领前来拜见大禹。他决定趁此机会进行郊祀之礼，于是命众部落首领留在阳城协助他进行祭祀。

到祭祀之时，大禹伏地叩首，诚恳地向上天祈祷、祝福。典礼官大声诵读出祝文，众部落首领听来，大禹先在前半部分祝文中表达了他为国求福之意，后又告诉上天，天下是舜让给自己的，自己将来也一定会将王位传给贤德之人，肯定不会将天下变为一家之物，让天下只姓一姓。

大禹还告诉上天："我对诸多大臣都进行了考验，其中皋陶办事成熟老练，人又聪明睿智，而且还立过很多功劳，做了不少善事，所以现在我将他通报上天，举荐他为我的继承人，并请求得到上天的许可，希望上天能显现出一个吉利的兆头，以示批准我的这个决定。"

祭祀结束之后,众部落首领直抒己见,对大禹的做法十分不满。一个部落首领说道:"这太可笑了,他把皋陶推荐给上天,可人人都清楚皋陶现在不仅老,而且病得很严重,性命只在旦夕之间了。大禹要把王位让给他,这只是做个样子给我们看!"另一个部落首领跟着发表看法:"我听说禹的儿子启集合了很多他的亲信,打算继承禹的王位。这样看来,大禹根本就没有将王位禅让给贤德之人的打算!"就这样,众部落首领不欢而散。

涂山之会消疑虑

郊祭活动并未实现大禹的目的,有三十三个部落因对他不满而离去,大禹因此心烦不已。他发现,不信服他的主要是位于东、南两个方位的部落,他决计再召开一次部落大会,并在会上就自己的做法向各部落首领公开道歉。他将大会地点定在了阳城东南的涂山。

大会正式开始之后,身披礼服、手拿玄圭的大禹出现在台上,众部落首领同时向大禹行稽首之礼,大禹也以同样的礼数回应。大禹高声向众部落首领检讨道:"我这个人品行粗俗肤浅,能力上也没有过人之处,无法使大家信服,所以为了帮助我改正自己的过错,我恳请大家面对面地对我提出诚恳的批评、告诫、规劝,这正是我将大家聚集起来开会的目的所在。虽然在治理水土上,我曾经以辛苦的劳动取得过一点点功绩,但我一生最常拿来告诫自己的就是一个'骄'字。舜帝也经常用这个字来提醒我,'汝惟不矜,天下莫与汝争能;汝惟不伐,天下莫与汝争功',所以,假如我有什么地方自满了、夸耀了,还希望大家当面给我指出来,要不然就会让我变得不仁爱了。我会认真聆听大家对我的教导的。"

大禹原本就是由天命所授,再加上他求教的态度又是如此真诚、谦恭,所以他又重新赢得了众部落首领对他的好感和敬佩,部落首领原先对他存有的成见和顾虑也一并被打消了。

各部落首领在此次大会上还进献了礼品,大的部落进贡的是玉，小部落国献出的则是帛，据史料所记，"禹会诸侯于涂山，执玉帛者万国"。

大禹设宴款待各部落首领，并给予他们丰厚的奖赏。他还对贡法进行了郑重说明，强调朝贡一定要遵照规定进行，要准时。他同时向众部落首领做出保证，他会尽全力使各部落的权利得到维护，使他们免受邻国的侵扰。大会结束后，众部落首领乘兴而去。

随后，大禹带领大臣们折返阳城。回程途中，大禹急闻皋陶离世的消息，十分悲伤。回到阳城后，他将自己未来的继任者又换成了一向以贤著称的伯益。于是，之前疑心重重的部落首领们顿时明白自己误解了大禹。他们不但更加坚定地支持大禹，朝贡也变得踊跃了许多。

大禹来自于民间，所以他的民本思想很重。他将富民看作根本，经常深入民间进行巡视，体察民情，寻访品德高尚、才华出众之人。

他在厅前分别挂起鼓、钟、铎、磬、鞀，并公告示之天下："教我以道者击鼓，谕我以义者击钟，告我以事者振铎，语我以忧者击磬，语我以讼者挥鞀。"

大禹刚刚诏告天下，九州贤能之人就闻风而动，很快来到了阳城。

铸造九鼎，天下归一

作为部落对大禹的一种致敬方式，四方部落首领经常将"金"（即青铜）作为贡品带到阳城献给大禹，就这样，天下进献的铜越来越多。

同时，为了表示对涂山大会的怀念，大禹决定效仿黄帝轩辕氏功成铸鼎的做法，用这些"金"来铸造大鼎。

为了不引起众部落首领的不满，大禹仔细考虑之后，决定将各州贡献的金都用在给各州所铸的鼎上，并在各州鼎上都铸上各州内的山川形势。同时这些鼎上还铸有一些奇禽怪兽，都是大禹治水过程中所碰到的，目的是让天下百姓能将神和怪区分开来。

几个月之后，大禹掌管天下已满五年。他遵照舜帝之制，也每五年进行一次巡狩活动。大禹结束巡狩归来后，九鼎已成，气势直贯长虹。

九鼎为冀州鼎、兖州鼎、青州鼎、徐州鼎、扬州鼎、荆州鼎、豫州鼎、梁州鼎、雍州鼎。各州的山川风物、奇禽怪兽鼎上皆有。这九只鼎代表着九州，其中豫州鼎是中央大鼎，意味着豫州是中央枢纽。

大禹将这九鼎都汇聚到都城阳城，以此告诉世人夏王大禹成为全天下的主人，天下实现了大统一。之后，"天命"就居于九鼎之上，九鼎意味着王权无人可及、高高在上。国家从此统一，兴旺发达。

九鼎也被大禹命名为镇国之宝，四方部落首领来觐见时，都要在九鼎前参拜。现在人们所经常用到的"一言九鼎""问鼎中原"等词就由此而来。

此后，九鼎就成为国家祭祀典礼中意义最重的器物。谁掌握了九鼎，谁就掌管了天下。九鼎安全，天下就安定；九鼎出了事，国家就可能存在问题。

后来，商朝灭了夏，九鼎就被搬到了商的都城亳邑；周又灭商，九鼎就随周朝到了镐京。之后，周成王建新都于洛邑，便又将九鼎迁至于此，并称其为定鼎。

九鼎作为镇国之宝、传国之鼎，其流传时间约有两千年。东周末期，战事不断，九鼎在此时突然消失得无影无踪，到现在仍然下落不明，成了千百年来的一个谜团。

启建夏朝

传说在大禹晚年时期，足智多谋的伯益被人们一致推选为帝位的接任者。但大禹去世后，大禹的儿子启却夺走了帝位。随后，伯益集结东夷部族与启之间展开了帝位争夺战，最终启攻杀伯益，取得了胜利。在启的统治下，中国第一个真正意义上的国家产生了，私有制的奴隶社会取代原始社会，中国开始了"家天下"的历史。

权力开始绝对化

夏禹统治时，他在部落联盟中的权威开始慢慢树立起来。九鼎的铸成更加强了他的权威。

在夏禹晚年的时候，有一次他将各部落首领聚集到茅山（今浙江绍兴）开会，打算借此机会再展示一下他的威严，以巩固他对各部落的控制。恰好，大会刚开始，他就有了这样一个机会。在茅山附近，有一个名为防风氏的部落。防风氏的首领并不将禹王的权力当回事，所以在大会开始后才姗姗来迟。这惹怒了禹，禹遂命人将他处死了。

这时，夏禹手中所握有的军队已足以灭掉单个氏族部落了。因此，这一次他公然在所有部落首领面前处死防风氏，目的就是要杀鸡儆猴，改变部落联盟形同散沙、各部落首领各自为政的局面，削弱各部落的独立性。

其他部落首领都被禹的威严镇住了，此后都毕恭毕敬，谨遵禹王之命，无人敢擅自行事。于是，禹至此真正实现了"说一不二"，"九州王"之名实至名归。

禹暗中为传子筹划

禹王过世前的几年，曾经试图仿照尧舜的做法，想将王位禅让给一个贤能之人。一开始，人们推荐的是从帝舜时就负责刑法的皋陶，但他还未来得及接任就病逝了。后来，伯益被一致推选为新的王位接任者。

伯益是生活在虞夏时期的一个重要历史人物，有才能，有谋略。相传舜执政时，打算开发土地，建立村落。伯益火烧山林，撵跑野兽，开发出了一大片农田。大禹治水时，伯益和禹一起四处奔走，疏浚河道，立下了汗马功劳。

伯益的深谋远虑也在解决民族冲突时体现了出来。三苗没有臣服时，伯益就给舜、禹提出建议，在威慑的同时还要施以恩惠，在武力征服的同时还要以德服人。伯益在治水时所遇到的地质地貌、动植物、民风民俗、轶闻趣事等还被他自己记载下来，成为创作《山海经》的素材。在当时人们的心中，伯益也被视为英雄，其地位只在大禹之下。

但逐渐地，大禹的想法却起了变化。王位的牢固让他认为，王权是他千辛万苦换来的，应该传给自己的儿子，而不是其他什么人。禹的这种想法越来越强烈，但伯益曾经立下很多功劳，在人们中间也有着很高的声誉。为了将王位让给儿子，禹绞尽脑汁，费尽心机，吃饭、睡觉都不踏实。

经过深思熟虑后，禹想道："我从舜帝手中接过王位时之所以很顺利，有两点原因：其一，自己当年治水立了功，人们因此对自己十分敬重和拥护；其二，舜将自己定为他的继任者之后，就放手让自己去管理天下大事。不妨我也采用舜的办法，让儿子去履行管理天下的职责，同时不给伯益建功的机会。这样做，既能让启在人们中间树立起自己的威望，又能浑然不觉地将伯益排挤出去。"就这样，禹按照他的计划让启一步步地参加到国事的处理中来。

几年后，由于启把国事处理得很好，所以他的口碑也越来越好。伯益虽然被定为继承人，但他再未取得新的功绩，他过去所做的好事，也慢慢被人们遗忘了。

启开创家天下制度

启在禹王死后，当真以继承人的身份运用起王权来了，而大部分部族首领也都愿意为启效命尽忠。

眼见事情发展到这个地步，伯益十分恼怒，心想："原先禹选定我来接替他的王位，如今启却不顾羞耻，将王位抢走。这件事违背道义，我一定要征讨他。"

伯益原为东夷人，他就集合东夷部族，领兵向启发起进攻。启早已做好了迎战的准备。他势力之庞大，是伯益所无法比的，而且启的很多亲信和亲朋好友都是各地的官员和部落首领，所以他们都出兵给启以支援。一场厮杀过后，启轻松地战胜了伯益。

胜利之后，启在钧台（今河南禹州）举行了盛大的宴会以示庆贺。启在宴会上公开称自己为夏朝国君。大禹治水的功德和在此基础上树立起来的权威，是当时所有人都无法企及的，因而启"子承父位"在人们看来也就顺理成章了。

由启作为开端，王位世袭制在中国历史上正式得到确立。奴隶社会"家天下"从此登上历史舞台，代替了原始社会的公选"禅让共主"制度，氏族公社分崩离析，国家的轮廓开始形成。虽然启在才干、品德方面远比不上他的先人，但世袭制让共主的领导权变得稳固了许多。

为了赢得人们的信任，启从严要求自己。他每餐只吃一碗平常的蔬菜，睡觉只用一床粗制的旧褥子；他严禁在祭神、祭祖之外的活动中奏乐娱乐；他尊老爱幼；他重视人才，唯才是举；他任用懂武艺的人为军队将领。

启的这些举措，果然产生了很好的效果，仅一年之后，他就赢得了良好的口碑。大家都公认启是禹天经地义的继承者，从此之后，人们对父亡子继的家天下制度再无非议了。

奴隶社会代替原始社会，具有划时代的意义，人类由此向前跨越了一大步。原始社会的生产力水平极低，人们生活得非常艰难。到了奴隶社会，农业和手工业进行了分工，社会生产力水平显著提升，人们的生活条件大大改善，为文化的兴盛打下了基础。

后羿逐太康

夏启去世后，他的儿子太康登上了王位。但太康不是一位勤勉治国的好君王，他每天沉溺于酒色、游猎，对朝政漠不关心，致使夏王朝内部矛盾重重。这就给野心勃勃的有穷氏首领后羿制造了机会。后羿借太康外出狩猎数月不归之时，轻易地掌握了夏朝的政权。"太康失国"致使夏朝的统治中断了约四十余年。

太康的昏庸放荡生活

夏启病逝后，其子太康继承了他的王位。关于太康的生卒时间，史书上并没有具体记载。

太康是启的长子，从小就和启一样过着享乐的生活，所以他登基之后，其生活的腐朽程度比其父有过之而无不及。他只顾着享受，成天不是饮酒作乐就是进行游猎，而对国家的管理和军队的建设却漠然处之、毫不关心，是一个名副其实的昏君。

太康觉得现在的国都位置不太合适，而且宫殿面积不够大，没有气势，损害了天子的威严，于是就命人重新选址，筹建新都。位于黄河南岸、洛水北面的斟寻，土地优良，地域广阔，十分适合建都，太康就开始在此地动工修建宫殿。在耗费了许多的人力物力后，一座占地面积达一万多平方米的大型宫殿在斟寻拔地而起。

太康对狩猎十分感兴趣，他拥有一支受过专业训练的狩猎队伍——这是他让人为自己狩猎而特意组建的。他狩猎的频率很高，每隔几天就要拉着队伍出去一次。打猎时，他还蛮横不讲理地严禁别人在自己打猎的地方进行狩猎。即使是偶然碰见，他也会认定这些人是存心破坏，并毒打他们。猎户们忍气吞声，私下里将他称作山霸。太康性格怪僻，善恶无常，有时候发起善心来，对捉来的飞禽走兽都会抱有怜悯之心，命令手下的人将它们全部放生。

有一次，太康携家人、心腹一同去洛水北岸狩猎。谁曾想，他兴致越来越高，一去三个多月不回来，以致许多国家大事都被耽搁了，人民怨声载道。天子奢侈没有节制，大臣们也就随之腐败了。

有穷国趁机取而代之

那时候，在黄河下游，有一个属于东夷族的部落叫有穷氏（在今山东省德州市北），它的首领是后羿，相传用箭射日的大英雄羿就是后羿的祖先。后羿有着强烈的野心，一直想得到夏王的王位。他得知太康不理朝政、狩猎几个月不归的消息后，觉得这是向夏王朝发动进攻的最佳时机。于是他借口夏王无道，集合有穷国的精兵向夏王朝发起进攻。

因为太康不问政事，漠视军队布防和地方管理，所以夏王朝内部防线如同摆设，丝毫不具备抵御外敌入侵的能力。因此，有穷军队侵入夏朝境内后，一路进攻，没有遇到太大的抵抗，很轻松地就来到了夏的都城，并将其包围。此时，城内的守军都是一些老弱残兵，没有一点作战能力，哪里抗得住有穷军队的猛烈进攻呢？而且朝中官员都没有打过仗，此时全都没了主意。经过讨论，他们居然作出了逃离都城的决定。趁着有穷军队围攻南门和西门的时机，夏后氏一族的官员和百姓从北门和东门逃了出去。但没跑出多远，他们就陷入了有穷国军队的包围之中，最后全部沦为了俘虏。随后，后羿所统率的有穷军队很轻松地攻下了夏都斟寻。

除此之外，后羿还亲自领兵驻扎在洛水北岸，切断了太康回朝的道路。当太康携带收获的猎物兴冲冲地赶到洛水边时，发现对岸有重兵把守。于是他赶紧命人到对岸去了解情况，得知是后羿为了阻止他回夏都，堵住了他的去路。此时，各部落首领既对太康的荒诞做法感到愤怒，又对后羿的实力感到害怕，所以没有人愿意帮助太康。太康追悔莫及，不得已在洛水南面修筑起一座土城暂时安顿下来，史称"太康失国"。在这艰苦的环境中生活了四年之后，太康病逝了，最后被埋葬于阳夏太康陵（今河南周口地区太康县）。

后羿是个聪明人，他明白自己之所以能幸运地攻取夏都，全在于采用了"闪电战"的方式对夏都进行了突袭，而夏后氏现存的十二大部落首领还有很强的地方力量，一旦他们联手向自己发起进攻，自己获胜的可能性并不大。所以为避免矛盾激化，后羿既没有改变夏王朝的国号，也没有对夏后氏族人大肆杀戮，他甚至连夏朝大多数官员的职位都未进行调整，而是让他们官复原职，并将太康的兄弟仲康立为新的夏王。

寒浞专权

夺取政权后，后羿也开始腐化堕落，他成天只顾巡游狩猎，将朝中所有政务都交给了宠臣寒浞处理。寒浞很擅长阿谀奉承，因此获得了后羿的高度信任。他利用后羿给他的权力，结党营私，发展和壮大自己的势力。等到时机成熟后，他除掉了后羿，自立为王。无论是寒浞还是后羿，夺权之后都并未进行改朝换代，这种情况在中国历史上极为罕见。

寒浞杀后羿

仲康不愿只做一个徒有虚名的帝王,一直意欲从后羿手中夺回王权。为了削弱后羿的势力,仲康命人对后羿的同党进行了征讨。结果由于实力不济,仲康战败,并沦为后羿的阶下囚,最后抑郁而终。从此后羿更加肆无忌惮,他索性废了夏王相,自己登上了王位。

寒浞原是寒国人,其祖先是寒国的伯明氏。由于恣意妄为,寒浞被赶出了寒国。后来寒浞得知了后羿夺权封王的事,觉得他很伟大,对他产生了敬佩之情。因此,他千里迢迢赶到斟寻,费了九牛二虎之力见到了后羿。由于他口齿伶俐,又有超人的谋略,因此后羿对他很有好感。

寒浞在不断迎合、吹捧后羿的同时,还挖空心思笼络人心。他骗得了同朝官员和一些平民的拥护,让他们在后羿面前为自己美言。这样,后羿越发信任寒浞,不断给他升官,让他最终成了丞相。于是,寒浞慢慢集军政大权于一身,最终形成了他独断专行的局面。

后羿喜好声色和游猎,群臣屡次规劝,他都置若罔闻。众人对国家的前途和命运忧心忡忡,而寒浞却恰恰相反。他已彻底了解了后羿的秉性。针对后羿嗜酒、好色的性格,寒浞不仅命酒坊给他制造佳酿,还特意为其选了上百名民间的美女让他享乐。此外,他还训练出一批最优秀的猎手和良马,并制造了很多弓箭以满足后羿游猎的需要。就这样,后羿每天过着声色犬马的生活,对军国大事再不过问。不久,寒浞觉得时机已到,就勾结后羿的家臣,将其除掉了。然后,他又逼死后羿的儿子,夺取了王位,并霸占了后羿的妻室。

寒浞不仅无情无义,还十分残暴。他登上王位后,对有穷氏族人进行了残忍的杀戮。为使所有人都臣服于他,他命人对已死的后羿进行了碎尸,在变成肉泥的后羿尸首上,又撒上了毒性强烈的药物,然后将这些碎尸做成肉饼逼迫后羿的子孙吃下。凡吃了肉饼的人都七窍流血而死,没吃的也都惨死在乱刀之下。为保性命,有穷氏族人纷纷外逃。逃亡中，一部分有穷氏族人来到了弱水（今甘肃张掖地区山丹县境内），远离了寒浞控制的地方。

剿灭相，铲除后患

为了避免夏族再来夺权，寒浞下达命令，剿灭被后羿赶出去的夏王相。沿着相的逃亡路线，寒浞展开了追杀。

相后来躲到了帝丘（今河南濮阳西南），并在那里定居下来。在斟灌氏和斟寻氏的辅佐下，通过八年的整治，夏族的实力得到了一定程度的恢复。其余部落首领也与夏族重新建立了联系。这样，夏族外有各部落朝贡，内有百姓交税，又慢慢兴盛起来。

寒浞虽然品德恶劣，但却有着非凡的武功和智谋，熟知治国治军之道。他的两个儿子也都十分健壮、威猛。其军队具有很强的战斗力。相清楚自己目前的力量还不足以将寒浞势力完全铲除，所以便不再去想征讨寒浞的计划了。

但这只是一厢情愿的想法，寒浞却要做天下唯一的霸主。半壁江山无法让他满足，他要消灭夏族，一统天下。寒浞的长子浇，其属地是有过氏部族的过地（今山东莱州西北）。寒浞为彻底消除祸根，向浇下达了攻击相的命令。浇遂带领有过氏军队向斟灌氏和帝丘发起了攻击。很快，斟灌氏军就被打败，帝丘也被攻陷。斟寻氏处成了相的新的避难所。但浇又领军紧随而至，并将斟寻氏消灭，相最终在这里死在了寒浞手上。

这时，已有孕在身的相妻后缗忙从一个小洞悄悄逃出，躲到了她的娘家有仍氏（今山东济宁东南），并在此生下了儿子少康，给光复夏朝保存下了一点点希望。

少康中兴

寒浞自立为王后，统治集团内部经常发生内讧。这时，逃亡在外的少康在有虞氏的协助下，将散失的原夏朝兵将重新集结起来，发起了讨伐寒浞的战争，并最终推翻了入主夏国四十多年的有穷氏，夺回了政权。少康是夏朝的第六代王，他在位期间，勤政爱民，专心农业水利，夏王朝的政权得以巩固，国家开始走上稳步发展的道路，史称"少康中兴"。

少康招募残部，积蓄力量

相的妻子后缗怀着国破家亡的仇恨，在自己的娘家有仍氏部落里历尽千辛万苦将儿子少康养育成人。少康从小就背负起了母亲一雪前耻、恢复夏王朝的重托。十多年中，母亲和外祖父给他灌输的都是报仇雪恨的思想，因此，复国便成为他从小立下的志向。

在有仍部落，少康担任牧正一职，他一边治理畜业，一边抽出时间来学习指挥作战的技能。不料有一年，少康的身份让寒浞知道了。这下，寒浞又坐卧不安起来，他心想："如果不将这个孩子除掉，必定会后患无穷。"于是，寒浞立即派出一支队伍前去剿杀少康。少康听到了风声，就连忙向虞舜后代的部落有虞氏那里逃去。在那里，少康躲过了敌人的追杀。

有虞氏的君王叫虞思，他本来就对后羿、寒浞的暴政不满，看到少康身上又有着不同于一般人的气质和风度，酷似夏人的先祖大禹，所以他不忍心看到禹的后人被灭绝，就将部落中的庖正（主管膳食的官）一职授予少康，教授他管理财物的技能。之后，由于少康诚实靠得住，做起事来又十分干练，虞思就将两个姓姚的女子嫁给他，并且将纶邑分封给他。在有虞氏部落，少康"有田一成，有众一旅"（《春秋左传·哀公元年》）。此后，少康发挥出他的聪明才智，对人民施以恩惠，不断地做着复国兴邦的准备。经过少康数年的治理，纶地生产得到发展，社会局面稳定，繁衍出不少人口，成了闻名遐迩的"乐国"。一些夏人了解到少康是夏后氏的后人，纶地在他的管理下仓廪充实，人民生活安定、幸福后，就都来投奔他，少康的力量因此不断强大起来。

伯靡原是夏朝后羿时期的大臣，后羿被杀后，他就来到了有鬲氏（今山东德州东南）处。在这里，他也在积蓄力量，搜罗"二斟"的残余势力。少康得知后，很快联系上了伯靡，准备协助他对寒浞发起攻击。

重新武装成大事

数年以来，寒浞贪图享受，荒废政务，失去了很多人的拥护和支持，即使是他的亲信也早已经同他貌合神离了。同时，他不断动用武力，进一步激化了统治集团内部的矛盾。少康和伯靡就借此机会发动了复国战争。

少康的作战策略是先消灭寒浞的羽翼，然后再对他的主力部队发起攻击。于是，少康先让他的心腹女艾潜入浇那里进行间谍活动，以分解、削弱浇的力量，并获取对方的军事情报。然后，少康亲自带领有鬲氏军队向过发起攻击，一下子就将有过氏军歼灭，这给复国奠定了基础。紧接着，少康又让自己的儿子季杼向戈地出兵，那里是寒浞次子豷的属地。来到戈地的季杼，先对豷进行利诱，使他麻痹大意，放松了戒备。然后他带领的有虞氏军队对戈地发起突然袭击，并将豷率领的有穷氏军全部消灭。季杼将豷消灭，为夏王朝的恢复准备了有利的条件。寒浞没有了两翼，也就没有了保障，伯靡所率的有鬲氏军立刻向夏朝故都斟寻发起了进攻。伯靡军凭借旺盛的气势和强大的作战能力，一下子就将有穷氏军消灭了，并除掉了寒浞。

寒浞政权垮台后，少康最终将寒浞父子铲除，把东夷军队从夏朝的土地上赶了出去，夺回了政权。少康重新返回夏初都城阳翟（今河南禹州），夏王朝的统治也重新建立起来。少康不仅举行了祭祀先祖的典礼，还慰问百姓，整治故都，使国家恢复安定。少康深知王位得来的艰难，所以他积极开展农业生产，重新实行稷官掌管农业的制度，同时还十分注意兴修水利。这些措施促使夏朝的社会经济水平获得了一定程度的提高。少康的小儿子奉他的命令，在修建大禹陵的地方新建了一个国家，被称为无余国，也就是后来春秋时期曾经称霸一时的越国。后人将这段历史命名为"少康复国"，也叫"少康中兴"。

少康死后，其子季杼登上王位。季杼对东夷发动了大范围的武力征讨。最终，黄河中下游大部分地区和淮河流域，都成了夏朝的势力范围。至此，夏朝发展到了巅峰时期。

孔甲养龙

夏朝统治由盛转衰，始于孔甲执政时期。孔甲是夏朝的第十四代君王，在位三十一年。相传，他喜好养龙，又笃信鬼神，是一位胡作非为的昏君。他统治期间，各部落首领纷纷叛离，夏朝国势衰落，逐渐走向崩溃。而在他之后仅仅过了三代，夏朝就灭亡了。

胡作非为，迷信鬼神

孔甲是夏朝第十四代君王，性格怪僻。他的父亲不降就是因为担心他承担不了管理国家的责任，而没有让他继承王位，而是让自己的弟弟北扃继承了王位。扃死后，其子廑即位。直到廑病死后，孔甲才接过了王位。孔甲的登基本是偶然促成的，但在他看来，这是天神对他长久拜祭的一种赏赐，所以他对神灵更加笃信了。

在执政的三十一年中，他大搞淫乱活动，整日沉溺于歌舞美酒之中，相传一种名为"东音"的乐调就始于他的创作。可以说，孔甲就是一位恣意妄为的无能的昏君。他使得国家由盛转衰，灾荒不断，田地颗粒无收，人民没有了生活来源，日子过得苦不堪言。许多部落首领都离他而去，夏朝加速衰落，日益靠近了毁灭的边缘。

刘累奉命养神龙

养龙是孔甲的一大爱好。有一次，孔甲在与宫娥玩乐时接到一个大臣的报告："有一公一母两条巨龙从天上飞到了凤凰岭下。"孔甲获悉后，兴奋异常，把这两条龙看成是上天给他的恩赐。于是，他命人将两条龙捉了回来。但苦于没人会养龙，他立刻命人去寻找懂得养龙之法的人。传说尧舜时期有一个叫豢龙氏的人很会养龙，他的这种技艺一直传了下来，从未断绝。所以有人向孔甲举荐了豢龙氏的后人刘累，并向他吹嘘说刘累以前学习过驯龙的技能。孔甲不辨真假，就请刘累来养龙，并封其为"御龙氏"。此外，孔甲还将原先祝融氏后代的封地豕韦改封给了刘累。

实际上，刘累师从豢龙氏学习养龙也就几天时间，关于养龙的知识，他只是一知半解。在当初捕龙的过程中，母龙受到了伤害，所以养了没多长时间就死亡了。而公龙情况也不太好，不进一点食物，活不了多久了。刘累害怕获罪，就把这些情况都隐瞒下来，还荒唐地拖出已经死去的母龙，剥下龙皮，将龙肉剁成肉酱，并烧制成肉饼供孔甲食用。孔甲尝过后，觉得味道十分鲜美，就命人前往刘累家索要。刘累没了办法，担心孔甲发现实情，举家躲到了河南鲁山县。

师门恃才招祸端

孔甲知道实情后，发现刘累已跑，十分恼怒。但人已逃了，孔甲也无可奈何，只好又请来了一位养龙高人。此人叫师门，师从于崔啸父，喜好以桃花、李花为原料烹制食物，此外他还可以吃火、行火、跳入火中自我焚烧、驾着烟火飞天。

师门的确有养龙的真才实学，没用太长时间，经过他调理的公龙就重新变得精气十足、神采奕奕了，孔甲见此十分欢喜。但师门也有古怪之处，就是他做事从来不愿受人控制，只按照自己的想法去做，纵然是孔甲也奈何不了他。关于养龙，他就和孔甲发生了数次争吵，让孔甲十分不高兴。一天，师门又斥责孔甲明明什么都不了解，还装得很懂，胡乱指挥。这彻底激怒了孔甲，孔甲一气之下就让卫士砍了师门的头，并将师门的尸体埋于郊外的荒野之中。

传说师门的尸体被埋好的一瞬间，就见狂风呼啸而来，天上电闪雷鸣，紧接着大雨倾盆而出，地面上的积水达三尺之深。雷雨交加中，公龙也离开养龙池升天了。大雨刚停，一场大火就在城郊山林中燃烧起来，一切林木都被点燃了。

身处宫中的孔甲听到这些情况后害怕之极。由于他信奉神鬼学说，所以他断定这是师门的冤魂在作怪，当即命人备下大量祭品，自己乘车来到师门尸体所埋之处进行祭祀，祈求师门饶恕自己。祭祀结束后，一行人回到宫中，卫士请孔甲下车时，人们才发现孔甲早已死于车中。

实际上，孔甲命人饲养的并非两条真龙，而应该是两条大鱼。孔甲一向喜欢故弄玄虚，他称大鱼为神龙，并宣称龙是上天给他的恩赐，其本意是想蒙蔽、捉弄天下人，让自己的地位更加稳固。但他荒废政务，只沉迷于荒谬绝伦的迷信活动中，这已经给夏朝亡国埋下了隐患。

夏桀亡国

夏桀是夏朝第十七代君王，他荒淫骄奢、暴虐无道，是历史上有名的暴君。夏桀执政时期，宫中逐渐形成了肆意淫乐的风气，内政不治，外患频频，阶级矛盾越来越突出。然而，在这种情况下，夏桀不但不求新求变，反而恣意妄为，横征暴敛，残害忠良，致使众叛亲离，最终被商汤所灭。至此，统治华夏大地长达近五百年的夏王朝宣告结束。

宠爱妹喜，荒淫奢侈

夏桀本人体格健硕，身强力壮，他徒手就可以扳直铁钩，掰断鹿角。不止如此，他还智力过人，富有才干，头脑十分灵活。但是，这些优点都没有被他用到治理国家上，反倒被用在了享乐和对老百姓的残酷统治上面。他阻碍农业生产，同奴隶主贵族一起对人民实行压榨，而他压制起奴隶的反抗来更是凶残之极；对外他肆意挑起战争，敲诈小的城邦。

在登基后的第三十三年，他挑起了对有施氏的战争。有施氏是一个东方小国，国力较弱，不敢与夏进行对抗，所以他们愿意臣服于夏，并向夏朝进贡。然而桀却仗势欺人，非要对有施氏进行屠杀。有施氏打探到桀是一个好色君王，就特意将美女妹喜献给桀，以示投降。桀看见妹喜非常漂亮，非常欢喜，于是下令收兵，并将妹喜带回了夏朝。

桀对妹喜宠爱有加，整日与她在一起吃喝玩乐，还对她百依百顺。妹喜对陈旧的王都宫殿很不满意，桀就特意为她重新修建了金碧辉煌的琼室、象廊、瑶台和玉床等，以博得她的欢心。桀又命人将肉食挂在庭院中间的树上，将其命名为肉林；还让人在庭院中间挖出一个大酒池，里面盛满了美酒。每次他们二人来到倾宫，都会让三千宫女一起为他们跳舞助兴。当宫女们疲倦之时，桀就让她们去肉林中食肉，去酒池中饮酒。据《帝王世纪》所记，妹喜非常爱听"裂缯之声"，认为这种声音清脆、嘹亮，特别动听。桀为博得美人一笑，就下令每天向他献帛一百匹，让力量大的宫女每天撕给妹喜听。

这些沉重的负担加在了百姓的肩上，百姓因此感到十分痛苦，但只能忍气吞声。桀还将阿谀奉承之人任命为重臣，而那些忠臣却遭到了他的摒弃。当时有个小人叫赵梁，曲意迎合桀的嗜好，不仅教给桀享乐的方法，还传授给桀敲诈、压迫百姓的手段，因此桀对他十分宠信。

在饮食上，桀非常挑别：酒要醇，容不得半点杂质；蔬菜、鱼肉和调味品只能是指定地区种植、生产的。为让他吃好饭，每天有成百上千人忙忙碌碌。这些侍奉他的人稍不注意，就可能丧命。桀还有一个不好的习惯，就是他喝醉之后，要将人当作马来骑，连大臣们都不能幸免。一些大臣累得筋疲力尽后向他求饶，反倒被他杀害了。

残杀忠臣，众叛亲离

当时，东方有一个部落叫商，它的首领汤曾经给桀举荐过一位兼具德行与智慧的贤能之人伊尹。伊尹用尧、舜的仁政对桀进行规劝，希望他能理解百姓的痛苦，多为百姓着想，用仁爱之心来管理国家。可桀根本不接受他的劝诫，伊尹无奈，只得离开。

晚年的桀荒淫程度更甚，没有丝毫节制。他居然下令建造了一个被他称作夜宫的大池，并领着不少男女混居在池内达一月之久。在这期间，他没有上过一次朝。

桀有位大臣叫关龙逢，为人正直，是一位贤臣。他眼见桀这样为所欲为、滥杀无辜，就入宫去劝诫桀。关龙逢说："从古至今，仁慈、贤明的君王都应该勤于政务，爱惜他的子民，体谅手下，过简朴的生活。这样，国家才会稳定。而像您现在这样，生活荒淫、放纵，肆意杀人，是会引起天下大乱的。您会失去人心，大夏江山也就朝不保夕了。"夏桀哪里能听进去？他大发雷霆，不仅责骂关龙逢，还将关龙逢杀害了。

太史令终古痛哭流涕地向他进谏，但桀不但不听从，还严厉地训斥了他。终古明白桀已经不可救药了，就投靠了商汤。此后，忠义、正直的大臣再也不敢规劝桀了，桀听到的只剩下卑鄙小人的奉承之语和诽谤之言了。

夏桀仍然自以为是，觉得他的国家永远不会消亡。他还自称为太阳，说："天上有太阳，就如同我拥有老百姓一样，太阳会消亡吗？太阳消亡的时候，我才会消亡。"

老百姓们恨他到了极点，指着太阳咒骂他说："时日曷丧，予及汝皆亡！"大意是说，你这个太阳，还不尽快灭亡？我们宁肯与你同归于尽！

桀逐渐失去了人们的拥护，夏王朝也岌岌可危了。

殷商王朝

商汤"网开一面"

商族是黄河下游一个古老的部落，商族首领汤不仅高瞻远瞩，而且仁爱正直。他见夏桀暴虐无道，失去民心，便决心灭夏。汤采取了很多措施增强自己的实力，削弱夏朝。他勤政爱民，广施仁义，得到了百姓和弱小国家的拥戴，国家实力日渐强盛。虽然这时商还臣服于夏，但客观上已经可以与夏分庭抗礼了。汤的励精图治，为后来征讨夏桀取代夏朝做了充分的准备。

广施仁义，和睦邦交

汤乃商始祖契的十四代孙，其生卒年月不明。汤成为商族首领后，目睹了夏桀骄奢淫逸、凶残冷酷，人民生活苦不堪言，就决意要摧毁腐朽的夏朝。他静观天下大势，发现在桀的统治下，夏朝国势日衰，民心背离，于是计划抓住这一时机，团结与桀结仇的小国一起向夏发起进攻。为方便攻夏，汤迁商都至接近夏朝管辖区域的亳城（今河南郑州附近），将夏朝的动向掌控在自己手中。来到亳以后，对内他注重以宽容的态度来管理民众，为民众谋取利益，所以民众都十分拥戴他；对外，为了联合更多的反夏力量，他注重对相邻的方国进行笼络。他首先拉拢的是葛国。

葛（今河南宁陵北）也是夏的一个方国，位于亳的西边。其首领葛伯对夏桀十分忠诚，但他也是一个贪图享受的人，对人民生产、生活毫不关心，甚至不愿举办对国家十分重要的祭祀典礼。汤听说葛伯很久没有进行祭祀后，就派人来了解原因。葛伯告诉商的使节："我们也知道祭祀很重要，但每次祭祀都需要很多的牛羊，如今我们没有牛羊，用什么来祭奠呢？"得知这一情况后，汤就命人将一群肥大的牛羊送到了葛伯那里。葛伯见汤竟然上了他的当，还送来了不少牛羊，就将它们一个不剩地都杀死吃了，依旧不举行祭祀仪式。

汤听说葛伯仍然没有进行祭奠，就又派人来问询原因。葛伯告诉来人："我们的土地不能产粮，没有酒饭这样的贡品，自然就不能祭祀。"于是，汤又让亳地的人来帮助葛种粮，并且让亳人将做好的饭菜送给葛伯。但葛伯却让人在葛境内将饭菜夺去，并杀害不顺从他们的送饭的亳人。

汤发现葛伯执意与自己作对，不值得再去拉拢了，便领兵灭了葛。由于葛伯不仁在前，其他各族首领不仅没有对汤的这一举动提出异议，还纷纷说葛伯罪有应得。在汤的治理下，商国不单畜牧业兴盛，农业也很发达，国库中囤积了大量的粮食，不仅能自给自足，还积极救助出现灾祸的邻邦，所以商与周围相邻的小国关系都十分融洽。

网开一面，四十国归顺

一次，汤来到城郊巡视，他发现大树下面有一个猎人正在向四面铺网准备捉鸟，并听见猎人祈求说："希望全部的鸟儿和走兽都落入我的网中,无论它们来自哪个方向,一个也不漏掉。"汤不忍目睹这一切,就对猎人说:"你这不是要消灭它们吗?这过于残酷了吧?你只铺一面网就好了,其他的都可以拿走。"猎人觉得不好办:"只有一面网又如何能捕到鸟呢?"汤感叹道:"自由飞翔的鸟儿,想往哪里飞就往哪里飞,唯独那些活够了、任性的鸟儿才会自己飞到这网中来。"

汤的这番慨叹很快就在百姓中传开了,人们都说:"对待鸟兽,商汤就如此仁爱,可见他是个和善、仁慈的君王。我们应当一心一意拥戴他。"被夏桀欺侮的一些小国发现汤这样仁义,便都投靠商国,陆陆续续有四十多个小国投靠商国。就这样,商变得更加强大了。

声威震主,被囚夏台

商汤勤于朝政、爱民如子、与邻国和睦相处的事迹传到了夏桀的耳朵里,他害怕汤实力强大对自己的统治产生威胁,就打算将汤骗到夏国来,以绝后患。

恰逢这时桀处死了忠臣关龙逄,夏臣们不敢可怜关龙逄,更没有胆子去祭奠他。汤闻讯后,却不害怕桀的淫威,即刻带人赶到京城祭奠关龙逄。桀大怒,借此机会,将他软禁在了夏台(位于今河南禹县,又名钧台)。

商国的右相伊尹为了救出汤,就给夏桀送去了许多的珍宝和十名美女。美女和珍宝果真打消了夏桀心中的怒气,又由于给汤求情的人接连不断,桀于是便把汤释放了。汤绝处逢生,他铲除夏桀、拯救黎民的决心变得更加坚定了。

商汤决定先将夏的大小羽翼挨个铲除,同时等待伐夏的良机。由于民心都在汤这边,所以汤出征十一次,结果是全胜而归,由此名震四方。汤勤于国事,积极发展生产,商的实力日渐强大,其势力范围也从黄河下游延伸到了中游,甚至渗入了夏的管辖地区。虽然这时商还臣服于夏,但客观上它已经可以与夏分庭抗礼了。

商汤革命

时机成熟后,商汤便开始发动反抗夏王朝的战争。在鸣条之战大获全胜后,商汤乘胜追击,俘获了夏桀,夺取了夏朝政权,成为武力夺取天下的第一人。鸣条一战打破了天子不可战胜的定律,是中国政治史上的首次革命。商汤建国后,中国的社会生产力水平和文化文明取得了飞速的发展,中国也成为上古时期文明国家的代表,与古埃及、古巴比伦齐名。

正确选择决战时机

随着夏桀的羽翼被一个个消灭,包围夏桀的战略步骤也顺利实现。但对与桀的最后决战,汤仍然非常谨慎。他明白"百足之虫,死而不僵",有将近四百年历史的夏朝虽然已到了崩溃的边缘,但保有的实力依然很强。

因此,汤听取伊尹的建议,先中断了对夏的朝贡来试探桀的反应。桀随即调动九夷兵马,意欲征讨汤。汤和伊尹见状,明白时机还不成熟,就立即向桀谢罪,恢复了朝贡,从而化解了桀的不满。他们接着积蓄力量,等待更好的时机。数年后,由于桀统治残暴,九夷族纷纷背叛,这大大削弱了桀的实力。很快,消息就传到了商,汤于是又中断了对夏的朝贡,这次桀已无人可调。汤确定伐夏的最佳时机已经来到,因而毅然起兵。

誓师宣言,鼓舞士气

军队出征前,汤全副武装,在几个武士保护下,当着所有将士的面发表了誓师宣言:"各位将领、武士们,发动战争并不是我的本意,但夏桀罪恶滔天,上天将扫除罪恶的重任交给了我们,我对上天有敬畏之情,不敢逆天而行。如今,即使是夏国的臣民也恨桀恨到了咬牙切齿的地步,已经没有夏人愿意再服从桀了,因此征讨桀,救夏民于水火之中是我必须要做的事。

"你们要团结一致，服从我的命令，实现上天对我的重托，你们都会得到我的重赏的。你们务必要相信，我是说话算话的。假如你们违抗命令，作战懈怠，我会对你们进行严惩。"

誓言中，汤公布了严格的军纪，还把桀毁坏生产，对民众进行残酷的剥削、迫害的罪行都逐个列举了出来。他强调讨伐夏桀是天命所在，是为了拯救苍生，军队的士气因此十分高涨。

鸣条一战，大获全胜

誓师结束后，商汤特意挑选出七十乘良车，六千名"必死"之人，同其他方国军队一起，运用迂回之术，绕到了夏都西面的鸣条之地，准备发动突然袭击。

夏桀得到消息后，为保卫夏都，日夜调动军队，布下了数条防线。因为汤是以天命来鼓舞将士的，所以将士们个个奋勇争先，异常勇猛。商军兵多将广，军威显赫。而夏军很长时间没有打仗，平时又疏于训练，军纪散漫，又由于桀恶贯满盈，夏军将士都不愿为他作战，因此，两军刚一碰面，夏军就土崩瓦解、四散而逃，商军轻而易举夺取了夏都。

桀眼见局势无法挽回，就狼狈地逃往南巢（今安徽寿县附近）。商汤紧追不舍，在南巢逮住了他。

为了赢得民心，宣扬自己宽容仁爱的名声，商汤并未处死桀，而是将其投入了南巢的大牢。不久，桀就死于狱中。

召开诸侯大会，建立新王朝

商汤回到亳城后，就举行了"景亳之命"大会，很多诸侯都参加了此次大会。会上，商汤获得了三千诸侯的拥戴，因而成为天下共主。于是，在夏朝的基础上，商朝——一个新的强大的王朝建立起来。

商汤攻夏在历史上被称为"商汤革命"。古时，在统治阶级看来，朝代更替是顺应天命而进行的革新，因此以"革命"相称。但这个"革命"与现代意义上的革命毫无联系。

"商汤革命"从政治角度来说,具有进步意义。它开了武装夺取天下的先河,中国历史从此之后变得异彩纷呈起来,天子不可更改的规律也由此被打破。

从军事上说,鸣条之战是我国军事史上一场伟大的战争,它是中国古代第一个全面采用了"伐谋""伐交""伐兵""用间"等手段,最终快速赢得胜利的成功案例。后世战争的发展和军事理论的建立,都受到了它不小的影响。

商朝建立后,汤总结夏亡的经验教训,以桀为反面例子对臣属提出劝诫:不要只顾享受,搜刮百姓,应该"勤于事","有功于民"。他还提出发展生产、轻徭薄赋的建议。

汤自己带头做表率,他定期去巡察各地,行仁政,勤于政务,爱惜子民,他还牺牲自己来为民求雨。他向四方发布政令,规定各地贡品只能是各地所出的产品,各地间不得比较物品的高低贵贱。这项举措减轻了百姓的负担,因而得到了各诸侯的拥护。

商朝的建立不仅推动了生产力的发展,还为中国古文明的发展注入了生机。中国由此也迈入了上古文明国家代表的行列,与埃及、巴比伦并驾齐驱。

九世之乱

商朝王位主要是按照"兄终弟及"和"父死子继"的原则传承的,但由于觊觎王位的人太多,加之王位继承制度还不完善,致使仲丁时代及其后的商朝发生了"弟子或争相代立,比九世乱"的事件。而这一问题,直到后来以周公为代表的统治者正式建立起"嫡长继承制",才基本上得到了解决。

继承制的弊端

夏朝开启了中国"家天下"的历史。在"家天下"的诸多内容中,王位继承制度的确立是其中很重要的一项。

商汤时确立的王位继承制度是"兄终弟及"及"父死子继",也就是兄亡后弟继承,弟亡后再传给少弟,直至同辈兄弟皆亡后,再轮到长兄之子来继承王位,其后以此类推。但是,统治者贪婪的本性注定了他们会为了权力和利益展开争夺,况且王位继承制度并不完善,极易引发动乱。因为得到王位的弟弟更想将王位传给自己的儿子,而非还给兄长的儿子。因此,以夺取继承权为目的的"废嫡而更立诸弟子,弟子或争相代立"的局面就出现了。即使是在盘庚中兴时期,王位继承权问题也没能得到有效解决。一直到帝庚丁以后,传子制度彻底确立,之后又出现了"嫡长继承制",这一问题才得以解决。

叔侄内讧,内忧外患

太戊死后登上王位的是太戊的儿子仲丁,仲丁姓子名庄,生卒年不明。仲丁正是在通过激烈的斗争才继承王位的。他为了躲避来自叔叔等人的阻挠,便迁都于"嚣"地(今河南荥阳市东北)。当时东夷崛起,其中一支叫作蓝夷的部落在攻打商朝时败于仲丁之手,由此,商朝和东夷各部族之间便开始了长期的战争。

仲丁死后,王位落入了仲丁之弟外壬手中,但由于他向诸弟做出了让步,所以出现了商朝历史上以王位继承为核心的"九世之乱"。这成为商朝走向没落的起点。外壬执政十五年后死去,商都又被河亶甲迁至"相"(今河南省内黄县境内),在他手中,商朝又再现雄风。河亶甲发动了对蓝族和班方的讨伐战争,在一些方国的协助下,他平定了发生叛乱的诸侯国。河亶甲统治九年后去世,其子祖乙登上王位。祖乙意图通过迁都至邢(又称耿,今河南省温县东)来解除堂兄叔伯对自己的威胁,可是由于选址时太过匆忙,未对地形进行细致的勘测,以至于新都宫室在修建过程中就被黄河洪水吞没了,因此他又迁都至庇(今山东鱼台附近)。由于这里拥有充足的水资源和肥沃的土地,对农业、畜牧业的发展十分有利,商朝经济得以复苏并发展,人民生活较为稳定,商朝又出现了欣欣向荣的景象。祖乙还通过数次征战平定了蓝夷、班方等国,消除了东夷对商的威胁,商朝国势再次强盛。他在甲骨文中被称作中宗祖乙,并与太乙、太甲合称为"三示"(意思是三位功绩显赫的先人)。

仲丁时代是商朝衰落的起点，由他开始及其后的外壬、河亶甲、祖乙、祖辛、沃甲、祖丁、南庚、阳甲八代，可以说是商朝最动荡不安的一段时期，期间王位争夺战接连不断，迁都不断，诸侯的叛乱也一再出现。在这九世之乱的冲击下，商朝出现了严重的社会问题，国力衰落，诸侯不来朝拜，矛盾交织，祸根丛生，这些都可供历代引以为戒。

盘庚迁殷

商朝中期，统治阶级内部争权夺利，频繁迁都，致使国家经济萧条，国势衰微。为走出困境，商王盘庚决定将商都迁至殷地。对于商朝历史而言，"盘庚迁殷"无疑是一次伟大的革新，它改变了商朝的发展轨迹，使商朝重新兴盛起来，并创造出了璀璨夺目的商朝文化。

振兴国势，决意迁都

商朝是个奴隶制国家，拥有雄厚的实力。但商王仲丁之后的九世之乱，导致商朝政局发生了剧烈的动荡，国势日渐衰微。

盘庚名旬，生卒年月不明，祖丁是其父，阳甲是其兄。盘庚是在阳甲死后登上王位的，是商朝第二十位国王。他是一位很有才华的君王，不仅熟知本国家和民族的历史，还有自己的一套很有针对性的治国之道。盘庚可以将商朝那些有功之臣拉拢过来为己所用，同时又可以不受他们的影响和利用。所以，虽然他登上王位的时候还年纪轻轻，但却已经具备了带领商朝走出困境的能力。

当时因黄河泛滥频繁，致使商朝损失严重，再加上社会矛盾日益激化，所以盘庚决定迁都至土地肥沃的殷地（今河南安阳西北），以改变当时王族内部的混乱状态和动荡的社会局面。

恩威并用，挫败阻扰

迁都一事提出后，商朝那些大奴隶主贵族们却坚决反对。因为他们在旧都的奴隶数量众多、土地广阔，还有不少的房屋，所以一旦迁都，他们必定会损失惨重。此外，还有一些贵族是因为留恋舒适的生活，不愿承受迁都的劳累而反对迁都，他们都希望可以改变盘庚的主意。于是，一些贵族仗着自己的势力妖言惑众，挑拨平民来抵制迁都，使得人们惶惶不安。

　　但这些声势浩大的反对浪潮也没能改变盘庚迁都的决心。他将持反对意见的贵族们召集起来，告诉他们："我要你们进行迁移是为了让我们的国家稳定下来，是仿照先王体恤臣民的做法，关心和护佑你们，领着你们去寻找安乐之地。假如你们心怀异心，先王的神灵就会带来灾祸，惩治你们！你们不理解我的良苦用心也就罢了，还到处设置障碍。我告诉你们，迁都之事已不可更改，不愿迁的人可以留下，可是不准反悔。罪恶轻而易举就可以生长起来，就好像燎原的大火，如果让它燃烧起来，人都无法接近它，又如何能将它扑灭呢？假如真出现了这种情况，那是你们自作自受，而非我的过错！"

　　盘庚见无人说话，便继续说道："所有人都清楚，殷不仅有适合农业生产的肥沃的土地，而且它的地理位置也十分重要，它能够让我们更方便地掌控各个诸侯和方国。将国都迁到那里后，老百姓不就能够安定地生活了吗？社会不就能够安定下来了吗？国家不就能够强盛了吗？"

　　盘庚的坚持最终冲破了反对派设置的障碍。然而就在所有迁都的准备工作都已做好，队伍行将启程时，隆冬时节已经来临。这时，有人借此机会提出，不如等到第二年春天，天气暖和后再迁都。盘庚就做起大家的思想工作来，他演讲道："比如乘船，坐上了船却不想过河，只等着船一点点腐烂，这样不但你们自己要沉下去，大家也会和你们一同没入水中。我们早一点到达新都，春天时还可以赶上种一季的庄稼，如今退却是没有前途的。"

　　盘庚下达了出发的命令后，人们赶着牛车和羊群，浩浩荡荡地向殷进发了。在经历了千辛万苦渡过黄河后，人们终于到达了殷（今河南安阳小屯村），并立即投入到了艰苦的新都建设中去。

营建新都，安居乐业

相传，当时为了加快新都建设的步伐，盘庚经常带领人们在夜间手持火把工作，火光将河岸两侧照得通红通红的。人们喊着号子，肩挑背扛，汗流浃背地劳动着，场面十分热烈。安阳地区的居民有一个古老的习俗，一直流传至今，即在每年农历正月十五、十六这两天，人们都会在河边进行踏青游春活动；到了夜晚，大家就会挂起灯笼，表示庆祝。这或许就是在纪念盘庚迁殷这件事吧！

殷都建成后，盘庚奉行较为开明的政策，人民生活慢慢富足起来，已经走上下坡路的商朝再度中兴。后来，他还强制打消了贵族们返回旧都的念头。就这样，在随后的二百多年中，殷作为商朝国都的地位就始终再未改变，因此，商朝又被称为殷朝或殷商。

盘庚迁殷改变了商朝的发展轨迹，使商朝重新兴盛起来。盘庚执政二十八年，臣民们写下《盘庚》三篇来对他的功德进行称颂。他去世后，殷人还专门给他建造了庞大的陵墓，地点就在如今的侯家庄、武官村以北的西北岗附近。商王陵墓区后来就在这里形成了。

武丁中兴

盘庚迁殷以后，商朝的国势就一直处于上升阶段。到了武丁统治时期，武丁励精图治，不仅选拔了傅说、甘盘、祖己等贤臣帮助自己治理国家，还组建了一支强大的军队，征讨寻衅滋事的各方部落，使国家内外安定，政治、经济、文化等方面都得到空前发展，国力趋于鼎盛，史称"武丁中兴"。

三年不言，选拔贤臣

武丁成长于民间，了解稼穑的艰辛，所以他执政后依然保留了当年养成的朴素的生活作风，并立志奋发向上，重振商朝雄风。然而，登上王位的头三年中，他却"三年不言"，这就让人感到奇怪了。

对于武丁"三年不言"的原因，一直存在着不同的说法：有认为这是武丁在"默以思道"的；有觉得这是武丁在守孝的，因为那时一国之君死亡之后，新掌权的君王会将所有的政务委托给宰相，自己则既不处理，也不过问；甚至还有人说武丁患了"不言之症"。

实际上，人们所说的"三年不言"（古籍中叫"三年谅阴"）指的是武丁为了不将自己的智慧才干、诚实的品质暴露在众人面前，故意用沉默的方式将它们遮掩起来。他的这种做法首先与他即位后面临的政治形势有密切联系。虽然他得到了王位，但其实他的王位并不稳固，阳甲、盘庚、小辛的子嗣们会以伊尹制定的传位法为依据向他发难。与其盲目冒进被彻底打压，还不如韬光养晦，积聚实力，再图进取。因此，武丁选择以沉默示弱的方式来静静观察时局的变化，一面考验大臣对自己的忠诚度，一面"默以思道"，寻找兴国安邦之策。

武丁这一招竟然真的发挥了作用。他长期的不言不语，使得很多支持他的官员们都非常焦虑，他们不断地请求武丁表明他的态度。静观了很久之后，武丁觉得时机已到，就以先王托梦为名，将傅说和祖己从底层社会中提拔上来，并委以重任。他还采纳了傅说"学于古训"、承袭商汤文化传统和祖己的改革祭祀礼仪制度等意见，使得商朝人文精神的色彩更加浓重，从而勾画出了商朝文化发展、变化的脉络。

在武丁的努力下，当时在商朝统治集团内出现了一般以武丁为核心的中坚力量，代表人物有傅说、甘盘、祖己，还包括光、吴、震、望乘等很多有名的文武大臣。它阵容之盛，在从商汤到帝辛的整个商朝中，都可以说是绝无仅有的。因而，这个时期，商朝在政治、经济、文化等各个方面都取得了前所未有的进步，人丁兴旺，社会稳定，国家实力显著增强，商朝进入了它后期中的繁盛时期。

关心农业，四处征伐

武丁很重视农业，他经常亲自指导、监督生产，还派专人不断向上天祈祷风调雨顺。商朝时迷信活动盛行，人们无论做任何事情，都要先用龟甲或兽骨测算吉凶。流传下来的卜辞中，武丁时期的非常多，而其中关于农业、畜牧业的内容占据了大部分，如通过占卜询问上天收成是好是坏，是否会降雨、畜牧是否兴旺等。

武丁时期农业兴盛，百姓生活富裕，国库充盈，这为武丁发动对不顺从部落的讨伐战争打下了牢固的经济基础。

在商朝北方草原地区，有一个游牧部落叫作鬼方，他们常常对商的管辖区域进行侵扰。武丁亲自领兵出征，经过三年的讨伐，终将其平定。

北方的另外两个游牧部落工方和土方，抓住商朝发生"九世之乱"的时机，快速拓展自己的势力。他们为了抢夺大量的生活资料，频繁对商朝属国进行侵袭，商的王畿西郊也成为他们频繁进行抢夺活动的区域，这严重威胁到了商朝政权的安全。因此，武丁令武将禽和甘盘领兵对他们进行征讨，经过几年的战争，商朝终于收服了工方和土方，由此，他们的领地也划入到了商朝的疆域之中。

西羌也是武丁讨伐过数次的一个古老部落，武丁将战争中俘获的战俘，当作"人牲"用来祭祀鬼神。

在商朝的南方地区也存在着不少的方国、部落。位于江汉流域的"荆楚"是其中较为强大的一个。相传，商族武士在武丁的带领下，来到荆楚的腹地，并最终击败了荆楚。商军不仅俘获了大量的荆楚人，还灭掉了这个方国。至此，商朝版图进一步扩大到了江汉流域。

商朝有两个方国叫大彭和豕韦。河禀甲时期，他们的国力大增，因而就不想再臣服于商朝，还中断了对商的朝贡，结果最后为武丁消灭。战场上的节节胜利，使商朝的势力在四方都得到了扩展，商朝也在此时达到了顶峰，因此历史上称这一时期为"武丁中兴"。

商朝对各方部落的征讨，一方面使国家日趋稳定，但另一面，也产生了很多的负面影响，像人力、物力、财力耗费巨大，人民负担变得更加沉重，阶级矛盾更加尖锐等。所以在某种意义上，可以说，武丁的讨伐战争为商朝数百年的基业提前唱响了落幕的悲歌。因此，武丁中兴不仅是商朝强盛的顶点，也是商朝由盛而衰的转折点。

"盛世"背后的危机

武丁时期,不停的战争使得众人(农奴)和奴隶们身上承受了很多的军用负担。武丁经常派人往各个地方,催缴土贡和赋税。武丁不仅收缴包括粮食在内的农产品,还把马牛羊等畜产品以及各种珍贵的动物(如象、鹿、猴等)收上来祭祀神灵。

商朝对奴隶的杀戮是十分残酷的,而到了武丁"盛世",这种情况不仅没有改观,反倒进一步加重了。根据统计,在武丁时期的甲骨卜辞中,关于人祭的占卜就达到了一千余条,还有九千零二十一人被用作了"人牲"。卜辞中还数次见到一次人祭用掉上百乃至五百个仆人和羌奴的记录。可以说,在杀奴祭奠神灵方面,其他时期都无法与武丁时期相比。

由此,武丁朝也出现了深重的社会危机,奴隶和其他所有被压迫的阶级不断发起反抗奴隶主贵族的斗争。甲骨卜辞中存有大量的武丁时期王室奴隶大量逃跑的记录。当时武丁下达了抓捕的命令,占卜之术则示意三天之内奴隶就可以全部抓回。可是由于逃生奴隶进行了顽强的反击,预言没有兑现。奴隶们不久就渡过了黄河,而抓捕奴隶的船并没有追上他们。最后,武丁花了十五天的时间,费尽力气才抓回了逃走的奴隶,并将他们全部残酷地杀害了。

武丁统治时间长达半个多世纪,在这个时期中,虽然商朝重新走上了中兴之路,并取得了极高的成就,但盛景之下,却是沉重的兵役、徭役和贡赋,包括奴隶在内的人们被迫进行了反抗斗争,从而暴露出商朝潜在的社会危机。

商纣王荒淫亡国

商朝后期,虽然出现了盘庚、武丁这样一些"中兴"明君,可商朝最终还是因一些君王的昏聩无道而逐渐衰落下来。到第三十任商王纣统治时期,商朝已是危机重重,气数将尽。商纣和夏桀一样,都是中国历史上暴君的代表,史书上将他们并称为"桀纣"。

今天还常用到的"酒池肉林""炮烙之刑"等成语就是纣王暴虐无道的证明。

帝乙误立太子

帝乙在位时间不长,临终时,他与其弟比干和箕子就王位继承人之事进行商议。

箕子主张立帝乙的长子微子,而比干则举荐帝乙的小儿子帝辛为继承人。比干认为,微子虽是长子,但其母却非帝乙正室;帝辛虽小,但是嫡子。结果帝乙听取了比干的建议,遵循传统礼法,将王位传给了帝辛,而没有将仁厚、稳重的长子微子立为太子。

谁曾想到,帝乙这一念之差,竟给商朝招来了亡国之祸。

实际上,比干极力为帝辛争取王位,除了维护商朝继承法之外,还有一个更主要的原因,这就是他对帝辛的偏爱。在太史公的记录中,帝辛不仅容貌英俊,而且"资辨捷疾,闻见甚敏;才力过人,手格猛兽",脑力和体力都非常出众。一次,帝辛看见王宫的工匠们正在搭顶梁的架子,准备换掉王宫中坏了的顶梁柱,就对他们说:"你们不用那么麻烦了,房梁我来托着,你们只管换柱子吧!"由此可见帝辛力气之大。

征伐东夷的亮点

单看帝辛执政之初的表现,帝辛也还算是一位明君。他专心治理国家,进行改革,不杀奴隶,发展生产;接受新思想,不祭神灵。他曾经在深山中训练军队,锻造兵器,还亲自领兵征讨徐夷,使商朝的势力延伸到了东南一带。他还对长江流域进行了开发,中原的先进文化和生产技术得以传入东南地区,从而加快了这些地方经济、社会的发展,打下了中华民族统一的基础。但是,与此同时,战争不仅将商朝的人力、财力消耗殆尽,还使人民的负担更加沉重,人民的生活也愈加痛苦了。

商朝疆域在帝辛平定东夷后更加广阔了,随着农业的发展,商朝财富、粮食越来越多,于是帝辛建仓库,用来存粮聚宝。《史记》

上说:"厚赋锐以实鹿台之钱,而盈钜桥之粟。"

商朝的这种"中兴"景象,使纣王过高估计了自身的价值,让他变得傲慢起来。他不仅独断专行、文过饰非,还不接受谏言,并且炫耀才能、自以为是,就连他对大臣说话的语气,也渐渐蛮横起来。慢慢地,他连比干的话也不听了。

"酒池肉林",荒淫无度

到了统治后期,帝辛更加专横、奢侈,满腔义愤的天下人就送给他一个绰号"纣",指责他残害无辜、背离正义的行为,"商纣王"的称呼就由此而来。

纣王为和妲己纵情玩乐,四处强征苛捐杂税,对人民进行盘剥,无视人民的疾苦,大搞土木工程,建起了鹿台。这座新宫修建时间长达七年,人力物力花费巨大。鹿台高千尺,周长三里,高大雄伟,金碧辉煌。这里是纣王享乐的专用之所。

另外,在沙丘(今河北平乡东北),他还让人建造了苑囿、台榭,规模都很宏大。苑囿是他专设的皇家动物园,里面的珍禽异兽均为各地所进献。苑囿中还建有用美玉装饰的倾宫、琼室,华美而壮观。

鹿台中藏有价值连城的财物,"钜桥"中也堆积着很多的粮食,这些东西都是商纣王从人民手中盘剥、强征来的。鹿台中还有一个池子,也是他命人所挖,池底和四壁都用鹅卵石进行了装饰。商纣王让人将好酒倒入池中,并把烤肉挂成树林一般,这就是有名的"酒池肉林"。商纣王还命很多的男人、女人裸体在"酒池肉林"中通宵达旦地嬉戏打闹,从而满足自己的淫欲。因此,"酒池肉林"就成为了君王荒淫生活的代名词。

在纣王肆意浪费奴隶们的劳动成果,尽情享乐的同时,人民却过着苦不堪言的生活。

纣王十分好色,他在宫中供养了大批来自民间的美女,过着荒淫的生活。当他知道九侯之女很漂亮时,就让人将她强抢到了宫中,想强迫她做自己的妃子。但九侯之女对纣王的荒淫无耻十分憎恶,不肯顺从,结果惨死在了纣王的手中。

九侯和他的好友鄂侯获悉此事后十分悲伤。他们斥责纣王道："你如此草菅人命，定会引起人神共愤。你会受到天下人的征讨，商朝不久就会灭亡了。"纣王听了怒不可遏，就把他俩一个煮成了肉汤，一个烤成了肉干。

"炮烙""虿池"之刑

在妲己的教唆下，纣王又发明了一种新的刑罚，名叫"炮烙"，即把一些抹上油的铜柱子架在炭火上烧，当铜柱子烧得滚烫之时，纣王就让那些反对、斥责他的臣民赤脚在上面行走，没几步，那些人就被烫得皮开肉绽，跌到炭火中去。每当见此情景，纣王和妲己不但不同情他们，还欢喜得拍起手来。

纣王和妲己的残酷无情引起了人们对他们的痛恨，人们不断对他们进行咒骂。妲己对此很是担心，就问纣王："反对大王的人这么多，大王有什么办法对付他们呢？"纣王说："我有一个装有上万条蛇和蝎类的毒虫的虿池，是我早早命人挖好的，凡是反对我的人都会被我扔到这个池中去喂毒虫。"

妲己觉得很刺激，就说："大王不妨演示一下，让我开开眼界。"于是纣王就随便抓来几个百姓投入虿池，看池中人万分痛苦的样子，纣王和妲己觉得非常过瘾。

纣王和妲己惨无人道、滥杀无辜的做法让一些正直的大臣心痛万分。他们纷纷进言，希望纣王能反躬自省，有所克制，多行仁政。然而纣王不仅没有听进去，反倒用炮烙或扔进虿池的方法将他们残害致死。

见纣王越来越昏庸、残暴，纣王的兄长微子也多次入宫觐见。在劝说无效后，他携带着商族祭器无奈地离开了。此后，纣王杀害了忠臣比干，又将箕子囚禁起来。他这些残忍的行为致使人民的愤怒达到了极点。纣王已处于孤立无援、四面楚歌的境地。

不久，周武王就以替天行道为名征讨商纣。周商一战中，商军全面溃败，纣王回到商都，在鹿台之上自焚而死，商朝自此消亡。

西周帝国

西伯昌治岐

西伯昌（前 1152~前 1056 年），即姬昌，古公亶父之孙，季历之子，谥号文王。他仁爱和善，用人唯贤，统治周族五十年（约前 1105~前 1056 年在位），没有辜负祖父的殷切期望，为灭掉商朝、振兴周族做出了巨大贡献。可惜，他尚未来得及出师便去世了。虽然他没能亲自推翻商朝，但却为剪商大业做好了准备：天下三分，周族就占其二。他的儿子姬发，即周武王继位后，就推翻了商朝，建立了周王朝，最终完成了振兴周族的大业。

太任守胎教，圣君有美德

季历的妻子叫太任，聪明贤淑，出身于周人的同盟姜姓部落，深得季历的宠爱。太任有孕时，据《列女传·母仪传·周室三母》记载，她"寝不侧，坐不边，立不跸，不食邪味，割不正不食，席不正不坐，目不视于邪色，耳不听于淫声。夜则令瞽诵诗，道正事"，成为中国首位注重胎教的母亲。因为太任进行了胎教，日后的姬昌才有世人称颂的美德。

太任分娩时，恰巧有一只羽毛火红的鸟飞过来，鸟嘴中衔着一方满是红字的绢帛，停落在产房的屋顶上。绢帛上写着："唯有小心翼翼，方能确保事业有成。唯有奋发图强，方能世世代代繁荣。"婴儿的祖父古公亶父目睹此景，非常开心，认为这个婴儿正是振兴周族的人，所以给婴儿起名叫昌。这个孩子长大继位后，被人们称做西伯昌，他就是历史上的周文王。

慈惠有谋，礼贤下士

西伯昌气宇轩昂，仁爱和善，用人唯贤，养精蓄锐，使周国渐渐国富民强。西伯昌在西方诸侯中声望甚高，他们有了讼事便纷纷请他来裁决，而不去找商王，比如说虞芮之讼。据说，当时的虞国和芮国接壤，虞国在今天的山西平陆县境内，芮国则在山西的芮城境内，两国为了争边界纠纷不断，动不动就短兵相接。后来他们慕西伯昌之名，想请他秉公裁决。当虞国和芮国的国君抵达周境之时，看到在周国边境耕田的农夫对田界互相谦让，路上的行者作揖礼让；进入城镇，见到男女各行其路，白发苍苍的老人在路上都不背东西，自有素昧平生的人争着背；走入朝廷，看到士人礼让大夫，大夫礼让卿相，百官团结友爱，并非钩心斗角。他们顿时万分羞惭，说："我们拼命争夺的，恰是周朝人引以为耻的。我等小人，如何能踩踏君子的厅堂呢？"因此两国再没有动刀舞棒，他们都在自己的国境内划出土地当边界。西伯昌不言而教，化解了虞国和芮国的边界纠纷，使这两国自愿依附。其后，前来归顺的诸侯竟多达四十个。

西伯昌灭掉崇后，便迁都丰邑（今西安之南）。当时，人们挖出了一些被认为无主的死人的骨头。西伯昌知道后说："拥有天下的人，就是天下的主人；拥有一国的人，就是一国的主人。此非无主之骨，其主便是我。"于是，他命人用衣冠盖住骨头，给他们迁葬。人们得知此事，愈发爱戴西伯昌。西伯昌还经常教育太子姬发说："莫要捕捉有孕的野兽，莫要滥伐乱采。滥猎，会使生物圈的一些物种灭绝，它们灭绝了，我们的食物就减少；滥伐，就会造成水土流失，破坏牧场，我们就会受到自然界的惩罚！"

对于西伯昌此时实行的制度，《孟子·梁惠王》记载："昔者，文王之治岐也，耕者九一，仕者世禄，关市讥而不征，泽梁无禁，罪人不孥。"西伯昌推行仁政，尊老爱幼，敬贤重士，治理着岐山之下周族的根据地。

在治岐的时候，他对内施以仁政，主张"怀保小民"，积极发展农业生产，采取"九一而助"的政策，也就是农民有自己的田地，还要帮助耕种公田，缴纳九分之一的税。另外，商人出入不交关税，男人犯罪妻子不连坐。这些裕民政策征税有度，激发了人们劳动的兴趣。

对外，西伯昌广纳贤才，无论来自其他部落的贤才，还是来自商纣王朝的人才，他都以礼相待，委以重任。太颠、闳夭、散宜生、鬻熊、辛甲等人，都纷纷投奔西伯昌，甘愿效劳。姬昌自己勤勉节俭，穿着普通人的衣服，还去田中辛勤劳作，治理国家尽心尽力。

由于西伯昌推行仁政，贤良多谋，德高望重，又有三十个国家闻风归顺。此时，西伯昌已深得人心，这为后来周朝的建立奠定了坚实的基础。

修建灵台，与民同乐

由于西伯昌一心想着老百姓，从谏如流，他为了接待来访的群众，甚至无暇吃饭，因此西伯昌一旦颁布命令，老百姓总是积极响应。

最初，西伯昌想建一个苑囿，人们知道后，自发前来修建。众人群策群力，很快就建成了一个广阔的苑囿，上至王侯，下至百姓，均可来此游赏玩乐。由于动物在苑囿里自由自在，黎民在此也悠然自得，仿佛有神灵在庇护，所以这个苑囿被民众亲切地称为"灵囿"。

后来，西伯昌还想建一个池沼，老百姓知悉后，又纷纷主动去修池。很快，一个巨大的池沼便建成了，里面养着各种各样的鱼类以及其他水生动物。于是，池沼四周成为西伯昌和民众的另一个游乐景点，这个池沼被人们亲切地称为"灵沼"。

继"灵囿"和"灵沼"之后，西伯昌还想修筑一座高台：一方面，人们可以在台上观测天象，并据以制定天文历法；另一方面，百姓可以在高台上登高远望，俯瞰大地。这个想法不胫而走，闻讯的老百姓主动前来修建高台。他们兴高采烈地拉来各种建筑材料，工地上人声鼎沸，到处是热火朝天的场面。人们依照工匠的设计，齐心协力，没多久，一座雄伟壮观的楼台便屹立在大地上。人们将这个楼台叫作"灵台"。这是由于这个楼台建得又好又快，像是有神力相助；与此同时，这个楼台还会用于观测天象，神灵也将居住于此，庇佑周国国泰民安。

有人谱写了乐曲来歌颂修建灵台的盛况和文王与民同乐的场景。歌中高唱："修建灵台的消息刚一传开，负责规划的工匠着手设计。四面八方的百姓踊跃参加，雄伟壮丽的灵台巍然屹立。前来干活的人们一鼓作气，友爱忠孝的民众主动出力。灵囿休憩的文王仁厚圣明，偎依身旁的母鹿乖乖伏地。肥胖壮实的母鹿漫游囿中，银光闪烁的百鸟翱翔天际。德高望重的文王游览灵沼，碧波粼粼的水中满池大鱼！"歌曲反映了文王与民同乐的精神，并对文王尽情称颂。

周文王统治时期，周族步入了一个崭新的时期。文王内举明政，励精图治，社会经济、文化得以迅速发展；文王外修武功，依次收服了西北的戎狄部落，消除了后顾之忧，进而挥军东下，讨伐属于商朝的方国，并且将周围的政治中心从周原迁到丰邑，也就是今天的陕西西安市长安区。许多邦国部族纷纷归附，周人的势力不仅覆盖整个关中平原，还扩展到东淮、江汉，实现了对商都朝歌的口袋式包围。此时，尽管周在名义上仍然臣服于商朝，但其实力已经能够与商抗衡。

武王伐纣

周武王继位以后，依旧遵循西伯昌定下的灭商大计，并加紧了灭商的准备。此时，商纣王已经察觉到周人对商朝构成的巨大威胁，决定兴兵讨周，无奈这一军事计划却由于东夷族的叛乱而泡汤。纣王调集商朝的所有主力部队进军东夷，结果导致西线兵力匮乏。与此同时，商朝统治集团内部的争斗也进入白热化阶段。于是，武王、姜尚等人把握住这千载难逢的有利时机，大举讨商，一鼓作气推翻了殷商的统治。

殷商溃乱，决意征伐

孟津观兵之后，武王一边严修武备，一边遣人去查探殷商的动静。通过探子的三次汇报，武王等人得知，殷商已是"谗恶进用，忠良远黜"：王子比干落得剖胸挖心的可悲下场；箕子装疯作傻，被罚为奴；微子感到前途无望，只好弃官出走，在外隐居；太师疵、少师强见纣王昏庸无道，执迷不悟，便怀抱着商朝的宗庙祭器夺路而逃；黎民百姓怨气冲天，敢怒而不敢言。

　　武王同姜尚认真剖析了时局，认为殷商已是四分五裂，穷途末路，伐商的时机已经成熟，遵照文王"时至而勿疑"的遗嘱，武王毅然决定举兵伐商，通告各个诸侯国家进兵朝歌。

孟津会师，同仇敌忾

　　出征前夕，太史占了一卦，卦象大凶。百官看到这个不吉的兆头，不由面色如土。但武王伐商之心已定，他不信鬼神之说，仍旧命令姜尚担任主帅，统帅着三百乘兵车，三千名虎贲，四万五千名甲士，声势浩大地东进讨商。大军渡过孟津以后，同反商的庸、卢、彭、濮、蜀、羌、微、髳等方国部落的部队进行了会合。其中，蜀位于今天的汉水流域，微在今天的渭水流域，髳在如今的山西省平陆南面。武王面对苍天，同诸侯联军共同向天发誓道：

　　"啊！我们团结友爱的诸侯大军和文武百官们，请你们大家仔细听着誓言。

　　"世间万物的父与母分别是天与地，而人类则是万物之灵，最具灵性。只有聪慧守信的人，才能够做国家的君主，君主则应当爱民如子，宛若百姓的父母。但是今天的商王作为一国之君，却并不敬奉上天，反而逆天行事，给黎民百姓带来重重灾难！他酒色无度，利令智昏，任意妄为地颁布残酷暴戾的律令；动辄给人扣上诛灭九族的罪行，从不任人唯贤，而是采用世袭的方式任用官员。他过分追求生活享受，修筑了美轮美奂的宫殿、亭榭、池塘，服饰豪华，生活糜烂，这些都给万民带来了沉重的负担；并且，他不断地陷害、焚烧忠良，即使孕妇也不能幸免于难，因为纣王连孕妇的肚子也要惨无人道地剖开。

　　"上天看到纣王荒淫无道、暴戾横行，不由狂怒至极，吩咐我的先父文王替天行道，讨伐殷商，只可惜先父染病逝世，留下了千秋大业待后人完成。小子姬发，曾经与众友邦的诸侯共同察看并致力于改善商朝的政治与经济。可是纣王却没有丝毫懊悔改过之心，依旧是自高自大、荒淫凶残。他不但不想侍奉上天，丢弃了祭拜上天的郊社之礼，还遗弃了祭祀祖先的宗庙之礼。敬奉给上天的牺牲、粢盛等祭物，均被这凶残的恶人坦然盗用，他还不以为意。

"不但如此，纣王还厚颜无耻地说：'我拥有万民，由于我是真命天子！'大家可以看到，他一点都没有悔过之心。我们深知，上天庇护天下的黎民百姓，并且帮助人民树立了君主来管理国家，帮助我们挑选了良师来教化百姓。既然如此，我们就要敬畏上天，以上天为荣，这样方能平定天下，使天下的诸侯前来依附。犯罪的就要惩戒，无辜的就要赦免，我们怎么敢违逆上天的意志呢？力量相同，我们就衡量道德；道德相同，我们就衡量正义。纣王有亿万臣民，但他们离心离德，可以说有亿万条心；我们虽然只有三千名臣民，但都齐心协力，因此只有一条心。

"商纣王已经恶贯满盈，罪行滔天，上天命令我替天行道，讨伐暴君。假若我违背了天意而不去诛灭他，那么我就和纣王一样也犯下了逆天大罪。小子我继承了先父文王没有完成的天命，夙兴夜寐，时刻怀着谦恭的心。如今我祷告上天，也祭祀祖宗在天之灵，希望保佑我们马到成功。接着我便要带领诸位，去替天行道，诛灭无道昏君纣王。

"上天怜惜芸芸众生，所以人民但凡有所求，总是能如愿以偿。我希望诸位全心全意地辅佐我讨伐昏君纣王，使四海升平，普天同庆，这是天赐良机，我们千万不要错过！"

其后，武王利用商朝分崩离析、百姓人心向周的有利条件，率领着本部族以及友邦的军队，从孟津急速地冒雨东行。周军来到汜地，即今天的河南荥阳汜水镇，从那里渡过了滔滔黄河，向北日夜兼程，来到了百泉，也就是今天的河南辉县西北，又转而向东进军，直逼朝歌。周师一路都没有遭到商朝大军的抵御和反抗，因此只用了六天的时间，便平安来到了牧野。

布阵牧野，庄严誓师

周军在商都的郊外牧野布好阵，并庄严地誓师，历史上称作"牧誓"。

周武王说道："啊！西方众位诸侯，随军的大臣、司徒、司马、司空、亚旅、师氏，千夫长、百夫长，还有庸、蜀、羌、髳、微、卢、彭、濮等地区的兵将们，请你们举起战戈，握紧手中的盾牌，高竖你们的矛枪，容许我再一次向诸位宣布我军的誓言。

"古人有句话说：'只有公鸡才会在早上啼叫，假若某一家的母鸡在清晨啼叫，这家人就会遭难，甚至家破人亡。'今天，纣王只听信妲己这个妖精的谗言，昏庸无道，不但轻视'敬祀上帝的郊社之礼'及'祭拜祖先的宗庙之礼'，还公开践踏先王的遗训，遗弃父母亲友，置兄弟姐妹于不顾，反倒护佑那些从各地流窜过来的罪犯，并且崇尚、尊敬、信任、重用这些罪犯，委任他们公卿大夫等高官。我们都已知晓，这些罪犯专爱用残酷无情的手段虐待百姓，并且在商朝的国内国外为非作歹。如今，我姬发就要带领你们大家去替天行道——毕恭毕敬地执行上天对商纣的惩罚。"

武王在誓师大会上一一列举了纣王的暴行，包括他昏庸暴虐、一味听从宠姬的谗言，不祭祀祖宗，招揽四面八方的犯人和逃亡的奴隶，恶贯满盈、欺压百姓等等；武王鼓励众人要齐心协力灭商，要奋不顾身地勇往直前，成败在此一举，不推翻纣王的统治，决不班师回朝，从而激发了出征将士们的敌忾同仇之心和顽强的拼搏精神。

然后，武王又庄严宣布了作战中的行动要求和军纪军法：每前进六步、七步，就要立定整队，用来保持队形的整齐；每击刺四五次或者六七次，也要立定整队，用来稳定阵脚。他严肃申明不许杀害降兵，以此瓦解商军的军心。

誓师以后，各个诸侯遣来作战的部队已经多达四千乘。武王和姜尚果断决定，将三军驻扎在距离朝歌仅有七十里的牧野这个地方，稍作休息和整顿，然后再一举攻克朝歌。

牧野决战，殷商灭亡

周军来犯的消息传到朝歌后，商朝内外万分惊慌。纣王非常无奈，仓促之下只好布置防御。他慌忙调集亲军、侍卫、服苦役的奴隶及那些助纣为虐的小诸侯国的军队，统共征集了七十万人，纣王亲自率领大军，在牧野的北面摆开阵形，要和周军决一雌雄。

纣王心想：自己的军马多达七十万，可是周军仅有五万人马，周军简直是不自量力、飞蛾扑火。但他哪里会想到，武王的部队都是训练有素的精锐之师，作战英勇，剽悍无比，而他虽有七十万大军，但大多数是仓促武装起来的奴隶和从东夷捕获的俘虏，他们平时就备受纣王的剥削和酷虐，对纣王恨得咬牙切齿，所以没有人愿意为他效命。

休整后，武王发出号令，向商军发起总攻击。他先令"师尚父与百夫致师"，也就是让姜尚带领一部分精锐部队挑战商军，用来牵制敌方主力，迷惑敌人，并扰乱敌方的阵脚。商军的奴隶和战俘无心恋战，一心希望武王得胜，于时，他们纷纷倒戈，掉转矛头协助周军作战。武王乘机用"大卒冲驰帝纣师"，这里的"大卒"就是主力。由于大队兵马英勇地冲锋陷阵，所以纣王率领的所谓七十万大军刹那间溃败。纣王看到已无力回天，便转身逃跑。姜尚于是指挥三军，乘胜紧追不舍，一直追到了朝歌。

纣王荒淫无道，终于自取灭亡。他逃回商都朝歌后，感到大势已去，已无法力挽狂澜，便令人集中了宫里所有的奇珍异宝，全部搬到宫中的鹿台，然后在那里纵火自焚。

朝歌的百姓闻听纣王已经自尽，便排队欢迎周军入城。武王来到鹿台，对着纣王的尸体连发三箭，并且砍下了纣王和妲己的头颅，高高地悬挂在宫廷外的白旗下示众。纣王的两个宠臣恶来、费仲也遭到了斩首。一时间，武王肃清了群凶，人心大快。稍后，武王派兵奔赴各地，铲除殷商的残留势力。

武王灭商的牧野之战是我国古代车战初期的著名战例，它结束了殷商王朝六百余年的统治，确立了周朝对中原地区的统治，开辟了西周空前繁荣的奴隶制文明，也深刻影响了后世的历史进程。而牧野之战反映的韬略和作战艺术，也对我国古代军事思想的发展作出了不可磨灭的贡献。

周公吐哺辅政

周公，姓姬名旦，亦称叔旦，周文王的第四个儿子，周武王之弟，因封地在周（今陕西岐山北），故称周公或周公旦。他曾两次辅佐周武王向东伐商，后又殚精竭虑辅佐周成王治理周朝，还制作礼乐，使周国政清治明，是西周初期杰出的政治家、军事家、思想家、教育家和儒学先驱，被后代从政者作楷模，也是以孔子为代表的儒家学派最为尊崇的古代圣人之一，被尊为"元圣"。儒家将周公的风格人品当成至高无上的人格楷模，并认为周初实行的仁政就是他们梦寐以求的政治目标。孔子毕生所极力提倡的就是周礼。

武王病重，甘愿以身替死

开国之君经常殚精竭虑，患得患失，他既不忘祖祖辈辈创业的艰难和辛酸，也要密切注意反对派的一举一动，防备遗民的复辟图谋，保卫自己辛苦打下的江山，还想使帝座稳固，传至子子孙孙。武王亦这样，他夙兴夜寐，彻夜难眠。

因为处心积虑，寝食难安，武王积劳成疾，健康状况愈来愈差，在统一天下的次年便染病在身，而且逐渐恶化，病入膏肓。武王思来想去，觉得自己大限已至，但是儿子年幼无知，很难担当起治理国家的大任。为了大周的江山社稷，他想到了德高望重的弟弟周公旦，打算让他继位。周公闻悉后感动万分，他一边婉言谢绝，一边同召公、姜太公占卜吉凶。

要想占卜吉凶，必须在祖庙卜卦，周公说道："还是在祭祀之前预先打动先王。"于是，周公命人修建了三座祭坛，用来祭奠太王古公亶父、王季和文王。供奉好这三位先祖的灵位，周公便携带玉璧和玉圭，真挚而诚恳地向三位先祖祷告："你们的嫡亲子孙姬发，由于日理万机身患恶疾，如果是由于三位先祖犯下逆天的罪行，需要有一个后世子孙来承受报应，那么，请让我姬旦替代姬发，让这报应落到我身上吧！我姬旦文武双全，才艺俱佳，机灵敏捷，最适宜伺候鬼神。而武王姬发比不上我心灵手巧，侍奉鬼神不太相宜。假若你们能够听从我的祷告，庇护姬发病愈，天下人就会恭敬有加，先祖的灵魂也会由于国泰民安而有所归附，长期享受供奉。现在，我准备用神龟的龟甲来占卜吉凶，倘若你们听从我的祷告，我便恭敬地献出玉璧和玉圭，否则，我便会将玉璧和玉圭击碎。"

周公祷告完毕，史策便接着祈祷，恳求让周公替武王生病，此后，他们在三王的灵位前占卜，结果得了上卦，卦象大吉。因此，周公兴奋地拜见武王，祝贺他得此吉兆，并且把自己祈祷以己身替代武王遭罪的竹简藏在一个木匣里，然后用金丝带捆好，并训诫看管匣子的人说，千万要保守好秘密。

周公于武王病危之时，以天下大局为重，向三位先王虔诚地祷告，愿以身代替武王受难的高尚情操，的确弥足珍贵。

握发吐哺，鞠躬尽瘁

尽管周公虔诚地向先祖祈祷，想代替武王承受苦难，但是天命难违，周公还是未能留住武王的性命，这位一举灭商建立西周的君主还是与世长辞了。武王英年早逝，此时其长子诵年仅十三岁，还是个幼稚的孩童。在周公、太公、召公等众臣的拥戴之下，姬诵承继了王位，此即历史上的周成王。

周朝灭商后新建的天下，表面看来风平浪静，但事实上激流暗涌，国家并不太平，商朝的残余势力仍在摩拳擦掌，伺机反扑。另有许多商朝遗民或明或暗地反抗新政权，比如说德才兼备的伯夷与叔齐，他们就义不食周粟，这样的遗民尚有很多，更何况纣王的儿子武庚还在，随时都可以振臂一呼，说不定就应者如云。

在这种复杂的局势下，武王英年早逝，就必须推出一位德高望重、地位显赫的人来摄政。而周公身为武王的弟弟、佐政的公爵，水到渠成地成为周朝政权的核心人物。周公看到成王年幼无知，不能担当起治国重任，也不能控制复杂险恶的局势，为周朝基业着想，果断决定由自己出面代替成王摄政，处理国家事务。

在招揽人才、用人唯贤方面，周公被历代从政者当成学习的榜样。周公担心会错过世间的贤者，即便在沐浴之际，但凡有人前来谒见，阐述治国方案，他都会握着湿漉漉的头发及时出来接待；就是吃一顿饭，也会多次吐出嘴里来不及咽下的饭菜，急不可待地去接见贤者。这即是"一沐三握发，一饭三吐哺"的来龙去脉。后世的曹操《短歌行》中的诗句"周公吐哺，天下归心"，就是运用了这个典故。

归政成王，谨守臣道

周公主政七年时，成王已经成年，所以周公将政权还给成王，自己则重回大臣的旧位，恭顺地谨守臣下的礼节。当然，周公并未由于归政而撒手不理政务，这一方面是因为成王对他殷殷相留，另一方面更是因为周公念念不忘他身为名臣良相的职责，仍旧不断地向周成王上书进献忠言，教导周成王要广纳贤才，从谏如流，时时事事以国家、百姓为重，切忌好逸恶劳，虚掷韶华，荒废政务。

周公的谏书中，最负盛名的是《尚书·毋逸》。周公开篇讲道，知晓农业生产的艰辛，才会明白农民遭受的苦楚。父母勤恳耕作，但他们的儿女却不知稼穑之艰，于是过着悠闲的舒服生活以至不务正业，甚而看不起父母，出言不逊："老年人没有一点见识！"在当时看来，这种话纯属不孝，是大逆不道的。

周公在《康诰》中说，要惩戒那些不孝不友的人。作为一国之君，要及时体恤民情民意，否则就会高高在上，行事怪诞不经。其后周公列举了殷代的贤君中宗太戊、高宗武丁、商汤之孙祖甲，他们要么不怒而威，严于律己，"不敢荒宁"，要么为人民做实事，使百姓受到实惠，鳏寡皆受到尊敬，因此，他们在位时国家长治久安。接下来的殷王，一出娘胎就养尊处优，不明白从事农业生产的辛苦，一味好逸恶劳，骄奢淫逸，所以他们不能长期安居君位。然后，周公又继续举例，他说周的太王、王季都谦恭勤谨，周公还特意提及文王，说文王衣着朴素，勤俭节约，他亲自参加田间耕作，能够"怀保小民，惠鲜鳏寡"，有时候已经过了正午，他这一天还没有吃过饭，这是因为他一直心系百姓。文王不敢沉醉于声色犬马，也不敢安逸享乐，从不向百姓求索额外的东西，因此，他也长期在位。周公劝诫成王说，切忌沉湎"于观、于逸、于游、于田（田猎）"，也不能纵容自己"现在先姑且享乐，就一会儿"，切忌如纣王般沉迷于酒色。倘若不肯遵从，便会弄乱先王公正的法律，遭到老百姓的咒骂憎恨。假若有人前来说，"小人在恨你、骂你"，你就要有知错就改的勇气，深刻地反省自己，务必心平气和，切忌雷霆震怒，草菅人命，滥施刑罚。否则，你就会引起万民公愤，落得悲惨的结局。

周公劝诫的文章一部分存留于《史记》，在历代宰相劝谏君主的忠言中，周公的这些谏言是现存史料中最早的，也是最完整的。他的思想观点对后代的帝王将相都有着深刻影响，对后世骚人墨客修身养性也有深远的影响，是非常难得的佳作。这些文章还体现了《大学》之道，真诚方能修身，修身方能齐家，齐家方能治国。总之，在周公的谏言中可以发现传统的儒家思想的根源。

我们通过周公用心血写就的诸多重要文献，可以窥见周公脚踏实地的敬业精神，同时，也可以一瞻他襟怀宽广的政治家的风范。经过周公的悉心辅佐，周成王取得了突出的政绩。在中国的历史上，为了争夺皇位，屡次上演子弑父、父杀子的血腥场面，而周公却以他宽广的胸襟、高深的睿智辅佐侄子姬诵。新王朝刚步入正轨，他又将国家大权慷慨地归还给道德、正义和传统理念。

圣人做宰，遗风万古

周公还政三年后，便在丰京颐养天年，没过多久就患了重病。他临终时说："我去世后，请将我葬于成周，向上天表白我不敢远离成王的心迹。"这是周公临终的心愿，他一生为周朝呕心沥血，鞠躬尽瘁，到死仍不瞑目，依然心系周朝。周公赤胆忠心，毕生勤勉谨慎，兢兢业业，不愧为后世宰相的楷模。

但周成王深知，周公劳苦功高，既是开国元勋，又是自己的叔叔，岂能让他给自己陪葬呢？因此，他下令将周公厚葬于毕，让他给文王陪葬。由于周公是文王之子、武王之弟，成王将周公葬于文王墓侧，就是想说明，成王从未将周公看作大臣。这算是君王对待丞相的至高礼节了。

周公姬旦不仅追随文王南征北战，打下了周朝的基础，而且还相助武王推翻了商朝的统治，建立了西周王朝，又将幼年的周成王培育成才，并使新建的周王朝统治趋于稳定。他主政七年，可谓显赫一时，但是一等到成王成年，周公就无私地还政于成王。而且在成王面前，周公从不摆谱，也不以叔叔、老臣、功臣自居，而是

"北面就臣位，躬躬如畏然"，和其他的大臣一样，谦恭谨慎，勤勉自律，"如临深渊，如履薄冰"，这便是老子所称道的"圣人后其身而身先"。所以周公的贤德历百世而不衰

周公不但是一位卓越的政治家，而且还是中国文化杰出的始祖。在中国的历史长河中，周公的人品、睿智与涵养举世无匹，旷古未有。我们可以说，周公的不朽精神已成为中国文化的魂魄。

管蔡叛乱

周王朝取商而代之后，面临着严峻的形势：商朝的遗老遗少时刻准备着复辟，周公摄政又违背了王位世袭制中父死子继的规则，所以周室统治集团内部也矛盾重重。后来，商朝余孽和周室内部的反对派相互勾结，准备暴动。周公断然出击，粉碎了两个弟弟管叔、蔡叔和东夷的反叛。这次战争的胜利意义重大，是周公于武王伐商后，彻底征服商朝残余势力的象征。从此，周王朝的政权日趋稳固。

周公摄政，流言四起

周公主政，导致周朝一片哗然。管叔、蔡叔是武王的另外两个弟弟，他们在殷地担任纣王之子武庚的师傅，督促训导武庚。看到周公成为周王室政权的中坚力量，他们却遭到冷落，便非常不悦。管叔、蔡叔认为，都是武王之弟、文王之子，如今姬旦重权在握，而他们自己却要在殷地受苦，这是凭什么呢？

管叔、蔡叔既是地方诸侯，又是朝廷命官，兼着双重身份，牢牢掌握着控制殷地的大权。此外，管蔡之地的地理位置很重要，是周王朝掌控东部地区的纽带。当初将管、蔡分封于此，尽管能够使周王朝更好地掌控殷地，但也使管蔡二人与武庚的关系更加紧密，埋下了后来反叛的隐患。早在建国初期，管蔡二人便备受重用，满心希望以后会握有更大的权力，享有更多的利益。因此武王逝世后，他们见周公主政，而自己却仅仅掌管着一个小国，又怎么能甘心呢？

管叔、蔡叔心怀不满，但他们并不局限于腹诽，而是采取行动四处传播流言蜚语，说："周公现在摄政，目的就是图谋篡位。"他们想诽谤周公，从中获利。不满周公的管蔡二人代表了朝廷之外、地方诸侯中的一股势力，他们从外部向朝廷内部施加压力。种种谣言遍天飞，许多人不明真相，信假作真。

太保召公姬奭，当时已位列三公，他也不满周公主政，并对周公心怀猜忌。召公姬奭与周王室同姓，也是武王权力阶层的中坚人物。伐商之际，召公与周公一起保护武王，灭商之后，武王将召公封至燕国。武王归天后，召公又被封为太保，负责教导成王，位居三公，威望与势力同周公不分伯仲，召公管理着陕以西的地盘，权势熏天。召公担忧周公摄政之后乘机扶植自己的势力，最后篡权夺位。疑忌重重的召公代表了朝廷之中的一股势力，他们在朝廷内部同周公相抗衡。

三监叛乱，沉着应对

管叔、蔡叔这个小团体企图篡权夺位，他们勾结了武王的另一个弟弟霍叔和蠢蠢欲动、妄想复辟的武庚等遗民及一些唯恐天下不乱的东夷诸侯国，乘周朝内部产生矛盾之际举起反对周公的大旗，兴兵作乱，历史上称为"管蔡之乱"，也叫"三监之乱"。

根据《书经·大诰》记载，三监叛乱，其声势浩浩荡荡，波及了东方的徐、熊、奄、盈等规模不小的部族和国家，其范围大概相当于今天的河北、河南、山东、安徽等地；与此同时，周的本土之内也发生了暴动。一时间，内忧外乱对刚诞生的周王朝政权产生了严重的威胁。假若不能平息叛乱，周王朝就会陷入窘境，周文王苦心孤诣创建的基业就会毁于一旦。

此时，外有管叔、蔡叔等诸侯的反叛，内有召公等权臣的疑忌，面对这种严峻的局势，周公首先维持内部的安定团结，他命人邀请来姜太公和召公奭，向他们表明自己的心迹，周公诚恳地说："我出面摄政，不予回避，就是因为如今天下动荡，四海不平，成王又年幼无知。一旦爆发动乱，丢了江山，我们有何颜面去见列祖列宗呢？三位先王兢兢业业，经过呕心沥血才拥有天下，如今武王英年早逝，我只好不顾嫌疑出面主政，只有大周江山永固，我们才能对得起三位先王与武王，这便是我的良苦用心啊。"

周公还摆事实，讲道理，一一列举了前朝辅佐幼主的伊尹、伊陟等贤相——这些人都是全心全意辅佐幼主，尽管他们出面摄政、大权在握，但他们都一心为国为民，等到幼主成年，又交还了政权。周公费尽心机地说明，一旦成王长大，自己必定归还大权，绝不贪恋王位。

周公通过耐心的交流，终于打消了召公等人的疑虑，他们冰释前嫌，一块辅佐成王平息了叛乱。召公悉心打理所辖的西部，使西部井然有序，人民安居乐业。

果断出击，东征平叛

为了捍卫周王朝的政权，周公在打消了朝廷之内的猜忌后，采取了雷厉风行的手段，飞速昭告天下，打算平息管蔡的反叛，历史上称作"周公东征"。

周公于出征前发布了讨伐叛军的公告，后人编撰史书时，将这篇檄文收入《尚书·大诰》。周公在檄文中剖析了当时的危难局势，称周王朝突遭"天降大祸"。通过占卜，周公得到了出兵平定叛乱大吉的卦象。周公决定替天行道，巩固文王、武王的基业。他借助他们的积威，鼓动大部分诸侯和周民，组成了一支东征的大部队。周公亲自担任统帅，率领部队沿着大道声势浩荡地开赴黄河以南。

东征首先是平息武庚之乱。周对殷民比较宽厚，并没有加以歧视和虐待，所以武庚反叛不得人心，人们反倒认为武庚背信弃义，因此周军势如破竹，"殷大震溃"。武庚被杀死了，也有人说是逃走了。与此同时，周公另外派遣了一支部队奔赴管叔的领地，迅速占领封地，杀死了兴风作浪的管叔。接着，周军又进军蔡叔领地，将蔡叔生擒并放逐。霍叔投降归顺。周公很快就平息了武庚和"三叔"的复辟与反叛，东征之战的第一阶段取得了决定性的胜利。

当时，周并没有牢牢地控制住东方和东南方，以徐为领导的东南"九夷"也纷纷卷入了叛乱。"九夷"位于淮河下游，地势较低，河道如蛛网，周军的大队人马到来后，水土不服，行动不便。经过旷日持久的交战，周公终于平定了徐等"九夷"之乱，"凡所征熊盈族十有七国，俘九邑"。

接着，周军乘胜北上，挥军赴奄。奄曾跟随武庚兴兵作乱，是东方势力较强的诸侯国，所以成了周朝的一个强敌。周军相继占据了奄的西面与南面的邻国，使奄陷入孤掌难鸣的境地。周军已经打了几次胜仗，声名远扬，这次直逼奄的都城，也就是今天的山东曲阜一带，奄的国君被逼无奈，只好求和。奄降周之后，薄姑等山东北部和东部的诸侯国也都纷纷投降。

周公早年追随着武王南征北战，还制定国家的军政方针和策略，因此对国家的时局一清二楚，所以周公决断及时而英明，战略部署周到而准确。

在平叛中，周公"擒贼先擒王"，在消灭元凶后，又采取正确的方针，先攻克小而弱的敌人，再进攻大而强的敌人；捷报频传后，又制定了以精兵威胁为主，政治诱降为辅的策略，这些皆是周公东征大捷的原因所在。因此，周公不但是西周初期杰出的政治家，也是卓越的军事家。

巩固成果，稳定周朝

在"三监之乱"中，因为反叛一方有着错综复杂的政治、民族等关系，所以并未形成规模巨大、组织严密的反抗周军的战争。尽管如此，周军也经历了将近三年的艰苦而惨烈的激战。

《诗经·豳风·破斧》说："既破我斧，又缺我斯。周公东征，四国是皇。哀我人斯，亦孔之将。"战士们追随周公东征，斧子的刀刃都砍卷了，纵然历尽战斗的艰辛，但是能够生还，便已经非常幸运。东征的军士怀念故乡，一旦他们解甲回乡务农，心中便浮想联翩，满怀希望。《诗经·豳风·东山》便形象细致地刻画了这种心理。那时候，周朝早已消除内忧外患，再不是战前那种"风雨所飘摇，予唯音嘺嘺"的局势了。

为了巩固东征的胜利果实，周王朝实行了一套重要的政治、军事政策。对于殷商旧民中顽冥不化的势力，周公逼迫他们迁到洛邑一带，并修筑了周城供其定居，还挑选周人编为军队，在周城驻守，号称"成周八师"。此外，周公还收编了三监的残余武装力量，又从被征服区域征集了许多人编为"殷八师"。周朝征服黄河下游和淮河流域的各个部族，依靠的主要的武装力量就是成周八师和殷八师。

此外，周公东征宛如狂风暴雨扫过了大河下游，将民族部落原本的格局打破。徐国人逃到了江南，即今天的江西；有的东夷被驱赶到淮河流域；嬴姓向西迁徙；楚逃窜至丹水流域。所有这些，都有利于促进各个民族的大交融。

当年武王尽管一举灭商，但是仅仅痛击了商王朝的核心势力，事实上，他并未彻底地掌控殷商的领土，周围的戎狄又乘势拓展地盘，侵占了中原的很多疆土。

周公经过三年东征，大体清除了殷商的残余势力，并且征服了东夷诸国。应该说，周公东征获胜，才真正使周朝完成了统一天下的基业。所以周公东征尽管发生在牧野之战二三年后，但也应该看作是周伐商之战的延续和扩展。经过这次东征，周人已不再是西方的"小邦周"，而变成了一个泱泱大国，其疆域东到大海，北至辽东，南至淮河流域。

周公营建东都

武王灭商后，为了更好地控制东方，避免殷商遗民反叛，进一步稳定政权，便决定在洛邑（今河南洛阳）建造新的都城。遗憾的是，他还没来得及将这个打算付诸行动便与世长辞。临终前，他将此事托付给了周公。管蔡二人勾结武庚的谋反被平息，东夷安定下来后，周朝更加重视对东方地区的控制。所以，在周公旦的帮助下，成王在伊、洛一带建设了规模宏伟的新城当作东都，即成周。

巩固东征成果建新都

武王一举消灭商朝后，班师回到镐京，在那里建立了周王朝。武王心里明白，尽管他颠覆了殷商王朝，但并未彻底摧毁商朝的力量。为了便于控制东边的殷商残余势力，避免殷商遗民反叛，武王决定在东面营建新的都城。他亲自前去察看地形，最终决定将新都建在洛邑。洛邑历来被看作是天下的中心，确实是定都的好地方。不幸的是，新都的营建工作还没来得及展开，武王就身染重病，卧床不起。临终前，他托付周公办理此事。可是，由于国无宁日，周公也一直未能将此计划付诸实践。

管蔡二人勾结武庚的谋反，为周公敲响了警钟。他深感镐京离东方太远，东都的营建势在必行。所以，当他挥师东进、平息了管蔡叛乱之后，立即着手帮助成王完成武王建立新都的心愿。周公先是命召公进一步为新都选址。召公先来到洛邑，经过占卜，把城址确定在涧水和洛水的交汇处，并进而规划城郭、宗庙、朝、市的具体位置。然后，他重新占卜。卜兆表明湛水西和湛水东、洛水之滨营建新都大吉。于是，他向周公做了汇报。周公得报，又亲自进行了勘察。然后，他向成王敬献所绘的地形图并汇报了占卜情况。得到成王的首肯之后，周公组织起了大量人力，亲自率领他们前往目的地，展开都城的建造工作。经过一年左右的时间，新城终于建成。城方一千七百二十丈，外城方七十里，城内宫殿富丽堂皇。新都叫"新邑"或"新洛邑"，因此地原有鄂邑，北有郏山，故又称"郏鄏"。

建造成周的具体时间，《尚书大传》说是周公主政五年，《史记》则说是周公主政七年，说法不一。《尚书·洛诰》说"惟周公诞保文武受命，惟七年"，按照王国维的诠释，上句是说周公为巩固文王与武王创下的基业，停留洛邑控制东方一带，下句采用的是周朝灭商的纪年，即武王灭商后第七年，也就是周公主政五年。1963年，在陕西宝鸡发掘出何尊，其上的铭文证明王国维的推断是正确的。

周公主持东都事务

建成洛邑后，由何人居此管理的问题提上了周朝的议事日程。对此，成王和周公一再斟酌，最终决定让周公仍旧居住在洛邑，统治东土。

成王七年，在洛邑举行的冬祭活动时，成王乘机公布了这个重要决定。史官记录了周公与成王多次商讨的谈话内容和洛邑冬祭的场景，并编辑成《洛诰》，诏告四方。通过他们的谈话，可以看到周公的精忠报国与成王对周公的信任依赖，谈话也反映了群臣无猜的和谐关系。一些诸侯闻悉《洛诰》的内容后，打消了叛逆之心。《洛诰》是维护周朝政权的重要文诰，也为"成康之治"打下了坚实基础。

周公逼迫"殷顽民"，也就是殷人当中的上层分子迁徙至洛邑。他此举的目的，一来是使他们脱离原来的住地，失去社会影响力，二来是为了便于看管。周公命人对他们进行监视，告诫他们要做周王室的顺民。另外，他又安排了成周八师（每师二千五百人）驻扎防守。

从此以后，洛邑成为管理东土的基地，对于周王朝管理整个国家起了重要的作用。

成康之治

为慑服殷商遗民而建的东都成周城落成后，周公旦还政于成王。成王及其子康王力求清心寡欲、勤俭建国，以此来缓解阶级矛盾。他们用周公旦制定的巩固封建统治的制度，即后世儒家极力推崇的"周公之礼"或"周典"治理国家，使周朝出现了国力强盛、经济繁荣、文化昌盛、人人安居乐业、夜不闭户、路不拾遗、置刑具四十年不用的太平盛世，史称"成康之治"，标志着中国奴隶社会进入了黄金阶段。

成王奠定盛世基础

周朝为了更好地管理殷商旧民，从而兴建了东都成周，摄政的周公又将王权归还给成王，周朝的政治经济开始平稳发展。

成王承继了文王和武王的基业，力求勤俭建国、清心寡欲，以缓解阶级冲突。他请周公参照殷朝旧礼，根据周国固有的体制，修修补补，制定出一套维护封建政权的体制，即"制礼作乐"，制定和推广各种周朝的典法制度，并且大力开展文化教育，大肆推行周武王时就已存在的分封制，用来巩固周朝的王权，加强周朝的统治。这些，都给成康之治打下了坚实的基础。

康王勤政，天下安宁

后来，周成王染病，忧心儿子姬钊难以担当国家重任，便命令召公、毕公精心辅助。

没过多久，成王病逝，康王姬钊即位。召公、毕公带领各路诸侯，陪伴姬钊进入祖庙，向他一一讲述了文王、武王创业的艰难，劝诫他要勤俭建国，日理万机，保住祖宗的功业。

康王统治期间，为了加大对番邦的统治力度，周朝不停地讨伐东南区域的少数民族，抢掠奴隶和领土赏赐给诸侯与大夫。有一次大战，周军俘获了一万三千多名犬戎兵。为了庆祝大捷，康王将一千七百多个俘虏赏给参战的贵族盂做奴隶，并在鼎上炼铸了二百九十一个文字记录这件事。这只鼎于清朝中期出土，到今天还保存在中国历史博物馆中供人参观。

成、康二王先后在位的四十多年，是周朝最兴盛的时代，经济富强，文化繁荣，社会治安良好。历史学家称"成康之际，天下安堞，刑错四十余年不用"。这一盛世形成的首要原因，是周初的统治者借鉴了殷商亡国的教训，对奴隶比较宽容，安排他们从事农业生产，提高了人民的生活水平。

但是到康王后期，"成康之治"就已显出许多颓败现象，比如康王沉迷酒色、穷兵黩武、滥施刑罚等。实际上，周朝从这时起便走上了下坡路，而并非历史学家向来认为的，周朝是从昭王统治时由盛转衰的。

就事实而论，历史上并未有过绝对的太平盛世，即便处于盛世，也不是普天同庆、河清海晏，而仍旧是矛盾重重，各处都有被压迫者的斑斑血泪。许多奴隶劳累而死，倒在满是稻、粱、黍、麦、稷和桑麻的农田里；在有"百工"之称的手工作坊中，奴隶汗流浃背地打造着奴隶主和贵族乘坐的豪车。

广大被压迫的奴隶终日劳作，苦不堪言，只有哀泣和呼号。

最终，奴隶主与奴隶的阶级矛盾发展到不可调和的程度，起义就爆发了。

昭王南征

周康王驾崩后，他的儿子姬瑕继位，即周昭王。昭王穷奢极欲、玩物丧志，却又想继承成康事业，继续扩大周的疆域。当时，日渐强大起来的楚国开始反抗周王室的命令，想要分庭抗礼。所以，昭王决定伐楚。昭王十六年（前964），他亲自率军南征荆楚，直达江汉流域。昭王十九年，他又大举南攻楚国，在班师回朝渡汉水之际，不得民心的他中了楚人圈套，溺水而亡，致使全军倾覆，给周朝带来了空前严重的损失。这既是周王朝由盛到衰的转折点，也是楚国强大到足以与周王朝抗衡的一个标志。

养尊处优，劳民伤财

作为康王的儿子，周昭王在康王逝世后即位。他统治周朝十九年，死后葬在少室山，即今天河南登封市嵩山中的少室山。

姬瑕娇生惯养，掌握王权后又缺乏贤臣进谏、辅助，因此不久便穷奢极欲，荒诞不经。他极爱奇花异草、珍禽异兽。很多奸臣便投其所好，经常进献世所罕见的禽兽，以达到升官发财的目的。有时候，昭王闻悉某地发现了奇禽怪兽，便当即抛开政务，跑去狩猎。如此一来，周朝吏治腐败，国运衰颓，一些诸侯国也渐渐违抗昭王的圣旨，不再进贡了，但昭王仍旧不知悔改，只是滥用民力，对这些诸侯国穷兵黩武。

周朝初期，汉水南面的楚国还很衰弱，被周朝封为"子爵"——即低等的诸侯。楚人"臣服于周天子"，向周朝按时进献苞茅等物，可是周朝却对楚"以蛮夷视之"，冷落了楚君。祭祀的时候，周朝通常都会安排楚君去"守燎"，即护守祭神的火堆；即使是诸侯大会，楚君也没有资格参加；此外，周朝厚赏了齐、晋等诸侯国，唯独没有楚国。凡此种种，使得楚君心怀愤懑，楚人也为此怨声载道。后来，楚国奋发图强，经过一番筚路蓝缕的拼搏，终于使得国家强盛、人民富裕，在长江中游、汉水流域称霸称雄。

成康之后，周朝走向没落，内忧外患、危机重重，北方的戎狄猖狂横行。楚国壮大后，也开始反抗周朝的命令。它和周朝的矛盾逐渐激化，导致战乱频仍。昭王十六年，周昭王亲率大军南征，首次讨楚。在出征之前，周昭王先领兵对东夷诸国展开了一次征战。东夷是古代中国对东方各族的统称，位于今天的山东、江苏、安徽等地。西周初期，东夷对周朝一会儿归附，一会儿反叛，摇摆不定。经过周公与成王的东征，周朝的势力范围扩展到今天的山东一带，当时淮夷、徐夷仍不肯归服。所以为了巩固后方，周昭王首先进军东夷。东夷诸国审时度势，相继归附。到昭王征楚时，已有二十六个东夷、南夷的邦国前来俯首称臣。这增强了周朝对东夷诸国的统治，也使楚国陷于孤掌难鸣的境地。

在南征的过程中，昭王亲任统帅，处处炫耀，大讲排场。出征前，他就遣人到南方打理行宫，加重了沿途小邦国的负担。虽然最终获得了胜利，但却留下了后患。

好大喜功，落水而亡

昭王十九年，有动机不纯的大臣对昭王上奏说，南方有个楚国部落叫作越裳氏，盛产一种名为白雉鸡的奇禽，羽毛雪白，美味无比。成王时期，越裳氏经常进献白雉鸡。现在南方的楚国强大了，开始违抗天子的命令，交通也不便，越裳氏就不再进献白雉鸡了。

昭王听了震怒，当即亲率大军第二次征讨楚国，沿途又逼迫人民运送粮草，驾船拉纤，提供精致可口的食物和美酒。他们征募了百姓的船只，用过后便将船毁坏，致使民怨沸腾。

昭王渡过汉水以后，开始攻打楚国的都城丹阳，即今天湖北的枝江市，久攻不下。楚王恐怕难敌周军，遣人向昭王求和。昭王便趁势下坡，将楚王严厉训斥了一顿，接着在楚国境内大肆劫掠，搜刮民脂民膏，号称出师大捷。昭王沿途游览狩猎，抵达汉水岸边后，又吩咐手下再次募集民船。楚国渔民便怀恨选了几艘船，将船拆卸后用胶水粘上，外面再涂上彩色的油漆，看不出一点蛛丝马迹。昭王的手下不明就里，便抢了这些船。昭王与将领坐到船上，满载着抢掠而来的车、马、珠宝、钱币等物开船渡河。不料，船行驶到江心时，胶水被江水泡化了，船板接连掉落，船一下子就散了架，昭王和众多大臣全部掉到水中。

昭王不会游泳，又身着厚重的龙服，他在水中拼命挣扎，很快便沉了下去。昭王的车夫辛游靡擅长游泳，力大无穷，他拼尽全力凫水去救驾，怎奈江面上密密麻麻的全是人、马及物品。当他穿越障碍，总算游到昭王身边时，昭王已昏迷不醒。等被捞到岸上时，昭王已腹胀如鼓，魂归西天。大臣们认为昭王如此死去传开来不好听，便就地潦草地掩埋了昭王，谎说昭王患病暴亡。

后来，管仲说齐桓公伐楚就是以"昭王南征而不复"为借口，这也并非空穴来风。

由盛而衰的转折点

此次南征给周朝带来了沉重打击，周朝再也不能掌控"南土"了，楚国挣脱了束缚，在江汉流域不停地发展壮大。

昭王既死，他的儿子周穆王继位，西周的社会冲突加剧，国运日趋没落。政治、经济的不均衡发展，使得大大小小的奴隶主贵族有的平步青云，有的家道中落。原本身居高位的贵族失去了政治权力，农田一片荒芜，家境日益贫困，而原本地位较低的贵族，由于注重发展生产，广纳奴隶，经济基础逐渐雄厚。所以统治阶级内部逐渐分化，其矛盾和分裂越来越严重。与此同时，在奴隶主贵族的严酷压榨、役使和压迫之下，很多人民和奴隶要么逃脱流亡，要么揭竿而起。可见，奴隶制已经危机重重，周朝走上了下坡路。

对于四周的附属国或臣服的少数民族，周王朝不但掠取贡品，而且抢劫人力和财物。因此，周国与周围地区一直冲突不断，矛盾逐渐升级。周朝周围的各个部族不断加强自己的经济、军事力量，早已不是过去轻而易举就会被制服的小邦羽国了。

所以说，周昭王南征被淹死了，全军倾覆，损失惨重，是中国历史上的大事之一。此事不但象征着周王朝盛极而衰，而且象征着楚国已经非常繁荣富强，能够和周朝对抗。后来，楚国发展成春秋五霸之一，傲视南土，逐鹿中原。

周厉王止谤

周厉王（？～前828），即姬胡，周朝的第十代国君。他在位期间，用高压政策统治人民，实行"厉始革典"，强行剥夺了一些贵族的权力，同时实行"专利"，将社会财富和资源垄断起来，横征暴敛，加重了对劳动人民的剥削。由于他好大喜功，致使民怨沸腾，吏治腐败，国家分崩离析，最终引起了国人暴动，给周朝带来了弥天大祸。据《史记·周本纪》说，周厉王"暴虐侈傲"。这固然是农民起义的首要原因，但追根溯源，新的社会阶级的崛起却是根本原因。

暴戾狂妄，强行削藩

周厉王在位时，周国的社会矛盾错综复杂，日趋激化。在《史记》中，司马迁认为周朝的首位暴君当数周厉王，厉王与夏桀、商纣不分伯仲。而且周厉王死后谥号为"厉"，"厉"即滥杀之意，周厉王口碑之不佳由此可见一斑。

周厉王生性暴戾。在他看来，父亲周夷王过于仁慈，对诸侯大夫宽厚纵容，导致王室的号召力一天不如一天，更兼西周一直大动干戈征伐周围的少数民族，天长地久，国势日益没落，国库也逐渐空虚，所以周厉王决定刷新政治，革除弊端，在国内推行新政，以达到增强国力、维护周朝统治的目的，此即历史上的"厉始革典"。

在政治领域，他致力于"削藩"，也就是削减诸侯的力量，尤其是那些实力雄厚的诸侯。史学家鉴定认为，《周礼》记载了周厉王改革的计划，其中有这样一段原话："凡邦国千里，封公以方五百里，则四公；方四百里，则六侯；方三百里，则十一伯；方二百里，则二十五子；方百里，则百男，以周知天下。"当时，周天子按诸侯爵位的高低来分封给他们领土，爵位越高，领土越多，诸侯的爵位由高到低分别是公爵、侯爵、伯爵、子爵、男爵。所以这段话大致是说，凡是方圆千里的邦国，若封给占地五百里的公爵，则可分为四个公爵国；若封给占地四百里的侯爵，则是六个侯爵国；依此类推，也能分成十一个伯爵国、二十五个子爵国、一百个男爵国。不难想象，实力极其雄厚的诸侯国绝不愿意领土被分割，他们必然会义愤填膺，奋起抵抗了！

　　除此之外，为了监管各地方的政事，厉王还想任命一些叫作"牧"的钦差大臣，把他们派往各个诸侯国。诸侯们一贯无拘无束，都不愿受到管制和约束，因此也是百般阻挠，对周厉王也深恶痛绝。

国君暴戾，止谤于民

　　周厉王不但颁布了凌厉甚至残酷的新政来钳制各诸侯国，而且还牢牢控制了江河湖泊、山丘原野、树木森林等自然资源，并美其名曰"专利"。他严格禁止人民使用这些自然资源，人们但凡进山采药、砍柴伐木、捕鱼捉虾、狩猎禽兽，甚至是饮水、行路等等，一律都要缴纳赋税钱财。

　　当时，人们称居住在城市里的老百姓为"国人"，居住在乡野的农民为"野人"。在周都镐京居住的国人非常不满周厉王的暴政，他们牢骚满腹，有的说，山川树木是老天赏赐给所有人的，目的就是让老百姓生存，现在却一律收税，不是断人生路吗？有的说，自从盘古开天辟地以来，有哪位国君如此贪婪，不体恤人民呢？

　　上卿召穆公见民怨沸腾，便多次向周厉王进谏："倘若不废止专利法，则会引起社会动荡。此外，大王的赋税名目繁多，老百姓苦不堪言，现在已是怨声载道，只怕要激起民愤了！"但是周厉王却不以为然，他说："这点小事算什么？我自有对策。"于是，周厉王颁布了一项圣旨，严禁国人谈论国事。他还派遣了大批暗探出去，让他们监视人民，一旦碰到非议"专利"、乱发牢骚的人，就格杀勿论。一时间，周朝内外人心惶惶，人们抑制住愤怒，把所有不满都咽到肚里，再不敢谈论国事了。人们在路上遇到街坊、邻居及亲戚，也是噤若寒蝉，仅仅侧目而视，连嘘寒问暖的话都不敢说，恐怕祸从口出。

堵众人口，国人暴动

如此苛政之下，人们三缄其口，自是无人再非议朝政了，周厉王听说后便自鸣得意起来，他对召穆公说："看看，想禁止流言也不难嘛！如今，再没人敢议论寡人了。"

召穆公说："这种方法并非长远之计，只是暂时达到了目标。您不许人民发表自己的看法和见解，就宛如截住江河的水不许它流动，河水被截住后，水位越来越高，到一定程度，便会决堤，暴发洪水，这样会带来更严重的灾害。民怨就如水，不能强行堵住，而只能引导。因此，你作为国君，不该禁止国人直抒胸臆，发表所思所想。

"古代的国君治理天下，命令公卿列士进献诗篇，瞽官进献民间的歌谣，史官进献记述古代帝王事情的文章，师官诵读格言，瞍官朗诵、矇官诵读、乐工们劝谏。黎民百姓就是通过这些各种各样的方式，才将自己的看法和观点或明或暗地告诉给国君，国君的心腹大臣及众臣皆会向国君劝谏，王室成员和同族的臣民则会想办法发现并减小国君的过错。瞽官、史官分别通过音乐和历史劝谕天子，年迈的老师也常常告诫、劝说国君，然后国君衡量利弊，并身体力行。如此一来，国君方能避免过错。

"人既然生了嘴，就要说话，这是自然规律。给人们言论自由，让他们直抒胸臆，才能知道国家的大政方针是对还是错。政策受到人们的认可，便去推行，政策受到大家的非议，便认真反省。人们自由发表心中的看法，如果是他们认为不错的政策便要执行。您采用堵的办法，禁止老百姓发表言论，这如何行得通呢？人们关心一些问题才会去说，对某些问题想明白后，有自己的独到看法也会去说，你却不让他们说，民意真的能禁止吗？老百姓的嘴纵然能堵住一时，可是堵不住一世啊！再说，你不许他们说话，又如何能做到集思广益呢？"

这便是"防民之口，甚于防川"的来历。可是周厉王将召穆公的话当作耳旁风，依旧一意孤行地贯彻他的改革方针。新政策的颁行还给众多的下层贵族带来了利益损失，引起了他们的强烈抵制。

周厉王对所有的反对与抵抗，一律采取高压手段强行镇压。

人们忍耐了三年，到公元前841年再也无法忍耐了，千千万万的奴隶与农民在某些贵族的默许和鼓励下联起手来，爆发了规模巨大的起义。这些备受欺凌的人们杀气腾腾地冲向皇宫，准备除掉周厉王。厉王闻听此事，惊恐万分，面如土色。皇宫的护卫早就对厉王恨之入骨，他们乘机作鸟兽散，再也不管厉王的死活。厉王无奈之下，只得和数名近臣在夜色的掩护下仓皇而逃。他们一口气逃到了彘邑（今山西霍县），总算是躲过了一劫。这便是历史上著名的"国人暴动"。

事实上，周厉王颁行"历始革典"，严格控制住国家的自然资源和社会资源，并借此来增添国家的财政收入，增强国家力量，壮大军队，更好地维护西周的统治，这种主张由后世的实践证实是非常可贵的，它对推动社会的发展、增强国家的实力都起到了重要作用。可是，因为周厉王推行新政不懂得采用缓和的方式，一味强制去实施，再加上新政使老百姓断绝了生活来源，也损害了贵族甚而是诸侯们的经济利益，因此受到了大家的抵制和拼命阻挠，导致后来爆发起义，周厉王仓皇逃跑到彘城后，却没有一个诸侯站出来帮他说话，在周厉王去世之前也一直无人建议让他回京统治天下。

共和行政，开始纪年

国人起义时，杀气腾腾的人们闯进皇宫后，厉王早就逃了。人们不肯罢休，听说太子静在召穆公府中避祸，便将召穆公的府邸围得水泄不通，逼迫他献出太子静。召穆公无计可施，只好交出了自己的儿子，谎称是太子静，人们不辨真假，顿时打死了假太子。

周厉王逃之夭夭，"太子"也已毙命，但是国不可一日无君，贵族们纷纷推荐周定公和召穆公一起主持国政，如有重大事项则交由六卿一起商议，人们称这种政治体制为"共和"。不过，有的历史学家认为，共国的国君共伯和代替周天子掌管王权，所以这段历史才被叫作"周召共和"，还叫"共和行政"。

人们将公元前841年叫作共和元年，就是从这一年开始，中国历史才有了确切的纪年。从此，历代史官都着手整理编年史，他们记录得非常详尽真实，一直持续到今天，使后人比较清楚地了解了中国的历史脉络。所以，发生于西周的共和行政，不但是当时石破天惊的国家大事，而且在中国漫长的历史上也非同小可，影响至今。

共和十四年，周厉王殁于彘邑。于是，召穆公将太子静仍活在人世的消息告知天下。在周定公和召穆公等大臣的努力下，各国诸侯终于同意太子静即位。

太子静登上天子宝座后，被称作周宣王。周宣王见国家日益衰败，便决定振兴周朝。他励精图治，又有召公虎等大臣的精心辅助，使周朝达到"中兴"。可是周朝经历了国人暴动，早已大伤元气，再也不能达到真正的繁荣昌盛了。

周幽王烽火戏诸侯

进入西周中期后，周王室权势渐衰，共、懿、孝、夷四王都是谨小慎微之辈，在政治上毫无作为。与此同时，西北地区的戎狄正日益强大，尤其是犬戎，不断对周朝施加压力，入境滋扰。宣王中兴时期，周宣王曾命尹吉甫、南仲等人成功讨伐过犬戎，可是宣王暮年时，逐渐荒淫堕落，粗暴干涉各诸侯国的内政，导致怨声载道。戎狄等族又重新来犯。到周幽王时，西周气数已尽。史书说周幽王"性暴戾，少思维，耽声色"。他极其迷恋褒姒，为博得佳人一笑而烽火戏诸侯，终致延续了近三百年的西周寿终正寝。

昏君即位，沉湎于酒色

周宣王驾崩，其子宫涅继位，这便是周幽王。周幽王更加昏聩，腐化堕落，终日沉湎于酒色之中，好几个月不问政事。周朝的局势愈发动荡不安，种种社会冲突持续不断，矛盾重重，另外地震、旱灾等还频频发生。周幽王残酷地剥削和压迫人民，并且任命虢石父掌管国家大事。虢石父又贪赃枉法，阿谀奉承，导致国人怨沸腾。西周衰败后，四周的各个少数民族不停地前来进犯。

周朝诸侯国褒国的国君实在看不过周幽王的荒淫无道，便出面规劝。岂料周幽王不但不领情，反倒恼羞成怒，囚禁了褒国国君。褒国人千方百计地营救国君，他们闻悉周幽王正到处选美，便寻遍乡下，买到一个国色天香的佳人，教给她各种宫廷礼仪及歌舞，然后令她打扮得花枝招展，又给她起了个新名叫褒姒，进献给了周幽王，想以此来换取褒国国君的自由。

周幽王见到艳如桃李冷若冰霜的褒姒，惊为天人，马上恢复了褒国国君的自由。幽王极其迷恋褒姒，对她有求必应。可是褒姒本就少言寡语，被献入宫中后又昼夜牵挂父母、怀念故土，所以终日保持沉默，更未展露欢颜。

周幽王为了让褒姒开心，便赐给她无数的奇珍异宝，绞尽脑汁地逗她高兴，但是褒姒不为所动，依旧闷闷不乐。周幽王无计可施了，就发布了一道告示：无论是谁，只要能令褒姒展露欢颜，便赏金千两。

宠爱褒姒，烽火戏诸侯

为预防犬戎的侵犯，周朝在骊山等地修筑了二十多座烽火台，每隔几里就有一座。假若犬戎前来进犯，守护第一道关口的士兵就会点燃烽火，第二道关口的士兵看到后，也会点燃烽火，依次相传，附近的诸侯一看到烽火，便会率军前来援救。

虢石父一贯善于溜须拍马，他给幽王献计说："如今四海升平，周朝的烽火台也形同虚设，大王和娘娘不如去骊山散散心，等到夜晚，我们就点燃烽火，令附近的诸侯率兵赶来，娘娘若看到如此多的人马上当受骗，一定会感到滑稽有趣，从而开心一笑。"周幽王认为这是个好主意，便兴奋地说："妙哉妙哉！爱卿就精心筹备吧。"

周幽王陪着褒姒前呼后拥地来到骊山。在烽火台顶，幽王吩咐士兵燃起烽火，霎时火光冲天。附近的诸侯看到烽火，便率军连夜赶到骊山，准备救援。岂料寻遍骊山，也没看到犬戎的影踪，但闻山上鼓乐喧天，众人都不明所以，此时周幽王遣人说道："大家辛苦了，原本就没有险情，只不过大王在取悦王妃，点烽火开心呢，你们返回去吧。"诸侯们听了这番话，方明白自己被耍了，无不怒发冲冠，带着一肚子气走了。

褒姒也莫名其妙，她看到骊山下面风风火火地赶来许多兵马，过了不久又闹嚷嚷地离开了，便询问周幽王发生什么事了，幽王说与她听，褒姒感到有趣，不由莞尔一笑说："这种办法倒很有意思，你们也能想得出。"周幽王看到褒姒总算是一展欢颜，当下欣喜万分，赏赐给虢石父一千两黄金。

失信天下，身死国亡

周幽王太迷恋褒姒了，很快就废了王后和太子宜臼，立褒姒为王后，立褒姒生的皇子伯服为太子。原王后的父亲申侯听说女儿和外孙被废，又是气愤，又是恼火，觉得幽王也会拿他开刀，便纠结了犬戎攻打镐京。

周幽王闻悉犬戎来犯，忙吩咐虢石父点燃骊山上的烽火。烽火燃烧起来，传信八方，但诸侯们以为幽王又在拿他们开涮，所以都没有理会。周幽王这边，战鼓再震天响，烽烟再浓，也未见一个救兵。

周幽王军备废弛，诸侯们又不来救援，因此镐京不久就沦陷了，幽王和太子伯服在逃命时被人杀害，冷若冰霜的褒姒也成了犬戎的战利品。此时诸侯们才知道犬戎确实打过来了，他们组成联军赶到镐京援助。

犬戎看到诸侯们出兵了，便下令兵士在镐京大肆劫掠之后点了一把火就撤退了。犬戎撤退后，诸侯们拥立原太子宜臼即位，即为周平王。平王目睹镐京满目疮痍，又考虑到犬戎频频进犯，便于公元前770年迁都洛邑。东周从此开始。

周幽王为博得褒姒一笑，遂烽火戏诸侯，于是盛极一时的西周在经历了一个旷古未有的玩笑之后，仓促地画上了句号。